PILOTI DIMENTICATI

Le storie degli aviatori sconosciuti delle guerre dimenticate

Robert Robison

Titolo | Piloti dimenticati
Autore | Robert Robison
Immagine di copertina a cura dell'Autore

ISBN | 978-88-93219-58-7

Youcanprint Self-Publishing
Via Roma, 73 - 73039 Tricase (LE) - Italy
www.youcanprint.it
info@youcanprint.it
Facebook: facebook.com/youcanprint.it
Twitter: twitter.com/youcanprintit

PILOTI DIMENTICATI

Introduzione

Le guerre fanno parte della nostra storia, recente e passata e purtroppo sono una costante della vita sul nostro pianeta.

Ci sono guerre più o meno famose, conosciute e descritte come la prima e la seconda guerra mondiale, la guerra di Corea o del Vietnam, apparse e narrate in decine di film e documentari, oppure guerre più vicine a noi perché vissute "in diretta" grazie ai telegiornali che trasmettono in tempo reale quello che accade sul campo come durante la prima guerra del Golfo del 1991, le guerre nella ex-Jugoslavia e le più recenti guerre in Libia e Siria.

In questo libro però desideriamo parlare non solo delle guerre "famose" ma soprattutto delle guerre "dimenticate", "sconosciute", guerre che in alcuni casi sono durate solo una manciata di giorni per concludersi spesso senza un vincitore ed un vinto.

Ovviamente non stiamo parlando di guerre che si sono perse nella notte dei tempi, guerre di Indipendenza Americane o guerre che hanno sconvolto l'Europa e l'Italia nei secoli scorsi ma bensì di guerre verificatosi tutte dai primi anni del 1900 ad oggi.

Pochi hanno sentito parlare, ad esempio, della "guerra del Chaco Boreal", della "guerra del Khalkhin Gol" o della "guerra del Calcio", ed ancora meno sanno cosa è successo in queste cosiddette "guerre dimenticate".

Desideriamo quindi narrare e descrivere queste guerre ed in modo speciale i loro combattenti, in particolare i piloti, alcuni divenuti assi, altri assurti alle cronache del tempo solo per alcune loro particolarità.

Oltre alle guerre, cercheremo di descrivere soprattutto le vicende dei piloti che vi hanno partecipato e combattuto.

In alcuni casi ci siamo concessi di narrare anche le vicende di piloti che hanno partecipato a guerre e battaglie più conosciute e famose solo perché la storia di questi piloti, in parecchi casi divenuti "assi", è una storia particolare, rimasta oscurata da nomi più famosi. Non per questo i piloti descritti hanno combattuto meno valorosamente, in molti casi sacrificando la loro vita per la causa nella quale credevano.

Vogliamo quindi rendere omaggio a questi combattenti meno famosi ma non per questo meno meritevoli.

Desideriamo inoltre aggiungere che questo libro non vuole essere un trattato od una enciclopedia ma bensì uno spunto per un eventuale approfondimento di alcuni argomenti poco conosciuti.

L'Autore

I pionieri

Il primo utilizzo degli aerei per scopi bellici

Il primo volo a motore dei fratelli Wright si è da pochi anni compiuto (17 dicembre 1903) ed ora anche i velivoli, le cosiddette "macchine volanti", entrano nell'arsenale bellico delle varie nazioni. Se la Francia è stata la prima nazione ad utilizzare il più pesante dell'aria nelle esercitazioni con l'esercito, all'Italia spetta il primato di aver utilizzato per prima l'aereo in operazioni di guerra.

Siamo nel 1911. La guerra italo-turca scoppia il 29 settembre di quell'anno e il Ministero della Guerra italiano decide di inviare sul fronte libico una componente aerea composta da nove aerei (due Bleriot, tre Nieuport IV, due Etrich Taube, due biplani Farman), tre dirigibili ed alcuni aerostati per il controllo del tiro dell'artiglieria con undici piloti e trenta uomini di truppa come supporto. Questo contingente avrebbe dovuto effettuare operazioni di ricognizione militare sul territorio libico per valutare l'entità e gli spostamenti delle forze nemiche.

Il 23 ottobre 1911 alle 6.19 del mattino decolla il capitano Carlo Maria Piazza, comandante della squadriglia. Piazza effettuò una ricognizione a sud dell'oasi di Tripoli a bordo di un Bleriot, prendendo appunti e disegnando schizzi dei luoghi. Rientra alla base, nelle vicinanze di Tripoli, dopo un'ora di volo, alle 7.20 ed avendo così effettuato la prima missione "bellica" di un aereo in assoluto.

Carlo Maria Piazza nasce a Busto Arsizio, in provincia di Varese, il 21 marzo 1871. Arruolatosi da giovane nel Regio Esercito, diventa ufficiale di artiglieria. Primeggiò in varie specialità coma la scherma ed il tiro con la pistola ma la sua vera passione era l'equitazione. A cavallo conquisterà diverse medaglie e trofei in vari concorsi ippici. Nei primi anni del Novecento il mondo aviatorio è in fermento e Piazza non è immune dal fascino di questa nuova disciplina che anche i vertici militari iniziano a prendere in considerazione.

Aereo Bleriot durante la campagna di Libia del 1911

Si brevetta pilota militare nell'agosto del 1911 avendo già conseguito la licenza di pilota civile n. 44 il 30 giugno dello stesso anno. Prende parte, in qualità di pilota, alle manovre militari che si svolgono in Monferrato tra il 22 ed il 29 agosto 1911, prima volta che i comandi militari italiani decidono di impiegare i velivoli. Prima di questa esperienza, aveva preso parte alla gara aerea sul circuito Bologna – Venezia – Rimini – Bologna che si svolge tra il 17 ed il 20 agosto dello stesso anno. Con il suo Bleriot arriverà primo in tutte e tre le tappe, su un totale di otto partecipanti (quattro civili e quattro militari) impiegando un tempo totale di volo di 5 ore 5 minuti e 26 secondi. Dietro di lui si classificano il tenente Gavotti ed il capitano Moizo (suoi futuri colleghi nell'avventura libica) con al 4° posto il pilota francese Andrea Frey, primo dei piloti civili distaccato di circa 14 ore. Essendo però iscritto come partecipante militare "fuori concorso" Piazza non otterrà il premio in denaro, 15.000 lire dell'epoca, che spetteranno a Frey, ma solo le medaglie e la coppa.

Come abbiamo visto, pochi giorni dopo la gara aerea e le manovre dell'esercito, scoppia la guerra italo-turca che si svolgerà sul suolo libico, durante la quale il capitano Piazza, il 23 ottobre, effettua il primo volo di guerra della storia. Poco dopo il decollo di Piazza anche il capitano Riccardo Moizo prende il volo, a bordo di un Nieuport IV, per la seconda missione di ricognizione della guerra. Solo due giorni più tardi, il 25 ottobre Moizo rientra alla base con le ali bucate dalle fucilate turche. Il 28 ottobre Carlo Piazza effettua il primo volo di coordinamento del tiro sull'oasi di Zanzur per conto della corazzata *Sardegna*.

Al tenente Giulio Gavotti (nato a Genova il 17 ottobre 1882 e morto a Roma il 6 ottobre 1939) spetta invece la prima missione di bombardamento della storia. Il 1 novembre 1911, decolla con il suo Etrich Taube verso le linee nemiche sulle quali getta, lanciandole letteralmente a mano, quattro granate *Cipelli* dal peso di circa 1,5 chilogrammi l'una, sulle oasi di Ain Zara e di Tripoli. In una lettera scritta dallo stesso Gavotti al padre e resa pubblica da Paolo De Vecchi, nipote dell'aviatore, possiamo apprendere direttamente dall'esecutore della missione le sue sensazioni:

«Ho deciso di tentare oggi di lanciare delle bombe dall'aeroplano. È la prima volta che si tenta una cosa di questo genere e se riesco sarò contento di essere il primo. Appena è chiaro sono nel campo. Faccio uscire il mio apparecchio. Vicino al seggiolino ho inchiodato una cassettina di cuoio; la fascio internamente di ovatta e vi adagio sopra le bombe con precauzione. Queste bombette sono sferiche e pesano circa un chilo e mezzo. Nella

cassetta ne ho tre; l'altra la metto nella tasca della giubba di cuoio. In un'altra tasca ho una piccola scatoletta di cartone con entro quattro detonatori al fulminato di mercurio. Parto felicemente e mi dirigo subito verso il mare.

Arrivo fin sopra la "Sicilia" ancorata a ovest di Tripoli dirimpetto all'oasi di Gurgi, poi torno indietro, passo sopra la "Brin", la "Saint Bon", la "Filiberto" sui piroscafi ancorati in rada. Quando ho raggiunto 700 metri mi dirigo verso l'interno. Oltrepasso la linea dei nostri avamposti situata sul limitare dell'oasi e mi inoltro sul deserto in direzione di Ain Zara, altra piccola oasi dove avevo visto nei giorni precedenti gli accampamenti nemici (circa 2000 uomini). Dopo non molto tempo scorgo perfettamente la massa scura dell'oasi che si avvicina rapidamente. Con una mano tengo il volante, coll'altra sciolgo il corregile che tien chiuso il coperchio della scatola; estraggo una bomba, la poso sulle ginocchia. Cambio mano al volante e con quella libera estraggo un detonatore dalla scatoletta e lo metto in bocca. Richiudo la scatoletta; metto il detonatore nella bomba e guardo abbasso. Sono pronto. Circa un chilometro mi separa dall'oasi. Già vedo perfettamente le tende arabe.

Vedo due accampamenti vicino a una casa quadrata bianca, uno di circa 200 uomini e l'altro di circa 50.

Poco prima di esservi sopra afferro la bomba colla mano destra; coi denti strappo la chiavetta di sicurezza e butto la bomba fuori dall'ala.

Riesco a seguirla coll'occhio per pochi secondi poi scompare. Dopo un momento vedo proprio in mezzo al piccolo attendamento una nuvoletta scura. Io veramente avevo mirato il grande ma sono stato fortunato lo stesso; ho colpito giusto. Ripasso parecchie volte e lancio altre due bombe di cui però non riesco a constatare l'effetto. Me ne rimane una ancora che lancio più tardi sull'oasi stessa di Tripoli. Scendo molto contento del risultato ottenuto. Vado subito alla divisione a riferire e poi dal Governatore gen. Caneva. Tutti si dimostrano assai soddisfatti» .

Il capitano Piazza effettua, il 23 febbraio 1912, la prima ricognizione fotografica della storia utilizzando un apparecchio fotografico Zeiss sistemato sul pavimento della cabina del suo velivolo, apparecchio che poteva scattare un singolo fotogramma per ogni volo, in quanto il pilota non poteva cambiare in volo la lastra fotografica con una sola mano (l'altra era sempre impegnata a controllare il velivolo). In questa occasione fotografò degli accampamenti turchi.

Successivamente venne messo a punto un sistema di cambio automatico delle lastre in modo da effettuare più scatti durante ogni missione.

Il 4 marzo altra prima assoluta, un volo bellico notturno eseguito da Piazza con Gavotti mentre l'11 giugno il primo bombardamento notturno. Purtroppo si registrò anche il primo pilota morto in un volo di guerra, il tenente Pietro Manzini che, dopo essere decollato da Tripoli il 25 agosto 1912 per una missione di ricognizione, a causa di un guasto al motore, precipita in mare. Il capitano Riccardo Moizo, il 10 settembre, causa un guasto al motore, fu costretto ad atterrare dietro le linee nemiche diventando così il primo pilota fatto prigioniero dal nemico. Sarà liberato il mese successivo al termine delle ostilità (queste ebbero fine il 18 ottobre con una vittoria italiana che annetterà la Libia e le isole greche del Dodecaneso).

Tornando al Piazza, questi, dopo aver effettuato numerose missioni sopra il territorio nemico, causa una febbre contratta durante il servizio in Libia, rientra in Italia per la convalescenza, continuando però la sua attività aviatoria. Già il 12 luglio lo troviamo a Vizzola Ticino, nei pressi dell'attuale aeroporto della Malpensa vicino a Varese, uno dei primi campi volo sorti in Italia, per la consegna di un aereo Caproni, uno dei primi modelli dei tanti che la ditta costruirà fino alla chiusura nel 1950. L'anno successivo, il 20 ottobre 1913, decollato dall'aeroporto di Mirafiori a Torino, si inerpica verso la Valle di Susa dove raggiunge 3200 metri di quota per fare rotta verso il Moncenisio, dove atterra su un pianoro ad una quota di 2084 metri, ridecollando il giorno seguente e stabilendo così il record mondiale di atterraggio in montagna.

Nel suo curriculum aviatorio sono incluse anche le prime figure acrobatiche, tra cui il famoso "giro della morte", il looping, di non facile realizzazione con i velivoli dell'epoca.

Nonostante sia contrario all'acrobazia in quanto, secondo la sua concezione, metterebbe a repentaglio sia la vita del pilota che l'integrità del mezzo, deve ricredersi in seguito a quanto fatto dal francese Adolphe Pégoud il 21 settembre 1913, primo ad eseguire la manovra del looping (anche se dovrà dividerne la paternità con il pilota russo Pyotr Nesterov che avrebbe eseguito tale manovra, non intenzionalmente, il 9 settembre, quindi dodici giorni prima di Pégoud). Piazza, ora promosso al grado di maggiore, inizia ad interessarsi all'acrobazia e si recherà, nel corso del 1914, in Francia per apprendere quest'arte. Qui effettuerà il suo primo "giro della morte" il 31 marzo eseguendolo per altre cinque volte nel corso della giornata.

Allo scoppio della Grande Guerra viene promosso al grado di colonnello e nominato vice-comandante del Servizio Aereo e Contraereo di Artiglieria per la zona della Carnia. Purtroppo, a causa dei postumi di una malattia contratta al fronte, si spegne a Milano il 24 giugno 1917. È seppellito presso il cimitero di Viggiù (Varese).

Carlo Maria Piazza, come i suoi commilitoni aviatori che prestarono servizio durante la guerra italo-turca non possono essere considerati degli "assi" nel vero senso della parola in quanto non abbatterono nessun velivolo nemico (tra l'altro l'impero Ottomano durante l'offensiva in Libia non possedeva una componente aerea). Sono però da annoverare a pieno titolo nell'elenco dei piloti che meritano di essere ricordati nell'albo dell'aviazione mondiale ed italiana in particolare.

Prima Guerra Mondiale

L'Asso "bermudiano"

Tra gli assi che vanno annoverati in questa panoramica spicca il nome di Arthur Rowe Spurling.

Spurling, bermudiano di nascita, ha servito sotto la bandiera britannica durante il primo conflitto mondiale.

Le Bermuda, possedimento Britannico nel bel mezzo dell'oceano Atlantico, sono sempre state considerate un baluardo, trampolino di lancio e ricovero per la flotta della marina inglese prima e per l'aviazione poi.

Arhur Rowe Spurling nasce il 19 maggio 1896 ad Hamilton, capitale delle Bermuda, da una importante famiglia locale.

Allo scoppio della guerra Spurling si arruola volontario nel contingente del febbraio 1915.

Arthur Spurling in servizio durante la seconda guerra mondiale

Dopo l'addestramento viene inviato a fine giugno 1915, tramite passaggio in Canada ed attraverso l'Atlantico, sul fronte francese.

Viene ferito per due volte nel luglio 1916 e l'anno seguente si arruola presso la RFC, Royal Flying Corps, dove viene addestrato come ufficiale pilota e inviato al fronte nel luglio 1918 come pilota di de Havilland DH.9, bombardiere leggero con due membri di equipaggio.

Durante una missione del 23 agosto 1918 rimane distaccato dal suo gruppo e, pensando di essere sopra le linee inglesi, si prepara ad atterrare su un campo credendolo in territorio amico. In quello stesso istante viene attaccato da un caccia tedesco Fokker D.VII. Poco più in là scorge una formazione di altri trenta Fokker.

Nonostante la disparità di numero e nonostante stia volando con un biposto, Spurling accetta il combattimento. Abbatte tre avversari mentre il suo mitragliere, il sergente Bell, ne abbatte altri due.

Queste cinque vittorie lo rendono immediatamente un asso e viene decorato con la DFC (Distinguished Flying Cross). Due giorni dopo abbatte un altro velivolo.
Finita la guerra e tornato alla vita civile, si trasferisce nuovamente alle Bermuda.

Nella seconda guerra mondiale sarà di nuovo nelle file dell'aeronautica britannica, la RAF, servendo nel Transport Command, responsabile della consegna di merci e persone nei voli transatlantici, raggiungendo il grado di Squadron Leader.

Tornato nuovamente civile, nel 1948 si sposa e nel 1970 si trasferisce nell'isola di Guernsey, una delle isole britanniche del canale della Manica (una particolarità: le isole del canale sono il solo territorio britannico occupato dai tedeschi durante la seconda guerra mondiale).

Aveva deciso insieme alla moglie di tornare a vivere a Bermuda ma morì nel 1984 dopo aver sviluppato il morbo di Alzheimer.

Le sue spoglie sono state traslate successivamente nella sua isola, Bermuda.

Un cinese nella Legione Straniera

Tra le file dell'aeronautica francese spicca la figura di un pilota di origini cinesi, Etienne Tsu.

Nato a Shangai il 24 dicembre 1885, si trasferì in Francia prima della guerra. Qui, nel 1903, si laurea presso la scuola di meccanica di Lilla come ingegnere

Etienne Tsu

meccanico.

Rientra a Shangai dove si adopera nel campo dell'ingegneria navale ed automobilistica ma, folgorato dal mondo del volo, ritorna in Francia per imparare a volare.

Brevettatosi pilota nel 1914, si arruolò nella Legione Straniera. Venne quindi assegnato alla 37ª Squadriglia equipaggiata con Morane Saulnier e promosso al grado di sergente il 29 aprile 1916.

Tra il luglio 1916 ed il gennaio 1917 prese parte a diversi combattimenti aerei nei quali gli furono attribuiti tre abbattimenti, tre vittorie probabili, un aereo nemico danneggiato e due aerei costretti all'atterraggio.

Nel frattempo, il 30 ottobre 1916, ottenne il passaggio al ruolo ufficiali con il grado di sottotenente.

Nel marzo 1917 viene assegnato ad una unità di riparazione aerei dove rimase fino alla sua smobilitazione avvenuta nel febbraio 1919.

Dopo la smobilitazione tornò in Cina dove aprì una scuola di pilotaggio con macchine di produzione francese. In Cina raggiunse il grado di colonnello. Morì a Shangai nel 1940.

Nonostante non abbia raggiunto il rango di "asso" (ricordiamo che per raggiungere questo traguardo occorreva abbattere cinque aerei nemici confermati) la sua figura risulta notevole sia quanto "asiatico" che ha prestato servizio presso una forza aerea europea (situazione alquanto inusuale per l'epoca), sia per la sua età. Essendo nato nel 1885, allo scoppio della guerra aveva già raggiunto i trenta anni, una età tale da essere considerato "vecchio" per pilotare dei caccia.

Il primo Asso della caccia notturna

Fritz Gerhard Anders viene considerato all'unanimità il primo asso della caccia notturna.

Nato a Cottbus, città situata 125 chilometri a sud-est di Berlino, il 23 agosto 1889, iniziò a volare prima della guerra ottenendo il brevetto n. 592 il 12 novembre 1912.

All'inizio della prima guerra mondiale viene arruolato come pilota di bombardieri per essere trasferito nel marzo 1917 al ruolo caccia.

Ferito in azione il 14 aprile 1917, rientra al reparto dopo dieci giorni di convalescenza.

Il suo primo abbattimento lo ottiene ai danni di un Sopwith Pup del Royal Naval Air Service il 7 luglio 1917. La seconda vittoria la conquista invece il 14 giugno 1918 abbattendo uno SPAD mentre è ai comandi di un Fokker Dr.I Triplane.

Il suo momento di gloria si verifica nel periodo tra il 20 agosto ed il 25 settembre 1918 mentre è comandante dello Jagdstaffel 73 dove, in questo lasso di tempo, riesce ad abbattere cinque velivoli nemici, tutti durante missioni notturne, così da diventare il primo asso della storia della caccia notturna.

Poco prima della fine della guerra, nell'ottobre del 1918 viene trasferito presso una scuola caccia. Ottenne la decorazione della Croce di Ferro di Seconda e Prima Classe.

Fritz Anders morì un anno dopo la conclusione del conflitto all'età di trent'anni, l'8 novembre 1919.

Un pilota greco combatte con gli inglesi

Aristides Moraitinis nasce nel 1891. Da giovane si arruola nella Marina Ellenica e presta servizio con il grado di guardiamarina.

Nel 1913, esattamente il 24 gennaio, partecipa con Michail Moutousis ad una missione di pattugliamento aereo con idrovolante, una delle prime missioni di questo genere, a bordo di un Maurice Farman, per l'avvistamento della flotta turca. Durante la missione, della durate di 2 ore e 20 minuti, i due aviatori tracciano una accurata mappa della posizione della flotta avversaria e, prima di lasciare la zona di operazioni, sganciano con successo quattro bombe.

Dopo la guerra balcanica Moraitinis entra nell'Accademia Aeronautica costituitasi presso Eleusi, dove ne diventa istruttore.

Aristides Moraitinis

Dopo lo scoppio della prima guerra mondiale il suo squadrone, verso la fine del 1916, viene assegnato come supporto alla Marina Britannica e trasferito presso l'isola di Thassos per combattere contro le forze Ottomane.

Volando in questo contesto, riesce ad ottenere nove vittorie aeree ai danni di altrettanti velivoli tedeschi e turchi.

Decorato sia dal governo greco che da quello britannico, Aristides Moraitinis non sopravvivrà molto alla guerra.

Muore infatti il 22 dicembre 1918 durante un volo da Salonicco ad Atene. Incappato in una tempesta, si schianta sulle pendici del monte Olimpo ed il suo corpo verrà trovato e recuperato tra i rottami del suo velivolo diversi giorni dopo la tragedia.

Un Asso indiano

Indra Lal Roy, nato a Calcutta il 2 dicembre 1898, risulta essere il primo ed unico "asso" indiano fino ad oggi.

Ottenne infatti dieci vittorie tutte conquistate durante il mese di luglio 1918 in soli quattordici giorni.

Roy, allo scoppio della guerra, era studente della St. Paul's School, a Londra.

Poco dopo aver compiuto diciotto anni, nell'aprile 1917, si arruola nella RFC (poi RAF) e ottiene i gradi di Second Lieutenant (sottotenente) nel luglio 1917. Dopo il suo addestramento raggiunge, il 30 ottobre 1917, il 56° Squadron. A causa di un incidente di volo in atterraggio occorso il 6 dicembre 1917 con un S.E.5, Roy deve essere ricoverato e rimane lontano dal fronte fino al suo recupero nel giugno 1918.

Trasferito al 40° Squadron, il 6 luglio effettua il suo primo abbattimento ai danni di un Hannover C, al quale ne seguiranno altri fino a raggiungere la quota di dieci.

Il 22 luglio 1918, tre giorni dopo la sua ultima vittoria, viene abbattuto ai comandi del suo S.E.5 durante un duello aereo con un Fokker D.VII

Viene decorato postumo della DFC in seguito ai successi ottenuti nel luglio 1918.

La Giamaica ha il suo Asso

John Albert Edward Robertson Daley nasce il 5 febbraio 1898 a Kingston, in Jamaica. Viene arruolato nel gennaio 1916 nel 2nd Jamaica Battalion, British West Indies Regiment.

Il 6 marzo 1916 viene promosso Second Lieutenant e lo stesso giorno imbarcato insieme ad altri venticinque ufficiali e 1185 uomini sul SS *Verdala*. Per evitare la minaccia degli

U-boot tedeschi, la nave viene dirottata su Halifax in Canada dove però, a causa di una tempesta di neve, non essendo riscaldata e gli uomini non equipaggiati per il freddo, raggiunge il porto con seicento casi di congelamento e cinque morti.

Centosei uomini dovranno ricorrere al ricovero ospedaliero.

Dopo questa avventura la nave raggiunge finalmente l'Inghilterra e qui Robertson viene arruolato nel Royal Flying Corps come ufficiale osservatore.

Alla fine del 1917 viene promosso ufficiale pilota e con il suo S.E.5a abbatte, tra il 26 marzo ed il 1 luglio 1918, cinque aerei tedeschi ed un pallone da osservazione.

Viene abbattuto il 8 luglio 1918, una settimana dopo la sua ultima vittoria. E' stato decorato con la DFC (Distinguished Flying Cross).

Un pilota venezuelano nel circo del Barone Rosso

Carlos Otto Meyer Baldo nasce a Maracaibo il 21 aprile 1895, quinto di nove figli. Ancora adolescente insieme al padre, commerciante di caffè, e al resto della famiglia si trasferisce in Germania, ad Amburgo, nel 1908.

Nel 1914, allo scoppio della prima guerra mondiale, terminati gli studi si arruola volontario nell'esercito tedesco nel 9° Reggimento Dragoni Cavalleria e trasferito sul fronte orientale dove rimase fino al febbraio 1916 ottenendo la promozione a tenente della riserva.

E' in questo periodo, mentre l'esercito tedesco dismette l'arma della cavalleria in seguito alla guerra trasformatisi in guerra di

Carlos Meyer Baldo nel febbraio 1918

trincea, che Carlos rimane affascinato dalla nuova arma aerea.

Chiede il trasferimento in aeronautica e, completato l'addestramento nel gennaio 1917, entra nella ricognizione sul fronte occidentale. Nella veste di pilota di ricognitori ebbe modo di ottenere una menzione speciale e la Croce di Ferro di seconda classe.

Proprio in questo periodo Manfred von Richthofen, il Barone Rosso, stava cercando piloti per la sua Jasta 11 (Jagdstaffel Nr.11) e Carlos entrò a farne parte.

Il 31 luglio 1917 all'età di ventidue anni ottiene la sua prima vittoria aerea abbattendo, a bordo del suo Albatros D.V, un ricognitore R.E.8 inglese sopra Flander, in Belgio. Entro il mese di luglio 1918 totalizza sette vittorie aeree (quattro confermate e tre non confermate).

Nel settembre 1918 viene inviato come istruttore alla scuola caccia Nr. II e qui lo raggiunge la notizia dell'armistizio.

Finita la guerra rileva l'attività di commerciante di caffè del padre ma la crisi economica non permette grandi affari.

Nel 1926 decide di rientrare in Venezuela ma ora qui l'attività più importante non è più il caffe ma bensì il petrolio.

Qui Carlos conosce Florencio Gómez Núñez, figlio del dittatore dell'epoca Juan Vicente Gómez, ed uno dei creatori della forza aerea venezuelana nel 1920.

Lo coglie di nuovo il desiderio di volare e nel 1931 decide di entrare nel corpo aeronautico del Venezuela. Mayer a questo punto non volava da ormai quattordici anni e il suo mentore e amico Florencio Gómez Núñez preferisce inviarlo negli Stati uniti per aggiornamenti e per monitorare i progressi nel campo aeroportuale di quella nazione.

Al suo rientro viene integrato come ispettore ed istruttore e gli viene anche riconosciuto il suo grado di tenente conseguito durante la guerra.

Raggiunta ormai l'età di trentasette anni, i Gomez preferivano che Carlos non volasse più tenendolo come esempio per gli aviatori più giovani.

Carlos, pur di volare, convinse quindi i Gomez che non avrebbe volato su aerei militari.

Trovò la morte a bordo di uno Stearman C3B immatricolato civile mentre eseguiva manovre acrobatiche sopra la città di Maracay il 27 novembre 1933.

L'aereo non sopportò le brusche manovre impartite da Carlos. Un'ala rimase deformata e l'aereo cadde in spirale.

La notizia della morte di Mayer raggiunse anche la Germania dove il ministro tedesco dell'aviazione Hermann Goering, che era stato un suo "Kamerad" e ultimo comandante del "Circo Volante" inviò in suo onore una delegazione in Venezuela presieduta dal barone Wilhelm von Birtner.

Una strada a Caracas ed il teatro della base aerea Rafael Urdaneta, in Maracaibo, portano il suo nome.

Il pilota missionario

Leon Bourjade

Leon Bourjade nasce, sesto di nove figli, il 25 maggio 1889 a Montauban nella provincia francese dei Pirenei in una famiglia molto cattolica. Completa gli studi presso la città natale, studi nei quali dimostra essere uno studente mediocre ma saggio, con buone abilità acrobatiche. Riesce, tra le altre cose, a fare la capriola all'indietro a piedi uniti da fermo. Anche l'uso del monociclo per lui non ha segreti.

Fin da giovane però sente il richiamo della vocazione religiosa e così Leon entra nel Collegio del Sacro Cuore di Gesù a Issoudun. Qui pronuncerà i voti il 23 gennaio 1910. Nell'ottobre 1910 viene chiamato a svolgere il servizio militare come artigliere.

In seguito alla messa al bando da parte del governo anticlericale francese della III Repubblica della congregazione religiosa di cui fa parte, si vede costretto a lasciare la Francia per seguire i confratelli in Spagna e da qui in Svizzera, a Friburgo dove studia teologia. Allo scoppio della guerra anche Bourjade, ora venticinquenne, viene mobilitato ed arruolato nel 23° Reggimento Artiglieria a Tolosa. Con questo Reggimento prenderà parte alla Prima Battaglia della Marna nel settembre 1914. Nel 1915 viene trasferito ad una compagnia di mortai, la 125e Brigade de Bombardiers.

In battaglia si dimostra coraggioso e fortunato, ricevendo anche delle citazioni al merito, riuscendo a salire lungo la scala gerarchica passando da sergente al ruolo ufficiali. Verrà infatti nominato sottotenente nel 1916.

Su sua richiesta viene trasferito al Corpo Aeronautico. Il 15 marzo 1917 si presenta presso il campo di Avord dove viene addestrato come pilota da caccia ricevendo il brevetto n. 7457 il 17 giugno 1917. Inviato dal luglio all'agosto 1917 alla scuola di perfezionamento di Pau, il 13 settembre viene integrato presso la squadriglia N 152 (successivamente rinominata SPA 152), soprannominata "Coccodrillo" ed impiegata sul fronte dei Vosgi. Sul suo velivolo e su tutti quelli che piloterà, oltre al coccodrillo, distintivo ufficiale di squadriglia, farà apporre anche la bandiera del "Sacro Cuore" che sventola sul suo poggiatesta e all'interno dell'abitacolo il ritratto di Santa Teresa di Lisieux, a cui attribuirà le sue vittorie e la salvezza nei combattimenti.

Inizialmente Bourjade vola sui Nieuport 27 ma la squadriglia sarà in seguito equipaggiata con gli Spad S.XIII. È con questi due modelli di velivolo che abbatterà tutti i suoi avversari. Il primo scontro con la caccia nemica avrà luogo il

5 dicembre 1917 quando, ad una quota di 4000 metri sopra Raon-l'Etape, vicino a Colmar, intercetta e mette in fuga l'avversario. La sua prima vittoria arriverà il 27 marzo 1918 quando abbatte un Drachen, un pallone da osservazione. Da questo momento in poi i palloni saranno la sua preda preferita. Nonostante le dimensioni, l'obbiettivo non è una preda facile.

I palloni, dotati di collegamento telefonico o radio con la postazione al suolo, sono di grande importanza per osservare oltre le linee nemiche e coordinare il tiro dell'artiglieria. Sono pertanto ben difesi. Nella zona di operazioni vengono posizionate diverse postazioni di artiglieria antiaerea che, all'avvicinarsi di aerei avversari, aprono il fuoco con un tiro violento e preciso mentre i serventi al pallone iniziano subito il suo recupero tramite l'argano e gli osservatori si lanciano con il paracadute, avendo giusto il tempo di aprirlo prima di arrivare al suolo.

Bourjade ha messo a punto una sua tattica per attaccare i Drachen. Si porta a 3000 metri di quota e successivamente si getta in picchiata sparando, avvicinandosi a volte a meno di 300 metri dall'obbiettivo, raddrizzando e riportando in quota il velivolo solo una volta che il pallone è distrutto. Leon continua a inanellare vittorie. Ora la sua "cavalcatura" è uno Spad S.XIII che ha riequipaggiato la squadriglia dal mese di maggio ed il 25 ed il 28 giugno abbatte la sua quinta e sesta vittima (entrambi palloni) mentre il giorno successivo, attaccato da caccia nemici, riesca ad abbattere un Fokker D.VII, sua settima ed unica vittoria che non sia un pallone da osservazione. Pochi giorni dopo avrà una giornata di gloria. La mattina del 15 luglio, infatti, nell'arco di soli cinque minuti, riesce ad attaccare ed abbattere tre Drachen tedeschi.

Durante il combattimento del 19 luglio, nel quale abbatte un altro pallone nei pressi di Tahure, ad est di Reims, ferito ad un braccio, viene ricoverato all'ospedale di Vitry-le-François fino al 27 agosto. Rientrato al reparto riprende con successo la caccia ai palloni. Abbatterà il suo ultimo Drachen nel pomeriggio del 29 ottobre, pochi giorni prima dell'armistizio.

Leon Bourjade termina la guerra con un totale di ottantasei combattimenti, 254 ore e 45 minuti di volo e ventotto vittorie, secondo solo al belga Willy Coppens che abbattè un totale di trentasette nemici di cui trentacinque palloni. Tra le varie decorazioni di Bourjade troviamo la Croce di Guerra e la Legion d'Onore.

Risultando uno dei migliori assi francesi viventi, viene "corteggiato" dalle case costruttrici di aerei per essere assunto come collaudatore ma Leon rimane fedele alla sua vocazione. Verrà nominato sacerdote il 26 luglio 1921 ed inviato come missionario presso la tribù dei Roro, in Papua Nuova Guinea nel novembre 1921.

Anche con l'abito da missionario mette il medesimo impegno, energia ed abnegazione che aveva mostrato vestendo l'uniforme militare.

Nel clima tropicale, con il caldo, parassiti e zanzare, Bourjade contrae la malaria. Purtroppo neppure l'utilizzo del chinino riesce ad arrestare la malattia che si protrae ormai da tre anni.

Leon Bourjade muore, all'età di trentacinque anni, il 22 ottobre 1924 sull'isola di Yule, nel golfo di Nuova Guinea.

Tra le due guerre mondiali

Un americano durante la rivoluzione russa

Marion Hughes Aten era un pilota americano iscritto nelle file della RFC poi RAF che ha combattuto durante la rivoluzione russa contro le forze bolsceviche nel 1919.

Nato a Castro, in Texas, il 20 dicembre 1892 si trasferisce in Canada per arruolarsi nella RFC nel novembre 1917.

Inviato in Europa solo nell'estate del 1918, viene assegnato al 203° Squadron comandato da Raymond Collishaw (asso canadese con sessantasei aerei abbattuti) e dotato di Sopwith Camel. Marion non entrò mai in combattimento. La fine della guerra infatti lo colse in ospedale in seguito alla frattura di un braccio.

Dopo l'armistizio viene chiamato insieme ad altri piloti tra i quali Collishaw a partecipare, tra il 1918 ed il 1920, alla guerra civile russa per assistere le forze dei "Bianchi" che si opponevano ai bolscevichi "Rossi" nel sud della Russia.

Gli vennero accreditate in quel conflitto cinque vittorie aeree, tra il marzo e l'agosto del 1919 nell'aerea di Tsaritsyn (Volgograd), ai comandi di un Sopwith Camel.

Con la sconfitta delle forze Bianche, fugge con il treno attraverso la città portuale di Rostov poco prima che il ponte che conduce in città fosse fatto saltare in aria.

Poco prima della sua morte ha scritto un resoconto delle sue imprese in un libro intitolato: "Last Train Bridge over Rostov". Per quel conflitto venne decorato con la DFC.

Rimase nelle file della RAF fino al 1927 dopo di che rientra negli Stati Uniti per rilevare l'azienda di famiglia ad Imperial Valley in California nei pressi della città di Yuma, al confine con il Messico dove morì nel 1961.

Un eroe per la repubblica cinese

Il Giappone nei primi decenni del 1900 si stava affermando come potenza emergente nell'area del Pacifico e sud-est asiatico, soppiantando l'impero russo come potenza straniera in Manciuria.

La scintilla che fece scoppiare i disordini e spingere i giapponesi ad annettere la Manciuria al proprio impero fu l'incidente di Mukden, un attentato inscenato dagli stessi giapponesi.

Il 18 settembre 1931 una esplosione distrusse la ferrovia giapponese nei pressi di Mukden (oggi Shenyang). Di questo attentato vennero accusati i terroristi cinesi.

Questo fornì la scusa al Giappone per l'invasione e l'annessione della Manciuria.

L'incidente fece scoppiare una crisi tra Cina e Giappone, solo parzialmente attenuata con la creazione dello stato fantoccio del Manciukuo nel 1932.

Anche se la Società delle Nazioni indicò il Giappone come aggressore ed impose il ritiro delle truppe, questi si ritirò dalla Società e rimase in possesso della Manciuria fino al 1945.

Robert "Bobby" McCawley Short è stato il primo pilota americano abbattuto da un pilota giapponese dell'Imperial Japanese Navy Air Service (IJNAS), durante il conflitto cino-giapponese tra il 1931 ed il 1945 ed è considerato un eroe dal popolo cinese.

Robert nacque negli Stati Uniti a Steilacoom, nello stato di Washington, nell'ottobre 1904.

Robert Short

Dopo che il padre lascia casa nel 1912 abbandonando la famiglia, lui ed il fratello (la sorella nel frattempo era morta precocemente), vengono allevati dalla madre. Crescendo dimostra il suo carattere avventuriero e non disdegna le scappatelle da scuola.

Dopo alcuni lavori temporanei viene accettato nell'United States Army Air Corps dove è desideroso di volare.

La disciplina ed il rigore della vita militare però poco si addicono al giovane Robert e, dopo aver "bombardato" con angurie il camion del contadino locale, viene escluso dal programma di addestramento.

Decide quindi di pagarsi le lezioni privatamente, accumulando ore di volo.

Successivamente fa domanda per l'US Army Air Corps Reserve dove viene accettato con il grado di sottotenente.

Siamo nel 1930 e ora Robert, insieme ad un suo amico, Carl Frederick Douse, iniziano un servizio di posta aerea tra le città di Seattle e Spokane. Gli affari vanno bene e i due pensano già di ampliare i loro orizzonti.

Vengono nel frattempo avvicinati da un funzionario del governo centrale cinese e gli viene chiesto di istituire un servizio di posta aerea in Cina.

La moglie di Carl si oppone al progetto che vedrebbe il marito lontano per troppo tempo. Robert invece accetta la proposta e viene assunto come pilota dalla China Airways (precursore della China National Aviation Corporation). Robert si trasferisce così in Cina con un contratto di pilota di linea.

Arrivato a Shangai nel febbraio 1931 inizia a volare con un biplano biposto anfibio Loening OL.

Purtroppo le costanti manutenzioni che necessita l'aereo rendono il volo un evento quasi raro e questo non fa felice Robert che decide di diventare pilota per la Boeing Aircraft in Cina.

"Bobby" è ancora in Cina quando iniziano gli attacchi giapponesi e rimane deluso dal fatto che i cinesi non combattano nei cieli contro i loro avversari. Lui considera i piloti cinesi ed i loro mezzi sicuramente all'altezza di quelli giapponesi.

Durante un volo di collaudo il 19 febbraio 1932 si imbatte in tre aerei giapponesi che lo attaccano.

Riesce ad abbatterne uno, uccidendo il tenente Kidokoro e a mettere in fuga gli altri due, atterrando poi senza danni.

Pochi giorni dopo, precisamente il 22 febbraio, viene ordinato a tutti gli aerei di base a Nanchino di trasferirsi sull'aeroporto di Hangchow.

Il caccia di Short è troppo veloce per viaggiare insieme agli altri velivoli e si decide di farlo partire da solo.

Durante il volo Robert incrocia una formazione di bombardieri avversari Mitsubishi Type 13-3 (B1M3) (versione triposto) e, noncurante della superiorità numerica del nemico, attacca.

Riesce a colpire l'aereo del capo formazione ed uccidere il comandante ed il mitragliere ma viene a sua volta colpito ed abbattuto dai tre caccia di scorta che si sono avventati su di lui. Il pilota che lo abbatte è Nokiji Ikuta. Il bombardiere precedentemente colpito riuscirà a rientrare alla base con il copilota Yoshiro Sakinaga ai comandi.

Questo ultimo combattimento rende "Bobby" un eroe per il popolo cinese. Viene infatti promosso postumo al grado di colonnello dell'aviazione cinese e la madre ed il fratello vengono invitati dal governo cinese a presenziare al funerale.

Il funerale verrà così celebrato il 24 aprile 1932, due mesi dopo la sua morte, per dare la possibilità ai parenti di presenziare alla funzione funebre.

Migliaia di persone (si stima oltre 500.000) sfilano in corteo per la città di Shangai con le autorità cinesi e degli Stati Uniti che partecipano all'evento. Il tutto è testimoniato dalle riprese filmate dell'epoca.

Dopo gli eventi che portarono all'occupazione della Manciuria da parte dei giapponesi, le loro mire espansionistiche si rivolsero verso la Cina stessa.

La guerra con la Cina iniziò prima della seconda guerra mondiale ed ebbe termine soltanto con la sconfitta del Giappone nel 1945.

La Cina rientrava in un progetto strategico del governo giapponese per espandere il suo dominio nel sud-est asiatico ed assumere il controllo dell'Asia.

Le avvisaglie di quanto sarebbe successo si ebbero con i fatti già descritti dall'incidente di Mukden, che portò all'annessione della Manciuria. Ora un nuovo "incidente", quello del Ponte Marco Polo (situato vicino a Pechino), segna il nuovo "casus belli" per l'inizio dello scontro tra i due vicini.

Il 7 luglio 1937 truppe giapponesi in addestramento presso il ponte, vennero attaccate dalle truppe della Cina repubblicana che presidiavano il ponte.

L'incidente venne inscenato da truppe giapponesi che, travestiti da cinesi, si sarebbero sparati tra loro così da permettere al governo giapponese di accusare i cinesi di averli attaccati.

I giapponesi sostennero sempre che gli aggressori fossero effettivamente cinesi. Questo diede ai giapponesi il pretesto per l'invasione dando il via alla seconda guerra sino-giapponese, il più grande conflitto asiatico del ventesimo secolo.

Dal 1937 al 1941 la Cina combatte la sua guerra da sola nonostante l'aiuto, più o meno velato, delle potenze occidentali e che vede l'invio di piloti volontari ed aerei da parte statunitense. Questi costituirono le famose "Tigri Volanti" del generale Claire Lee Chennault.

Solo dopo l'attacco giapponese a Pearl Harbor la Cina ottenne maggiori aiuti militari dalle nazioni occidentali.

La guerra si risolse alla fine con la vittoria della Cina e la capitolazione del Giappone ma per questo occorrerà attendere il 1945.

Un Asso cinese

Liu Chi-Sheng nasce nella provincia di Hebei il 22 febbraio 1914. Il padre era un ufficiale di carriera e così Liu segue le orme paterne entrando in Accademia in seguito all'emergenza in Manciuria.

Diplomatosi nel 1936, all'inizio della guerra sino-giapponese è in servizio presso una unità dotata di Curtis Hawk III.

Ottiene la sua prima vittoria il 14 agosto 1937 ai danni di un bombardiere bimotore Mitsubishi G3M1, decollato dal Matsuyama Airfield in Taipei e che si schianta vicino alla zona di Ban Shan.

Il giorno successivo abbatte il suo secondo avversario. Questa volta è un Type 89 aerosilurante (Mitsubishi B2M) imbarcato sulla portaerei giapponese Kaga.

Entrambi gli abbattimenti li effettua pilotando il Curtiss Hawk III. Dopo aver abbattuto i primi sui due nemici e preso parte a diversi combattimenti aerei contro formazioni di bombardieri provenienti dall'isola di Formosa (Taiwan), il suo reparto viene riequipaggiato con i Polikarpov I-16 Type 5 e I-15bis.

Ed è proprio con un I-16 che conseguirà la vittoria successiva.

Liu Chi-Sheng

Il 18 febbraio 1938 i giapponesi attaccano la città di Wuhan con una forza di sedici bombardieri scortati da ventisei caccia.

I G3M facevano parte del Kanoya Kokutai ed erano guidati dal tenente comandante Sugahisa Tuneru. La scorta era fornita dal 12° e 13° Kokutai e guidati dal tenente Takashi Kaneko del 12° Kokutai.

Nella concitata battaglia che si sviluppò e a cui presero parte anche alcuni piloti sovietici che in quel periodo affiancavano le forze cinesi come "volontari", Liu Chi-Sheng abbatte due avversari.

Anche se i piloti giapponesi sostengono l'abbattimento di quindici aerei Polikarpov I-15, due I-16 ed un Tupolev SB, da parte cinese le vittorie totali della giornata furono di almeno dodici aerei giapponesi abbattuti.

Le vittorie di Liu furono due caccia Mitsubishi A5M, codice di identificazione alleato "Claude", progenitore del più famoso caccia Mitsubishi A6M "Zero". Per questa missione viene decorato della "Star Medal".

Sempre a bordo del suo I-16 matricola 2105, il 31 maggio 1938 abbatterà un altro A5M ottenendo una seconda "Star Medal".

La mattina del 26 giugno 1938, diciotto bombardieri terrestri giapponesi scortati da ventotto caccia attaccano Nanchang. Questi vengono intercettati da caccia cinesi che reclamano cinque caccia e un bombardiere pesante (forse un G3M) abbattuti. Una di queste vittorie è attribuita a Liu Chi-Sheng. Dopo questa battaglia a Liu è assegnata la "Star Medal" numero tre.

Nel settembre 1938 il suo reparto sostituisce il logoro I-16 con il Polikarpov I-15bis con base a Lanzhou.

Dobbiamo aspettare i mesi di maggio e luglio 1939 per vedere altre due vittorie di Liu ai danni di altrettanti bombardieri giapponesi.

Il 6 giugno 1940 i giapponesi attaccano il campo di aviazione di Baishi Yi nella zona di Chungking. Liu abbatte un bombardiere Mitsubishi Ki-21 ed è decorato con la sesta "Star Medal".

Sempre in giugno, più precisamente il 10 ed il 12, Liu abbatte altre due bombardieri di cui sicuramente uno è un G3M.

Il 16 luglio cinquantaquattro bombardieri giapponesi decollati da Wuhan attaccano Chungking in due ondate. I cinesi inviano un assortimento di trentuno I-15bis, Hawk IIIs e I-16, affermando di aver danneggiato alcuni bombardieri mentre il vice-comandante Liu Chi-Sheng con l'I-15bis, numero di serie 2117, abbatte un bombardiere. Questa è l'ultima vittoria di Liu e gli viene assegnata la nona "Star Medal".

Liu ha concluso la guerra come asso leader della Repubblica Popolare Cinese con dieci vittorie aeree confermate e due condivise.

Rimane in servizio e alla fine raggiunse il grado di Maggiore Generale. Si ritira dal servizio militare nel 1963. Dopo il pensionamento ha vissuto a Taipei.

Alla fine del 1990 visita i parenti in Canada. Proprio mentre si trova in Canada subisce un'emorragia cerebrale e muore il 18 febbraio 1991.

La controparte giapponese

Tetsuzō Iwamoto risulta essere il secondo asso giapponese per numero di abbattimenti dopo il connazionale Hiroyoshi Nishizawa.

Iwamoto nasce il 15 giugno 1916 nella prefettura di Karafuto (isola di Sakhalin) che ora è in territorio sovietico ma all'epoca assoggettata all'Impero giapponese.

Diplomatosi alla scuola agraria, Iwamoto decide di intraprendere una differente carriera e si arruola nella Marina Imperiale con l'intento di diventare pilota.

Riesce nel suo progetto e nel 1936 termina il corso addestramento piloti.

Nel 1938 viene assegnato al 12° Kokutai che si trova impiegato in Cina durante la seconda guerra sino-giapponese. Il suo velivolo è il monoplano Mitsubishi A5M.

Tetsuzō Iwamoto, secondo asso giapponese per numero di vittorie

Proprio durante questa guerra ottiene le sue prime vittorie.

Il 25 febbraio 1938 abbatte cinque velivoli, primo pilota giapponese a raggiungere questo traguardo.

Le sue vittime furono tre caccia Polikarpov I-15 e due I-16. Due mesi dopo, il 29 aprile, ripete l'impresa abbattendo quattro velivoli Polikarpov.

Rientrato in patria risulta essere il pilota con il maggior numero di abbattimenti, quattordici, ottenuti nel corso di ottantadue combattimenti.

Rimane in attività e presta servizio sulla portaerei Zuikako. Prende parte quindi alla seconda guerra mondiale e nell'attacco su Trincomale (isola di Cylon) del 9 aprile 1942, abbatte quattro aerei inglesi della RAF.

Distaccato successivamente presso la base aerea di Rabaul, nelle Isole Salomone, inizia a macinare vittorie, rivendicando quindici abbattimenti già nel primo mese di attività.

In seguito agli eventi bellici viene evacuato a Truk dove, utilizzando una bomba al fosforo sganciata su una formazione di Consolidated B-24 Liberator, ne abbatte cinque.

Successivamente, nell'ottobre 1944, è nelle Filippine e poi, all'inizio del 1945, trasferito sul suolo giapponese per la difesa della madrepatria.

I suoi ultimi abbattimenti avvengono nel mese di aprile 1945 sopra l'isola di Okinawa.

Iwamoto secondo alcune fonti avrebbe accumulato novantaquattro abbattimenti ma documentazioni più precise fermano il totale a ottanta vittorie.

Dopo la guerra visse in ristrettezze economiche. Solo nel 1952 trovò impiego presso una ditta tessile. Purtroppo nel 1953 si ammalò allo stomaco. Venne operato ma in seguitò soffri anche di forti mal di schiena.

In seguito ad una operazione alla schiena, sviluppò una setticemia. Muore il 20 maggio 1955.

Come ricorda la moglie, il suo desiderio dopo la guarigione sarebbe stato quello di tornare a volare.

Toshio Kuroiwa nasce nella prefettura di Fukuoka nel 1908. Arruolatosi nel 1926 nella Marina Imperiale giapponese, segue i corsi per pilota e si brevetta nel 1928.

Durante la seconda guerra sino-giapponese partecipa agli scontri nei cieli di Shangai. Imbarcato sulla portaerei Kaga, il 22 febbraio 1932 riceve l'ordine di scortare dei bombardieri Mitsubishi B1M3. Il suo aereo, un Nakajima A1N, viene attaccato da un singolo aereo, un P12.

Il pilota del Boeing P12 nonostante l'inferiorità riesce a danneggiare un bombardiere avversario ma soccombe

Toshio Kuroiwa

sotto i colpi di Kuroiwa e dei suoi due

compagni, Kazuo Takeo ed il tenente Nokiji Ikuta (capo sezione) ed effettivo abbattitore. Il pilota abbattuto, come abbiamo visto, è l'americano Robert Short.

Questo viene considerato il primo abbattimento ufficiale da parte della IJN (Imperial Japanese Navy).

Kuroiwa partecipa a molte altre battaglie ma nel 1939, all'età di 31 anni, è considerato "vecchio" per pilotare dei caccia.

Lascia il servizio attivo con il grado di Warrant Officer (maresciallo) e tredici vittorie confermate ai danni di altrettanti aerei cinesi. Diventa quindi pilota di linea per l'Imperial Japanese Airway

Il 26 agosto 1944, durante una missione di trasporto, il velivolo civile che stava pilotando scompare mentre è in volo sulla penisola malese.

Né il velivolo né il corpo di Kuroiwa saranno mai ritrovati.

L'incidente di Nomonhan e la Battaglia del Khalkhin Gol

Come detto in precedenza il Giappone, intorno al 1900, si stava affacciando alla politica internazionale con mire espansionistiche nei confronti degli altri stati della zona del sud-est asiatico, Cina in primis.

Il Giappone aveva ottenuto nei confronti dell'impero sovietico una grande vittoria navale a Tsushima, battaglia svoltasi nelle acque dello stretto di Corea tra il 27 ed il 28 maggio 1905. Le conseguenze di questa battaglia furono che la Russia abbandonò la Corea alla sfera d'influenza giapponese e indirizzò le proprie bramosie sui Balcani.

Successivamente a questo scontro il Giappone si rivolse contro la Cina sfruttando l'incidente di Mukden per invadere la Manciuria.

Tra il Giappone e la Russia zarista le relazioni furono sempre molto tese per le mire che entrambe le nazioni avevano in Corea e Cina nordorientale. Questi attriti si manifestarono con il cosiddetto incidente di Nomonhan, uno scontro sanguinoso, seppur poco noto, avvenuto tra l'Impero giapponese e l'URSS tra il maggio ed il settembre 1939.

Nomonhan è un piccolo centro situato a circa 900 chilometri a nord-est di Pechino, vicino al confine tra la provincia cinese della Mongolia Interna, occupata dall'esercito imperiale giapponese, e la Repubblica di Mongolia, stato formalmente indipendente, ma all'epoca retto da una dittatura comunista e di fatto satellite dell'Unione Sovietica, che qui aveva dislocato diverse unità dell'Armata Rossa.

L'11 maggio reparti nippo-mancesi, per un totale di circa trecento uomini, con l'appoggio di una cinquantina di aerei, attraversarono il confine reclamato dall'URSS e assaltarono i presidi di frontiera sovietici di stanza a Nomonhan, 13-15 chilometri a est del Khalkhin Gol. Un distaccamento di cavalleria mongolo-sovietico accorso in aiuto fu respinto oltre il corso del fiume. Data la momentanea superiorità numerica, l'attacco giapponese ebbe buon esito.

I sovietici fecero affluire prontamente nuovi rincalzi con equipaggiamento di artiglieria leggera e pesante, autoblindo ed aerei, riuscendo così, dopo una settimana di duri combattimenti, a far sentire la loro superiorità tattica.

Questa prima fase svoltosi tra l'11 maggio ed il 25 luglio 1939 vede i giapponesi lanciare una serie di sterili attacchi alle posizioni sovietiche, prontamente respinti.

Una seconda fase, chiamata "battaglia del fiume Khalkhin Gol", si svolse sul territorio della Mongolia, lungo le rive dell'omonimo fiume, dal 24 agosto al 16 settembre 1939. Dopo un primo attacco nipponico in Mongolia, i sovietici contrattaccarono con grande quantità di mezzi tra cui molti carri armati e usando anche i razzi Katjuša, al loro battesimo del fuoco.

Con questa potenza di fuoco, i sovietici sbriciolarono le linee avversarie.

Questa battaglia rimase poco conosciuta al di fuori dell'Unione Sovietica dato che il 1° settembre 1939 era iniziata in Europa la seconda guerra mondiale.

I sovietici ottennero una grande vittoria sulle forze avversarie grazie anche al massiccio uso di mezzi corazzati coadiuvati da forze aeree per la protezione del territorio.

E' in questo contesto storico che si afferma il prossimo personaggio, che venne soprannominato il "Richthofen d'Oriente".

Il Richthofen d'Oriente

Nato il 1° agosto 1913 nella prefettura di Tochigi da una modesta famiglia, Hiromichi Shinohara nel 1931 si arruola nel 27° Reggimento cavalleria dell'esercito giapponese e partecipa all'invasione della Manciuria. Dopo questa esperienza sul campo prende la decisone di partecipare al programma di addestramento per diventare pilota arruolandosi, nel giugno del 1933, nell'Imperial Japanese Army Air Force. Già nel gennaio dell'anno seguente ottiene le ali e con il grado di caporale viene dislocato ad Harbin, nel Manchukuo, in Manciuria.

Alla fine del 1938, dopo aver scalato i gradini della gerarchia militare, ottiene il grado di Warrant Officer (maresciallo).

Nel maggio del 1939, all'epoca dell'incidente di Nomonhan (Battaglia del

Hiromichi Shinohara

Khalkhin Gol) ha venticinque anni e già sei anni di anzianità di volo.

Il 27 maggio 1939, diventa asso in un giorno pilotando il Nakajima Ki-27.

Quel giorno, durante la sua prima missione di combattimento abbatte quattro Polikarpov I-16 sovietici. Nella stessa giornata abbatte altri cinque biplani Polikarpov I-15 e un Polikarpov R-Z da ricognizione.

Non risulta che nessun altro pilota nella storia del volo abbia mai abbattuto dieci aerei nemici nel corso del suo primo combattimento aereo. Non passa che un mese e Shinohara ripete la prodezza.

Il 27 giugno abbatte nel corso di una sola giornata ben undici aerei avversari durante la battaglia di Tamsak-Bulak, un record per lui e per l'Imperial Japanese Army Air Force.

Pochi piloti sono riusciti in una impresa simile, superando questo record. Quelli che vi sono riusciti sono tutti di nazionalità tedesca, con vittorie conseguite durante la seconda guerra mondiale da assi affermati con decine di combattimenti alle spalle.

Eric Rudorffer, ad esempio, abbatte tredici aerei in diciassette minuti, Erich Hartmann dodici vittorie in un giorno, Emil Lang diciotto in un giorno e Hans-Joachim Marseille diciassette.

Purtroppo non sempre il giorno 27 porta bene a Shinohara.

Infatti durante un combattimento che si svolge il 27 agosto 1939, trova la morte duellando contro un Polikarpov I-16.

Viene promosso postumo al grado di Pilot Officer (sottotenente) dopo aver sostenuto combattimenti aerei che lo porteranno ad ottenere l'invidiabile traguardo dei cinquantotto aerei abbattuti in solo tre mesi di combattimento. Di queste cinquantotto vittorie, le ultime tre furono conseguite nella battaglia che lo porterà alla morte.

Si guadagna così il soprannome di "Richthofen d'Oriente".

Guerra del Gran Chaco

Prima dell'inizio della seconda guerra mondiale altre guerre si accesero nel mondo, guerre che passarono in secondo piano in quanto si svolgevano in territori lontani dal continente europeo o perché interessavano contendenti ritenuti poco importanti sul piano internazionale.

Una di queste guerre "dimenticate" è la guerra del Gran Chaco.

Il Gran Chaco o semplicemente Chaco, è una landa semiarida ed in gran parte disabitata, posizionata tra i confini di Bolivia, Argentina, Paraguay e Brasile ed è la parte più inospitale dell'inospitale Chaco Boreal.

A causa di vecchie dispute coloniali dovute alla dissoluzione dell'Impero spagnolo ed alla ridefinizione dei confini, vennero a crearsi attriti tra Bolivia e Paraguay che

Il territorio del Gran Chaco, conteso da Bolivia e Paraguay

sfociarono in una delle guerre più sanguinose disputate sul suolo sudamericano.

Tra il 1932 ed il 1935 i due stati si affrontarono militarmente per il controllo della regione del Chaco.

La Bolivia aveva perso il suo sbocco al mare in seguito alla guerra del Pacifico combattuta contro il Cile. Possedere quindi il controllo del fiume Paraguay con il suo sbocco sull'oceano Atlantico era di estrema importanza per la Bolivia. A questo ovviamente si oppose il Paraguay.

Ad inasprire gli animi arrivò anche la notizia della scoperta nella regione di giacimenti di petrolio.

Entrarono quindi in campo le compagne petrolifere interessate a sfruttare i possibili futuri giacimenti. Tra queste la Shell sosteneva gli interessi del Paraguay mentre la Standard Oil quelli boliviani.

Se fino ad ora le trattative si erano svolte per la maggior parte sul piano diplomatico, ora la situazione iniziò a degenerare in un conflitto vero e proprio.

Il conflitto ebbe inizio il 15 giugno 1932 quando l'esercito boliviano, guidato dal generale tedesco Hans Kundt, attaccò e conquistò un piccolo presidio paraguaiano nei pressi di una delle poche riserva d'acqua della zona.

Al conflitto presero parte circa 300.000 tra soldati boliviani e paraguaiani, che si affrontarono in combattimenti accaniti per conquistare un fortino, una pozza d'acqua o semplicemente un pezzo di territorio disabitato, con l'alternarsi di cruenti attacchi frontali o ricorrendo alla guerriglia.

Per dover di cronaca occorre dire che entrambi gli eserciti si erano riforniti prima del conflitto di armi di provenienza americana od europea. Il Paraguay, ad esempio, acquistò dalla Spagna migliaia di fucili Mauser e notevoli quantità di mitragliatrici modello Madsen e Browning, mezzi blindati dall'italiana Ansaldo e motovedette per il controllo delle acque fluviali.

La Bolivia, oltre all'acquisto di mitragliatrici e cannoni, mirò a rafforzare l'aviazione, già superiore rispetto a quella paraguaiana, arruolando tra l'altro istruttori ed ufficiali stranieri.

Nel primo periodo di guerra i boliviani ebbero la meglio, riuscendo ad avanzare ed ottenere alcuni successi mentre i paraguaiani arretravano, eseguendo imboscate per rallentare l'avanzata nemica.

Nel frattempo stati limitrofi come Argentina e Brasile presero posizione, fornendo appoggio la prima al Paraguay ed il secondo alla Bolivia.

Dopo parecchi mesi di attacchi logoranti, il Paraguay decise di dare una svolta al conflitto e contrattaccare. Verso la fine del 1933 lo schieramento boliviano venne accerchiato nel territorio di Campo Via, nel suo punto più debole.

Le truppe boliviane si arresero ma il nuovo comandante, colonnello Enrique Peñaranda, che aveva sostituito il generale Kundt alla teste delle truppe, riuscì a riorganizzarsi e ad ottenere un parziale successo, consolidando una linea difensiva nei pressi di Ballivian (Chaco centrale).

Per il conflitto fu decisiva la battaglia di El Carmen, nella quale Estigarribia, comandante paraguaiano, inflisse una dura sconfitta alle truppe boliviane che su un contingente di 8000 uomini ne persero ben 6000, di cui 2000 morti e 4000 prigionieri.

Alla fine del 1934 gli eventi precipitarono anche a causa di problemi politici interni del governo boliviano.

L'epilogo della vicenda militare avvenne nel deserto di Picuiba, dove ebbe luogo l'evento più drammatico del conflitto.

Il comandante paraguaiano Estigarribia, con una mossa strategica ben congeniata, riuscì ad attirare ciò che restava delle truppe boliviane (alcuni reparti di cavalleria) all'interno di un'area desertica, priva di pozzi d'acqua dove, terminate le scorte, circa 1600 uomini boliviani e i numerosi cavalli al seguito morirono arsi dal sole.

Nell'aprile del 1935 le truppe paraguaiane entrarono in territorio boliviano e nel giugno dello stesso anno si giunse alla tregua.

Al momento del cessate il fuoco il 10 giugno 1935, il Paraguay controllava la maggior parte della regione.

La proposta di pace prevedeva il ritiro della Bolivia dal Chaco mentre il Paraguay mantenne il controllo di circa i due terzi dell'intera regione. L'armistizio vero e proprio venne siglato solo il 21 giugno del 1938.

La guerra del Chaco si concluse con un bilancio di migliaia di morti da entrambe le parti in nome della conquista di un territorio che si rivelò successivamente meno ricco di risorse di quanto ritenuto all'epoca.

Alcuni anni più tardi infatti fu scoperto che non c'era alcun giacimento petrolifero nel territorio paraguaiano del Chaco Boreal, al contrario della porzione boliviana; questa è infatti ricca di gas naturale e petrolio, che rappresentano a tutt'oggi la principale esportazione del paese e la maggior fonte di ricchezza.

Durante la guerra vennero impiegati da entrambe le parti aerei per assicurarsi il controllo dei cieli e per trasportare truppe e rifornimenti nei punti necessari allo svolgersi delle battaglie.

Tra i piloti che presero parte ai combattimenti aerei troviamo Rafael Pabon. Questi non raggiunse la qualifica di asso in quanto non si poté fregiare dei cinque abbattimenti per essere considerato tale, ma sicuramente svolse una parte importante nelle vicende belliche.

Rafael Pabon

Rafael Pabon, pilota boliviano, fu protagonista del primo combattimento aereo dell'America del Sud.

La mattina di domenica 4 dicembre 1932 un aereo da ricognizione paraguaiano viene avvistato mentre si dirige verso la linea del fronte. L'aereo è un Potez 25A-2 pilotato dal tenente Tifone Benitez Vera che ha come osservatore il capitano Ramon Sanchez Avalon.

Le vedette avvisano telefonicamente la base aerea boliviana di Muñoz da dove decolla, a bordo di un Vickers Scout, il capitano Rafael Pabon.

Il combattimento che ne deriva, ad una quota di circa 1500 metri, si protrae per alcuni minuti dove entrambi i contendenti danno sfoggio delle loro abilità acrobatiche. Gli stessi fanti in trincea, sia da parte boliviana che da parte paraguaiana, si fermano a guardare lo spettacolo che si svolge sopra le loro teste.

Dopo alcuni passaggi, Pabon riesce a mettere a segno una raffica che uccide l'osservatore che fino a quel momento aveva reagito agli attacchi utilizzando la mitragliatrice montata nella parte posteriore del velivolo.

Ad un successivo passaggio il pilota boliviano riesce a mettere a segno una nuova raffica che falcia il pilota. L'aereo senza controllo precipita verso terra e si schianterà dietro le linee boliviane.

Pabon scende di quota per verificare la posizione dove è caduto l'avversario e, rientrato al campo, dopo le congratulazioni dei compagni e superiori per la vittoria conseguita, a bordo di un autocarro si dirige verso il luogo dove è precipitato l'aereo paraguaiano.

La vista dei corpi degli avversari abbattuti lo mette a disagio e durante i funerali dei due militari, che si svolsero con tutti gli onori militari, il capitano Pabon depose una corona di fiori in memoria degli avversari pronunciando anche un discorso di commemorazione. Questo comportamento cavalleresco verrà lodato anche nelle file paraguaiane.

Rafael Pabon nasce a Irupuna, vicino a La Paz in Bolivia il 23 luglio 1903.

Nel 1920 si arruola nell'esercito nordamericano e destinato alla scuola meccanici aeronautici di Kelly Field in Texas. Inizia quindi il corso di addestramento per diventare pilota e ottiene le ali di aviatore nel settembre 1921.

Nel 1924 effettuerà un volo senza scalo da New York a Miami, in Florida.

Successivamente, nel 1926, tornato nel suo paese di origine, ottiene il brevetto di pilota militare boliviano, diventa istruttore e ottiene un record di quota senza ossigeno il 14 maggio 1931 toccando i 10.500 metri. Combatterà poi nella guerra del Chaco dove, oltre alla prima vittoria aerea conseguita nel 1932, ne otterrà altre due.

Il 12 agosto 1934 sarà una data fatale per Pabon. In questa

Potez 25 dell'aeronautica del Paraguay

data prenderà parte al suo ultimo duello aereo contro gli avversari paraguaiani, capitano Carmelo Peralta con l'osservatore tenete Rogelio Etcheverry.

Questi due aviatori, a bordo del loro Potez 25 TOE (n° 11) in ricognizione sulla zona denominata "Florida", vengono intercettati da un biposto Curtiss Osprey (n° 78) boliviano pilotato appunto da Rafael Pabon, ora divenuto maggiore, che ha come osservatore il sergente Mario Calvo.

Pabon questa volta è ai comandi di un aereo biposto, con prestazioni nettamente inferiori a quelle del caccia Vickers Scout che pilotava in occasione del suo primo abbattimento aereo. L'Osprey inoltre è inferiore in quanto a prestazioni al Potez 25 e di questo Peralta è al corrente. Pabon infatti cerca di volare a zig-zag, alla velocità più bassa consentita dal suo aereo, rasentando la cima degli alberi per eludere gli attacchi dell'avversario. Ma questo non basta. Per qualche secondo il tenente Etcheverry con le sue mitragliatrici riesce ad inquadrare l'aereo boliviano e con una raffica riesce ad abbatterlo.

Muore così in combattimento uno dei migliori piloti boliviani.

Guerra di Spagna

Il preludio alla seconda guerra mondiale

Un altro conflitto sviluppatosi negli anni antecedenti la seconda guerra mondiale è la guerra civile spagnola.

Questa guerra iniziata nel luglio 1936, si protrasse fino all'aprile 1939 e venne combattuta tra i nazionalisti, guidati dal generale Francisco Franco ed autore del colpo di stato ai danni della seconda repubblica, ed i repubblicani, guidati dal fronte popolare di ispirazione Marxista.

Alla guerra parteciparono, con l'invio di mezzi e uomini, potenze straniere che sostennero entrambi gli schieramenti.

Dalla parte dei nazionalisti si schierarono la Germania e l'Italia, rette entrambe da dittature alle quali si ispirava il generale Franco. Da parte repubblicana stati come Russia, Francia, Stati Uniti e Inghilterra, Canada, Jugoslavia e Cuba che facevano parte delle Brigate Internazionali.

La guerra, che comportò un numero di caduti pari a circa 71.000 uomini tra le file repubblicane e circa 68.000 tra quelle nazionaliste, fu vinta dai nazionalisti, segnando l'inizio della dittatura di Francisco Franco che manifestava grande interesse per l'ideologia fascista.

La guerra civile spagnola è considerata il banco di prova di quello che sarà di lì a poco la seconda guerra mondiale.

Qui vogliamo parlare di un pilota che militò nelle file repubblicane, nonostante fosse di origini italiane: Josip Križaj, conosciuto nella forma italianizzata di Giuseppe Krizai.

Josip Križaj, soprannominato "Pepi", nasce nella contea austro-ungarica di Gorizia, più precisamente a Kopriva, sul Carso, attuale Slovenia, il 13 marzo 1911.

In seguito alla vittoria italiana sulle truppe austriache, la zona diventa territorio italiano e Križaj diventa quindi cittadino italiano naturalizzando il suo nome in Krizai Giuseppe.

Fin da giovane è affascinato dal mondo del volo e, raggiunta la maggiore età, si iscrive, nel 1930, ad un Corso per Sottufficiali Piloti di Complemento a Capua, vicino a Napoli.

Ottiene il brevetto di pilota ma, a causa dei suoi sentimenti irredentisti sloveni, non viene raffermato.

Torna quindi in Slovenia cercando lavoro come pilota ma senza successo.

In quel periodo l'Aeronautica Militare si fa carico del mantenimento dell'addestramento minimo dei piloti inviandoli presso gli Aero Club.

Josip Križaj nel 1930

Krizai effettua tale attività presso l'Aero Club di Campoformido e il 25 giugno 1932, durante un allenamento decide di fuggire a bordo di un monoplano da turismo Fiat AS.1 volando da Gorizia a Lubiana, attraversando il confine della Jugoslavia, destando l'interesse dei media dell'epoca.

Inizialmente dichiara alle autorità di aver perso la rotta ma successivamente chiede asilo politico.

Le autorità jugoslave mettono sotto controllo Krizai che trova inizialmente lavoro come operaio. Ottiene la cittadinanza jugoslava nel 1934 ed in seguito riesce ad entrare nelle file dell'aviazione jugoslava ottenendo l'abilitazione sui Potez da ricognizione.

Nel 1936, allo scoppio delle guerra civile spagnola, si arruola insieme ad altri volontari jugoslavi nelle file dell'aviazione Repubblicana, nel "Escadre España", con il nome di battaglia di Jose Antonio Galiasso.

L'11 settembre 1936, pilotando un caccia Nieuport ND 52, ingaggia un combattimento con due caccia nazionalisti Fiat C.R.32 dell'Aviazione Legionaria, pilotati dal tenente Franceschi e sergente Magistrini che stanno scortando uno Junkers Ju 52 in una missione di bombardamento ad Est di Talavera.

In questo combattimento Krizai, senza ovviamente saperlo, si scontra con i suoi vecchi compagni di corso a Capua.

Krizai, con l'aereo danneggiato, effettua un atterraggio di fortuna, da cui esce indenne, entro le linee Repubblicane e rientra prontamente alla base.

Circa un mese dopo, il 15 ottobre 1936, Krizai si scontra nuovamente con i caccia Fiat C.R.32.

Uno dei tre caccia è pilotato dall'asso spagnolo García Morato che lo colpisce incendiando il serbatoio e costringendolo a lanciarsi con il paracadute.

Krizai atterra in territorio nemico. Nonostante le ferite riportate, tra cui tre costole rotte, riesce per le successive ventiquattro ore a sottrarsi alla cattura. Infine, vinto dalle sofferenze delle ferite, si consegna alle autorità. Viene curato e successivamente trasferito al carcere di Salamanca.

Dopo nove mesi di prigionia, insieme a due piloti spagnoli, viene scambiato con tre piloti Legionari catturati.

Rientra nel 1938 in Jugoslavia con al suo attivo tre vittorie aeree conseguite nella guerra di Spagna e durante la seconda guerra mondiale vola con l'aviazione sovietica.

Alla fine del conflitto, nel 1945, rientra in Jugoslavia con i gradi di capitano.

Perderà la vita l'8 ottobre 1948 in un incidente di volo ai comandi di uno Yakovlev Yak-3 dell'aviazione jugoslava.

Decollato da Lubiana con un velivolo che non era adatto al volo strumentale, impatta in condizioni di scarsa visibilità contro le pendici del Monte Nevoso nel sud-ovest della

Slovenia a circa 5900 piedi, poco sotto la vetta, cercando forse di dirigersi verso il mare per "bucare" la coltre nuvolosa.

L'Aero Club di Ajdovščina in Slovenia oggi è a lui intitolato ed un monumento dedicato a Giuseppe Krizai si trova presso l'aeroporto di Portoroz, sempre in Slovenia, sua patria natale.

Un messicano in Spagna: Francisco Tarazona Taron

Anche dal lontano Messico ci furono "avventurieri" che si arruolarono nelle file dell'aeronautica Repubblicana per combattere contro le truppe di Francisco Franco.

Uno di questi combattenti fu il messicano Francisco Tarazona Taron, accreditato alla fine del conflitto di sei vittorie più altre dieci tra probabili, danneggiati e vittorie assegnate alla squadriglia (in alcune aeronautiche non si premiava il singolo ma l'intera squadriglia).

Francisco Tarazona nasce a Città del Messico il 21 giugno 1915 da genitori spagnoli. Nel 1919 quando "Paco", questo il suo soprannome, compie i quattro anni si trasferiscono nuovamente in Spagna a Valencia.

Qui cresce e, successivamente al diploma, lavora come disegnatore.

In seguito allo scoppio della guerra civile, nel novembre del 1936, all'età di ventuno anni si arruola come volontario nella FARE, la Fuerzas Aéreas de la República Española. Il mese successivo viene imbarcato sulla nave *Ciudad de Cadiz* ed invito insieme ad altri duecento volontari a Kirovabad (oggi Ganja), in Azerbaigian (Unione Sovietica) dove inizia l'addestramento come pilota da caccia.

Rientrato in Spagna nel giugno del 1937 con il grado di sergente pilota, viene incorporato in una squadriglia equipaggiata con i Polikarpov I-16 di produzione sovietica (soprannominati "Rata" dai nazionalisti e "Mosca" dai repubblicani) e posto agli ordini del comandante Boris Smirnov, con il compito di controllare il settore nord dello schieramento repubblicano.

Coglie il primo successo il 17 agosto 1937 dove abbatte in combattimento un caccia della Regia Aeronautica, più precisamente un Fiat C.R.32 "Freccia" (la sigla C.R. stava per "Caccia Rosatelli" indicante il progettista ingegnere Celestino Rosatelli). Successivamente sempre nel mese di agosto, il 27, abbatte un Bf 109 della "Legione Condor". Il Messerschmitt Bf 109 era considerato il miglior caccia dell'epoca.

Purtroppo la fortuna volge le spalle a Francisco quando il 13 ottobre 1937 viene a sua volta abbattuto. Costretto a lanciarsi con il paracadute, atterra su un albero in territorio nemico nei pressi di Gijon, in Asturia. Fortunatamente riesce a sfuggire alla cattura e a rifugiarsi in Francia. Da qui rientra in Spagna e viene ricoverato a Valencia per riprendersi dalle ferite subite durante il combattimento ed il successivo lancio.

Terminata la convalescenza nel febbraio 1938 viene destinato, per un periodo di addestramento, alla Escuela de Alta Velocidad a El Carmolí, nei pressi di Cartagena (Murcia).

Due mesi dopo, in marzo, viene trasferito alla 1ª Squadriglia e successivamente nel mese di aprile alla 3ª Squadriglia, sempre equipaggiata con gli I-16, dove diventa capo pattuglia. Nel settembre 1938, dopo la promozione a tenente, diventa comandante della stessa.

Nel corso del 1938 riesce a mettere a segno, in vari combattimenti aerei, nuove vittorie.

L'11 maggio abbatte un He 111, il 4 luglio un Savoia Marchetti S.M.79. Altri due C.R.32 sono abbattuti rispettivamente il 24 agosto ed il 21 settembre mentre altre azioni che si svolgono tra settembre e novembre 1938 lo vedranno protagonista di quattro abbattimenti ottenuti in collaborazione ed un aereo danneggiato.

Rimane però ferito in un incidente aereo quando il suo I-16 immatricolato CM-249, durante un decollo dal campo di Valls, subisce un guasto al motore. Deve essere ricoverato in ospedale ma rientra in azione poco dopo volando sul Polikarpov I-16 matricola CM-193.

Proprio con questo aereo ottiene il suo ultimo successo contro un Bf 109 il 30 dicembre 1938.

Il 5 febbraio 1939 Tarazona sopravvive per miracolo ad un bombardamento sull'aeroporto di Vilajuïga vicino a Girona, al confine con la Francia, mentre cercava di decollare a bordo del suo CM-193.

Vilajuïga era uno dei campi più importanti dell'aviazione repubblicana, per questo anche il più attaccato dalle forze aeree nemiche e, alla fine della guerra, anche l'unico che poteva dare aiuto alle forze repubblicane, ormai costrette alla difensiva.

La guerra era ormai alle sue ultime battute. Tarazona cercherà rifugio attraversando il confine con la Francia. Verrà

Francisco Tarazona Taron appoggiato alla coda del suo Polikarpov I-16

internato in un campo di concentramento francese ma, grazie alle sue origini messicane, riesce ad essere imbarcato, nell'agosto 1939, sulla nave *"Mexique"* e a riunirsi con la sua famiglia in Messico, da dove era partito venti anni prima.

In Messico intraprende la carriera di pilota civile entrando a far parte della Aerolínea Mexicana de Aviación dove, dal 1943 e per ventisette anni, lavorò come pilota commerciale, accumulando più di 23.000 ore di volo su vari velivoli commerciali. Tra questi i DC-3, DC-4, DC-6, de Havilland Comet (primo aereo commerciale a reazione) e Boeing 727. Ricevette anche la medaglia "Capitano Emilio Carranza" al raggiungimento delle 10.000 e 15.000 ore di volo commerciale.

Polikarpov I-16 di Francisco Tarazona Taron utilizzato durante la guerra di Spagna

Dopo il pensionamento ha lavorato come ispettore del servizio aereo presso la sede della compagnia aerea sull'aeroporto internazionale di Città del Messico, prima di diventare direttore delle operazioni per il Servicios Aereos de la Comisión Federal de Electricidad. Ha inoltre fondato la Tarazona Flying School che ha diretto fino al suo ritiro in Cuernavaca nel 1982.

Francisco Tarazona è stato anche scrittore, pubblicando numerosi articoli su diverse testate giornalistiche. Ci ha lasciato inoltre le sue memorie pubblicate nel libro "Yo fui piloto da caza rojo" (Io ero un pilota da caccia rosso) dove racconta la sua partecipazione alla guerra civile spagnola con le sue esperienze di combattimento. In questo libro Tarazona descrive di aver abbattuto otto aerei nemici, sette in collaborazione e quattro danneggiati. In Messico questo libro avrà il titolo di "Sangre en el cielo" (Sangue nel Cielo). In Spagna viene pubblicato nel 1974 durante la dittatura franchista.

Purtroppo in molti casi non è facile risalire alle vittorie effettivamente confermate, ma questo nulla toglie all'esperienza e alla grinta nel combattimento di Tarazona.

In un altro libro da lui scritto, "El despertar de las águilas" (Il risveglio delle aquile), narra le vicende dell'ASPA, l'Asociacion Sindical de Pilotos Aviadores, di cui era presidente e membro entusiasta.

Francisco Tarazona muore il 1° luglio 1989 nella sua città natale, Città del Messico.

Un nobile belga tra i nazionalisti

Rodolphe de Grunne, il suo nome completo è alquanto altisonante, Rodolphe Ghislain Charles de Grunne conte de Hemricourt, nasce a Etterbeek (un sobborgo della capitale belga Bruxelles) il 18 novembre 1911, quarto figlio del conte belga Charles de Grunne e la contessa francese Marie de Montalembert.

A causa dello scoppio della prima guerra mondiale, la famiglia de Grunne fugge prima in Inghilterra e successivamente a Parigi, dove Rodolphe inizierà gli studi. Finita la guerra, si trasferiscono di nuovo in Belgio, a Aalter (nei pressi di Gent). Al compimento dei diciotto anni

Rodolphe viene inviato in Marocco per proseguire ed approfondire gli studi in agricoltura.

Al suo rientro in Belgio viene chiamato a svolgere il servizio militare. Lui vorrebbe diventare un pilota dell'aeronautica militare belga ma a causa di un deficit visivo viene scartato alle selezioni e deve, suo malgrado, arruolarsi in un reggimento di guide a cavallo dove svolgerà servizio nel 1933 e 1934.

Quando nel 1935 apprende che la sorella è riuscita a diventare pilota civile, si decide ad iscriversi anche lui presso un Aero Club ed ottiene la sua licenza. Rodolphe rimane comunque "vittima" della bella vita che si svolgeva in quegli anni nella capitale Bruxelles. La sua posizione e disponibilità economica gli permettevano una vita facile.

Il suo torpore sarà destato solo dallo scoppio della guerra civile spagnola. Essendo un cattolico fervente, parte in treno dal Belgio per arruolarsi volontario nelle forze nazionaliste e combattere i "rossi". Lo troviamo il 7 ottobre a Burgos dove pochi giorni dopo si unisce alla "Centuria Argentina", unità di fanteria costituita principalmente da volontari argentini.

Il 23 novembre viene ferito alla gamba destra e ricoverato in ospedale. Qui incontra un pilota nazionalista anch'esso ricoverato che, sapendo che de Grunne è un pilota e per giunta nobile, gli suggerisce di unirsi all'aeronautica militare

Heinkel He 46 con le insegne nazionaliste

nazionalista.

Vedendo la possibilità di diventare un pilota militare si arruola e viene inviato a Tablata (vicino a Siviglia) per il corso di addestramento, che seguirà dal dicembre 1936 a fine gennaio 1937.

Lo troviamo quindi dal 1° febbraio 1937 presso una squadriglia da ricognizione, la 3-G-11, di stanza a Saragozza montata sui Heinkel He 46, un obsoleto monomotore monoplano ad ala alta a "parasole", utilizzato per la ricognizione e cooperazione con l'esercito. In marzo, dopo aver compiuto sedici voli di guerra, viene trasferito presso una squadriglia equipaggiata con biplani da caccia Heinkel He 51 ed impiegato sul fronte aragonese. Qui partecipa a mitragliamenti al suolo, dove viene colpito dal fuoco nemico fortunatamente senza gravi conseguenze e a vari combattimenti contro i Polikarpov repubblicani. Purtroppo però in queste occasioni, "Rodolfo" o "Harrico" (diminutivo di Hemricourt), come viene soprannominato dai commilitoni, non consegue nessuna vittoria aerea. Può comunque ritenersi fortunato in quanto non è stato abbattuto, ferito o preso prigioniero come successo ad altri componenti la sua squadriglia.

Poi, dal 1° novembre 1937, passa nuovamente ad una squadriglia da ricognizione dotata di biplani italiani Imam Ro37. In questa squadriglia, la 4-G-12, rimarrà per un breve periodo in quanto, l'8 dicembre, viene trasferito presso una unità equipaggiata con caccia biplani Fiat C.R.32. Il 15 del mese viene inviato presso la squadriglia 2-G-3, comandata dall'asso Joaquín García Morato, sempre montata su caccia Fiat, ed impiegato sul fronte di Teruel. Durante una missione con questa squadriglia viene colpito da fuoco antiaereo e costretto ad effettuare un atterraggio di fortuna.

In seguito alla riconquista di Teruel da parte dei nazionalisti, la squadriglia si trasferisce sul fronte di Aragona. Nella missione del 12 marzo i Fiat guidati dal capitano Joaquín

García Morato, mentre scortano degli Junkers Ju 52, incontrano una formazione di caccia Polikarpov e bombardieri Tupolev SB2. Nello scontro i caccia Fiat riescono ad avere la meglio danneggiando o abbattendo non meno di nove avversari senza subire perdite. Tra le vittorie di quel giorno anche "Harrico" può rivendicare (anche se non confermato ufficialmente) il suo primo I-15 caduto nei pressi di Hijar.

Il 31 maggio, durante una scorta a degli Ju 52 e Ro 37, la formazione del tenente De Grunne composta da otto elementi, viene attaccata da venticinque caccia I-15 "Chato" e dieci I-16 "Rata". Nonostante l'inferiorità numerica i nazionalisti combattono egregiamente e riescono a proteggere

Rodolphe de Grunne fotografato accanto al "muso" di un Fiat C.R. 32

i bombardieri mettendo in fuga gli attaccanti. Nello scontro sono stati abbattuti otto caccia I-15 e due I-16. Anche questa volta tra i vittoriosi figura "Rodolfo" con l'abbattimento di un I-15. Anche in questo caso i nazionalisti non hanno subito perdite. Nel successivo combattimento che si svolse il 19 giugno, Rodolphe de Grunne conseguì due vittoria abbattendo un "Chato" nei pressi di Alcublas e un "Rata" a nord di Villar del Arzobispo. Nessun caccia nazionalista è andato perduto in combattimento.

A giustificazione di queste perdite da parte repubblicana c'è da rilevare che in questo periodo Stalin aveva richiamato in patria tutti i piloti sovietici esperti che combattevano in Spagna a fianco dei repubblicani. Questo causò un calo nella qualità della forza aerea dei "rossi".

L'impegno di "Harrico" non è solo nei combattimenti aerei ma anche in missioni di supporto alla fanteria, con mitragliamenti al suolo contro le truppe in trincea. Il 14 agosto 1938, nel pieno dell'offensiva del fiume Ebro, de Grunne si aggiudica un'altra vittoria. Questa è la sua prima vittoria "ufficiale" confermata ai danni di un I-16 "Rata". Le precedenti quattro non gli erano state ufficialmente attribuite

Anche la mattina del 1° settembre vede in volo "Harrico" quando sette C.R.32 attaccano due biplani biposto Grumman FF-1 Delfin. Nello scontro de Grunne ne abbatte uno anche se questa attribuzione viene contestata dagli storici. Gli ultimi mesi del 1938 sono frenetici per l'attività aerea.

Il 2 settembre "Rodolfo" si aggiudica due vittorie (un I-16 e un I-15), il 2 ottobre una vittoria (I-16) e il giorno seguente abbatte un altro I-16. Proprio nello scontro del 3 ottobre viene abbattuto, accidentalmente, il capitano García Morato. Durante l'inseguimento di un aereo nemico viene raggiunto dai colpi da un componente della squadriglia che si era infilato nella mischia. Colpito al motore, Morato deve abbandonare l'inseguimento ed atterrare in un vigneto dove riesce nella manovra senza danneggiare ulteriormente l'aereo. Questo è la sola volta che Morato viene abbattuto, anche se da fuoco "amico" (sembra dal tenente Sirvent Cerrilio). L'asso Joaquín García Morato morirà a guerra conclusa, il 4 aprile 1939 su un Fiat C.R.32bis matricola 3-51. Durante una esibizione acrobatica, in un passaggio a bassa quota, il suo aereo urta il terreno, schiantandosi al suolo. Morato aveva trentasei anni, quaranta vittorie confermate, dodici probabili, più di 1000 ore di volo con 511 missioni di guerra e ben 140 combattimenti aerei. Lascia inoltre la moglie e quattro figli.

Il 2 novembre vengono abbattuti dalla squadriglia, in due missioni, diciassette caccia nemici. Uno di questi se lo aggiudica de Grunne. Anche il 3 novembre vede gli aerei in volo ed anche in questo caso un abbattimento è di "Rodolfo" che attacca ed abbatte l'avversario vicino a Salvatierra.

Il 12 novembre 1938 un totale di ventuno Fiat C.R.32 devono scortare degli Ju 52 e He 70. Durante il volo si scontrano con sei SB 2 denominati "Katiuska" scortati dai "Rata". Nella mischia che segue de Grunne abbatte un I-16. Questo combattimento segna la fine delle operazioni di volo per l'offensiva dell'Ebro che si concluderà il 16 novembre con la sconfitta delle truppe repubblicane.

In seguito a questa vittoria la squadriglia di de Grunne ottiene un meritato riposo ma il 23 dicembre l'offensiva in Catalogna richiama al combattimento la squadriglia. "Harrico" otterrà la sua ultima vittoria il 3 gennaio 1939 abbattendo un Polikarpov I-15, la sua decima vittoria ufficiale. De Grunne, con quest'ultima vittoria, diventa l'asso dei piloti stranieri che hanno militato con i nazionalisti.

La guerra è alle battute finali. Il 31 marzo 1939 vede capitolare la città di Madrid. La guerra è finita anche per Rodolphe de Grunne.

Durante la parata del 15 maggio 1939 organizzata a Madrid, "Rodolfo" fa parte dei piloti che scriveranno in cielo con i loro aerei la parola "FRANCO", in onore del Caudillo Francisco Franco.

Finita così la guerra di Spagna, de Grunne torna in Belgio nel giugno 1939. Qui spera di diventare pilota collaudatore e rientrare poi in Spagna, un paese martoriato dalla guerra appena finita, dove avrebbe potuto trovare lavoro come pilota.

Rodolphe De Grunne nel 1941 con la divisa della RAF

Nel settembre 1939, allo scoppio della seconda guerra mondiale viene richiamato alle armi ma, con sua grande sorpresa, in una unità di ciclisti, parte di una divisione di fanteria! Dopo vigorose proteste e richieste di trasferimento, viene finalmente inviato ad una delle scuole di volo dell'aeronautica belga a Deurne, vicino ad Anversa. Il problema è che al momento l'asso della guerra di Spagna ha ancora un brevetto di pilota civile. Dopo un rapido addestramento ottiene il suo brevetto militare ed è inviato presso la squadriglia 2/I/2 "Le Chardons", presso la base aerea di Schaffen vicino a Diest, equipaggiata con i moderni Hawker Hurricane.

Promosso ufficiale nel febbraio 1940, partecipa al pattugliamento dei cieli dell'ancora neutrale Belgio. In una di queste missioni, il 12 marzo 1940, ha modo di intercettare un Dornier Do 17 tedesco in ricognizione. Si mette all'inseguimento ma le mitragliatrici si inceppano lasciando così scappare l'aereo avversario indisturbato.

Rimasto ferito in un incidente di auto nel mese di aprile, non sarà presente presso la sua unità al momento dell'invasione tedesca del Belgio il 12 maggio 1940. Il giorno seguente però raggiunge il reparto e viene incaricato, come pilota esperto, di condurre la successiva missione. Questa non verrà mai portata a termine. Infatti pochi minuti prima del decollo un mitragliamento da parte di caccia Bf 109 distruggerà al suolo tutti gli aerei della squadriglia.

Gli uomini vengono inviati nel sud della Francia in attesa di una ricostituzione della linea di volo con l'invio di nuovi aerei.

Ricostituzione che non avverrà mai in seguito alla capitolazione del Belgio e della Francia nel giugno 1940.

Rodolphe de Grunne, insieme ad altri piloti, non vuole restare in un paese occupato e decide quindi di disertare l'aeronautica belga e andare in Gran Bretagna. Lascia quindi la Francia il 19 giugno a bordo della nave SS *Apapa* raggiungendo Liverpool il 7 luglio.

La Gran Bretagna ha urgente bisogno di piloti per contrastare una eventuale invasione tedesca e così viene incorporato nella RAF il 19 luglio come ufficiale pilota. Rodolphe e i suoi connazionali vengono riaddestrati presso il 7° OTU (Operational Training Unit) ad Hawarden. Questo verrà in seguito rinominato, il 1° novembre 1940, 57° OTU

Il 4 agosto de Grunne raggiunge il reparto di destinazione, il 32° Squadron di base a Biggin Hill, equipaggiato con gli Hurricane di un modello più moderno di quello da lui pilotato in precedenza in Belgio. Il 16 agosto, al largo di Dover, abbatte un Bf 109E. Il giorno seguente, nei pressi di Biggin Hill, danneggia un altro Bf 109. Il 18 agosto abbatte in condivisone un Do 17 ma viene a sua volta abbattuto da un caccia di scorta dello JG 26. Costretto a lanciarsi, rimarrà gravemente ustionato. Dovrà rimanere in ospedale parecchie settimane per "ricostruire" il volto ferito dalle ustioni.

Nel febbraio 1941 viene inviato in Portogallo, a quanto sembra per recuperare dalle ferite. Più verosimilmente sembra che il governo belga in esilio lo voglia utilizzare per delle missioni segrete su territorio spagnolo in quanto conosce sia la nazione che la lingua, ma Rodolphe si rifiuta dicendo che lui è un pilota, non un agente segreto. Inoltre non vuole fare la spia in Spagna, verso i suoi vecchi commilitoni.

Rientra il 28 aprile 1941 in Gran Bretagna presso il 609° Squadron dove incontra alcuni vecchi compagni d'armi che erano partiti con lui sull'*Apapa*. Purtroppo la sua carriera presso questo reparto sarà molto breve. Dopo alcuni voli di guerra, il 21 maggio, mentre prende parte alla missione

"Circus n° 10" (le "Circus" erano missioni a corto raggio svolte da un piccolo gruppo di bombardieri, scortati da una grande quantità di caccia, con l'intento di attirare la caccia nemica ed ingaggiare con loro duelli in superiorità numerica e mantenerli impegnati), viene intercettato e colpito da un Bf 109 (sembra pilotato dal Oblt. Willy Stange della 8/JG3). Il suo Spitfire, la sua nuova cavalcatura, denominato "Yellow 2", è visto cadere nel canale della Manica. Il mare non restituirà mai i resti di Rodolphe de Grunne né il suo aereo.

Le sue vittorie conseguite nella RAF sono contestate in quanto una gran parte dei crediti britannici nel periodo della "battaglia di Inghilterra" è dubbia dato che molte vittorie sono state attribuite per motivi propagandistici. Questo nulla toglie al coraggio ed alla determinazione di Rodolphe Ghislain Charles de Grunne conte de Hemricourt.

Ha ricevuto la Croce di Guerra da parte del governo Belga, ritirata dalla sorella, come anche la Croce Militare riconosciutagli dalla Spagna.

Seconda Guerra Mondiale

Il più grande conflitto armato della storia

Non vogliamo in questo contesto dilungarci sulle vicende della seconda guerra mondiale, conflitto iniziato il 1° settembre 1939 con l'attacco tedesco alla Polonia e conclusosi sul fronte del Pacifico il 2 settembre 1945 con la resa del Giappone.

Tutti sappiamo, almeno a grandi linee, l'evolversi degli avvenimenti che portarono alla sconfitta delle forze dell'Asse, il patto tripartito battezzato in Italia come "RO-BER-TO", l'asse ROma-BERlino-TOkio, a favore della coalizione alleata con Inghilterra, Stati Uniti e Russia in testa.

Un conflitto che nell'arco di sette anni porterà alla perdita di milioni di vite umane tra combattenti e popolazione civile, senza contare l'orrore dei genocidi e dei campi di sterminio.

Un conflitto che nonostante abbia visto l'alleanza di Russia e Stati Uniti, porterà successivamente alla creazione della cosiddetta "Cortina di Ferro", termine coniato da Winston Churchill nel 1946, utilizzato per indicare la linea di confine che divise l'Europa in due zone di influenza politica e come riferimento al periodo delle Guerra Fredda, periodo conclusosi solo nel novembre 1989 con la caduta del Muro di Berlino.

In questo capitolo dedicato alla seconda guerra mondiale (che non possiamo certo definire guerra sconosciuta o dimenticata) vogliamo comunque rendere omaggio a quei combattenti dell'aria, magari poco conosciuti, che si batterono valorosamente e a volte trovarono la morte per difendere la loro patria ed i loro ideali, qualsiasi essi fossero. Iniziamo quindi con gli assi dei mitraglieri.

Ebbene sì, non solo tra i piloti, ma anche tra i mitraglieri degli aerei con equipaggio plurimo abbiamo degli assi, quegli uomini che hanno abbattuto almeno cinque aerei avversari.

L'Asso dei mitraglieri

Michael L. "Mike" Arooth è considerato l'Asso di mitraglieri durante il secondo conflitto mondiale con diciassette vittorie (alcune fonti asseriscono diciannove) ottenute nel corso di quattordici missioni raggiungendo lo status di "tre volte asso".

Michael nasce il 31 luglio 1919 e dopo aver completato tre anni di scuola superiore, viene arruolato il 25 agosto 1942 a Springfield nel Massachusetts.

L'asso dei mitraglieri: Michael L. Arooth

Segue i corsi per mitraglieri e viene successivamente inviato sul fronte europeo come mitragliere di coda di Boeing B-17.

Tra le sue missioni viene annoverata anche quella del settembre 1943 sopra Schweinfurt, grande centro di produzione di cuscinetti a sfere.

In quell'occasione abbatte tre aerei nemici ma il suo B-17, soprannominato "Tondelayo", viene a sua volta colpito ed il viaggio di rientro alla base si rivela problematico. Il sistema di erogazione dell'ossigeno è danneggiato. Michael è ferito ed una delle sue mitragliatrici si è inceppata. Con perizia e forza di volontà riesce a rimettere in funzione la mitragliatrice e ad abbattere un quarto avversario.

Nonostante gli sforzi dell'equipaggio, l'aereo non è più governabile e viene abbandonato sopra il Canale della Manica dove tutti i membri dell'equipaggio vengono salvati.

Nel suo stato di servizio si contano diverse medaglie ed onorificenze tra cui: una Distinguished Service Cross, una Purple Heart, due distintivi Various Mission Over Germany, una Korean Service Medal (avendo prestato servizio anche durante la guerra di Corea) e varie decorazioni per Lungo Servizio.

Raggiunge il grado di Master Sergeant (sergente maggiore) e si ritira dal servizio attivo nel 1962.

Si spegne il 15 febbraio 1990 a St. Augustine in Florida all'età di settanta anni. E' seppellito presso il National Memorial Cemetery of Arizona di Phoenix.

Il mitragliere infallibile: Pietro Bonannini

La leggenda di Pietro Bonannini (nato il 29 dicembre 1919), il "mitragliere infallibile", inizia il 25 ottobre 1941. Quel giorno al rientro alla base di Augusta in Sicilia da una missione di pattugliamento, il trimotore idrovolante Cant Z.506B prima di ammarare sorvola l'idroscalo e sbatte le ali. Ha abbattuto un aereo.

Pietro Bonannini con le medaglie conferitogli: tre d'argento, una di bronzo ed una croce di guerra al valore militare

Durante la sua missione infatti l'idrovolante, appartenente alla 170ª Squadriglia, viene attaccato da tre caccia nemici che sbucano all'improvviso attraverso la coltre nuvolosa. Alla mitragliatrice che difende il cono posteriore dell'aereo c'è l'aviere Bonannini che reagisce prontamente all'attacco sparando contro quelli che vengono identificati come Hurricane inglesi. Una, due, tre raffiche (per un totale, si saprà successivamente al rientro, di 127 colpi) sparate contro il capopattuglia che sbanda. In un attimo una fiammata lo avvolge e precipita verso il mare. I due gregari giudicano più prudente allontanarsi da quella preda che risulta essere così dura. Lo stesso Bonannini non crede a quanto successo, ha abbattuto un nemico e conseguito una vittoria aerea.

Tutti si complimentano ma molti credono più ad un fatto fortuito o al caso.

Ma il nostro mitragliere non si da per vinto e farà ricredere i suoi detrattori un paio di mesi dopo, più precisamente il 13 dicembre 1941.

Anche in questa occasione è in volo di pattugliamento e ricognizione. I nemici arrivano veloci cercando di sorprendere quella che sembra essere una facile preda.

I caccia questa volta sono due Spitfire, vanto della Royal Air Force britannica. Bonannini inquadra il nemico. Poche raffiche, un breve combattimento, e l'avversario precipita in mare. L'altro Spitfire giudica più conveniente allontanarsi.

Ora è confermato Bonannini è un vero abbattitore, tutti lo voglio avere a bordo.

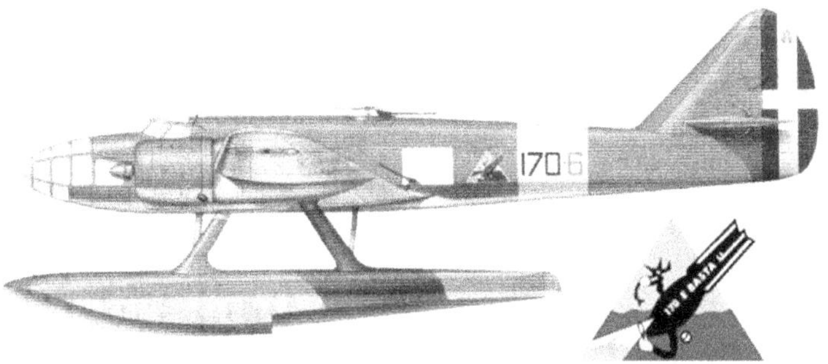

Fiat R.S. 14

Trascorre appena una settimana ed il 20 dicembre la scena si ripete. Il ricognitore vola ad alta quota per rilevare la presenza di attività navale nemica.

Ora i caccia nemici sono tre Spitfire che si avvicinano velocissimi pregustando una facile vittoria.

Ma il nostro armiere non si lascia intimorire. Prende la mira e spara le prime raffiche.

Il primo Spitfire incassa i colpi e si infila in mare. Ora tocca al secondo ma la mitragliatrice si inceppa. Il caccia inizia a sparare forando le ali con i suoi colpi. Bonannini non demorde, rimuove l'arma inceppata, una mitragliatrice SAFAT dal calibro di 12,7 mm, si precipita alla postazione inferiore dove recupera l'arma installata, una meno potente SAFAT da 7,7 mm e cerca di montarla nella postazione dell'arma precedente. I caccia stanno tornando per un altro passaggio. Lui lavora febbrilmente per adattare la nuova arma al supporto ma non è possibile, l'arma è differente e non riesce ad installarla. Prende quindi una rapida decisione, sfonda il plexiglass della torretta e spara imbracciando l'arma come ad una battuta di caccia, noncurante del peso e del rinculo dell'arma. I caccia sono colpiti ripetutamente e si allontanano.

15 febbraio 1942, la storia si ripete. Questa volta a cadere sotto i colpi del nostro armiere è un Bristol Blenheim, abbattuto alla seconda raffica.

Ma gli abbattimenti non si concludono qui. Il 9 maggio 1942, a bordo di un ricognitore Fiat R.S.14, Bonannini è in pattugliamento al largo della roccaforte inglese di Malta. Due Spitfire, decollati dalla portaerei *Wasp* e diretti a rafforzare le difese dell'isola, trovano sulla loro rotta l'idro italiano. Anche loro credono in una facile vittoria. Il primo caccia inizia a sparare da una distanza di circa 500 metri. L'armiere reagisce e l'aereo nemico vira stretto per sfuggire ai colpi. Il secondo "Spit" viene preso di mira e, colpito, si incendia. Senza controllo durante la caduta va ad investire il compagno che si trova più in basso. Precipitano entrambi in mare.

Altro pattugliamento, questa volta al largo di Capo Bon (Tunisia). Il Fiat R.S.14 viene attaccato da due Bristol Blenheim. Il pilota del R.S.14, sottotenente Vittorino Pruneri, esegue quella che viene scherzosamente chiamata "manovra Bonannini", una brusca picchiata per portarsi al pelo delle onde per non essere colpiti dal basso e per favorire il fuoco della torretta dorsale. Un attaccante viene abbattuto e l'altro desiste mentre l'idro rientra alla base dopo aver incassato trenta colpi.

Il 1943 è iniziato da pochi giorni ed il 6 gennaio al largo delle Baleari due Bristol Blenheim attaccano il ricognitore tricolore. Gli italiani sono in svantaggio e cercano di fuggire per non essere abbattuti. Intanto il marconista invia un messaggio alla base, almeno sanno dove si trovano in caso di ricerca. Nel frattempo viene zavorrato il cifrario radio segreto da gettare fuoribordo in modo che non cada in mani nemiche. La distanza tra i velivoli diminuisce e gli inglesi forti della superiorità dei loro mezzi si preparano all'attacco. Bonannini inizia a sparare raffica dopo raffica. Il primo Bristol colpito barcolla e cade in mare ma l'armiere non si ferma e dirige il fuoco sul secondo aereo nemico. I colpi del Blenheim arrivano a segno colpendo l'idro italiano. Bonannini è ferito ad una gamba ma continua a sparare sapendo che quella è la loro unica salvezza. Ed infatti anche il secondo avversario si infila in mare. Ora l'equipaggio può rilassarsi e soccorrere il ferito. Il "Mitragliere della Morte" come viene soprannominato ha raggiunto le dieci vittorie.

Dopo il 1943 non è più possibile seguire le gesta di Bonannini. Infatti dopo l'armistizio dell'8 settembre i documenti delle squadriglie vengono distrutti o si perdono nel marasma degli eventi.

Sappiamo che è stato decorato di medaglia d'Oro al Valor Militare, convertita con promozione al massimo grado dei sottufficiali, tre medaglie d'Argento al Valor Militare, una di Bronzo al Valor Militare ed una Croce di Guerra al Valor Militare. Un risultato non indifferente per un aviere che combatté sui ricognitori.

Bonannini sopravvisse alla guerra e continuò a volare nelle file dell'aeronautica italiana.

Trovò la morte nel settembre 1961, nei pressi di Latina, mentre volava con l'aereo privato di un vecchio commilitone da poco rivisto, che perì anche lui nell'incidente e che lo aveva invitato a fare un giro come passeggero.

Con dieci vittorie aeree non è l'asso degli assi dei mitraglieri. Questo risulta essere, come abbiamo visto, l'americano Michael Arooth. A favore del Bonannini va però detto che il suo aereo operava per la maggior parte in missioni isolate e solitarie, senza supporto aereo o scorta mentre i bombardieri americani combattevano in grandi formazioni con i mitraglieri che si coprivano l'un l'altro, disponendo anche di mitragliatrici multiple con cui fare fuoco, più armati e protetti degli aerei italiani.

Questo la dice lunga sul merito dell'armiere Pietro Bonannini

Combattendo sui Defiant

Frederick James Barker, nato a Londra il 16 marzo 1918, si arruola come aviere nella RAF nell'aprile 1939 e presta servizio, presso il 264° Squadron, come mitragliere a bordo dei Defiant. Nonostante l'inadeguatezza del mezzo su cui vola, ottiene ben tredici vittorie aeree (di queste, una risulta probabile).

Il Defiant fu un caccia monomotore biposto ad ala bassa prodotto dall'azienda britannica Boulton Paul Aircraft Ltd ed impiegato

Frederik Barker alla mitragliera del Boulton Defiant con in secondo piano il pilota Eward Thorn

dalla Royal Air Force durante la seconda guerra mondiale.

Di aspetto simile allo Hawker Hurricane era stato progettato e realizzato seguendo una concezione tattica radicalmente diversa da quella tradizionale: un caccia biposto monomotore con tutto l'armamento offensivo (quattro mitragliatrici Browning M1919 calibro 7,7 mm) concentrato in una torretta dorsale. Durante il combattimento avrebbe dovuto ingaggiare gli aerei nemici scaricando i suoi calibri mentre naviga parallelamente alla formazione nemica. Questa scelta si rivelò un tragico insuccesso.

La fama di abbattitore di Barker ebbe inizio il 28 maggio 1940 quando insieme ad altri nove Defiant fu inviato in pattuglia presso Dunkerque, sulla costa francese.

Ai comandi del velivolo c'era il sergente Eward Roland Thorn con cui Barker effettuerà molteplici missioni. Attaccati da Messerschmitt Bf 109, il comandante posiziona la sua formazione in linea di fila a spirale, consentendo ai vari componenti della formazione di proteggersi a vicenda.

Thorn ed il mitragliere Barker sono gli ultimi della fila e vengono fatti segno di colpi nemici ma, nonostante questo, riescono ad abbattere tre caccia Bf 109. In questa occasione anche il comandante della squadriglia di Defiant, lo Sqn Ldr (maggiore) Philip Hunter con il suo cannoniere LAC (Leading aircraftman - caporale) Frederick Harry King, riuscirà ad abbattere due nemici ed un altro componente si aggiudicherà una vittoria. Per la cronaca anche King diverrà un asso con ben dieci vittorie. Purtroppo tre Defiant non fanno ritorno alla base.

Inviati nuovamente su Dunkerque il giorno seguente, intercettano una formazione di Junkers Ju 87 Stuka scortati da Bf 110. Il comandante adotta la medesima formazione difensiva utilizzata il giorno prima.

Il Boulton Paul Defiant con visibili le quattro mitragliatrici nella torretta dorsale

In questa occasione Thorn e Barker escono dal cerchio difensivo e riescono ad abbattere due Stuka. Rientrati nella formazione abbattono un Bf 110 Zerstörer. Altri cinque vengono rivendicati dal resto del gruppo.

Anche in questa occasione il Defiant si è difeso bene ma nei primi mesi di guerra la sua fortuna era anche da attribuire al suo aspetto simile al caccia Hawker Hurricane. I piloti tedeschi, pensando di combattere contro un monoposto, attaccavano dal lato posteriore e si ritrovavano così investiti dai micidiali colpi delle mitragliatrici della torretta quadrinata.

Non appena il nemico si abituò alla presenza del Defiant, il periodo favorevole per il caccia biposto della Boulton Paul Aircraft finì, anche se successivamente ottenne ancora qualche successo come caccia notturno.

Comunque, il 31 maggio 1940, il 264° Squadron, insieme a caccia Spitfire e Hurricane, si diresse nuovamente verso la costa francese per intercettare una grande formazione di Heinkel He 111 scortati da Bf 109 dello Jagdgeschwader 26 (JG 26), gli "Abbeville Boys". I Defiant si buttano nella mischia, costringendo i bombardieri He 111 a disfarsi del carico e battere in ritirata. Si mettono poi in cerchio difensivo e, anche in questo caso, riescono ad abbattere dei nemici. Uno di questi, un Heinkel, è attribuito a Barker. Purtroppo due Defiant sono abbattuti e due si scontrano in volo.

Il 3 giugno il 264° viene inviato a Duxford per un periodo di riposo e per equipaggiarsi.

Dopo due mesi trascorsi tra riposo ed addestramento, rientrano alla base di Manston dove, il 24 agosto, al ritorno da una missione, trovano la loro base attaccata da Junkers Ju 88. Subito entrano in azione e Barker si aggiudica un'altra vittoria.

Tre Defiant vengono persi uno dei quali è quello del comandante Hunter che muore insieme al suo mitragliere King.

Il 26 agosto sono di nuovo in azione per intercettare una formazione di dodici Dornier Do 17 scortati dagli immancabili Bf 109. I Defiant escono dallo scontro con le "ossa rotte". Anche Thorn e Barker sono colpiti, non prima però di abbattere due Dornier. Mentre stanno per attaccarne un terzo vengono colpiti da un caccia di scorta. Devono quindi gettarsi in picchiata per sfuggire all'avversario. Livellano a soli 150 metri dal suolo sempre inseguiti dall'avversario che riesce a colpirli provocando un incendio al velivolo. Grazie all'intervento di un Hurricane che distrae ed impegna il caccia nemico, la bravura di Barker mette a tacere anche questo attaccante. Pilota e mitragliere, entrambi feriti, atterrano quindi in emergenza presso Chislet. Per questa azione saranno decorati con una seconda DFC (Distinguished Flying Cross). La prima la ottennero in occasione del loro sesto abbattimento.

Ormai il tempo dei Defiant è giunto alla fine. Ha combattuto e sostenuto molteplici battaglie ma ora è surclassato da aerei più moderni. Troppi velivoli e soprattutto troppi uomini di equipaggio sono morti combattendo con questo aereo. Però, nonostante sia surclassato nei duelli che si svolgono di giorno, il Defiant può ancora rendere un servizio come caccia notturno anche se risulta un compito difficile per un aereo sprovvisto di radar. Ed è in veste di cacciatori notturni che troviamo Thorn ed il mitragliere Barker in combattimento la notte del 9 aprile 1941 mentre attaccano un Heinkel He 111, matricola "G1+DN" del Kampfgeschwader 55 (KG 55), che abbattono. Il velivolo si schianta nei pressi di Godalming.

Questa è l'ultima vittoria conseguita dalla coppia Thorn-Barker. Con questa si sono aggiudicati dodici vittorie confermate, una condivisa e due aerei danneggiati.

Edward Thorn verrà trasferito nell'ottobre 1941 al 32° Squadron. Morirà in un incidente aereo il 12 febbraio 1946 mentre vola su un Meteor F.III, numero di serie EE456, dell'Empire Central Flying School a Landbeach.

Frederick Barker rimarrà con il 264° Squadron fino al 1942. Dopo verrà trasferito nel teatro mediorientale come istruttore di mitraglieri. Posto in congedo nell'aprile del 1944, sopravvivrà alla guerra e rimarrà nella RAF fino al 1946 con il grado di ufficiale.

L'Asso dell'isola dei "barbuti"

Aubrey Inniss (nome completo Aubrey Richard De Lisle Inniss), soprannominato "Sinbad", nasce il 21 novembre 1916 alle Barbados, un'isola-nazione ora indipendente, facente parte delle Piccole Antille, situata sul confine tra il mar dei Caraibi e l'oceano Atlantico, chiamata così dall'esploratore portoghese Pedro A. Campos che, ispirandosi agli alberi da ficus che crescevano sull'isola con le loro lunghe radici aeree somiglianti a barbe, chiamò l'isola Os Barbados (i barbuti). In seguito occupata dagli inglesi, rimase sotto il domino britannico fino alla dichiarazione di indipendenza del 1966.

Inniss si arruola nel gennaio del 1939 nella RAF dove viene addestrato ed inviato presso il 236° Squadron del Coastal Command dotato di Bristol Blenheim Mk.IF.

Bristol Beaufighter Mk. X come quello pilotato da Aubrey Inniss

La sua prima vittoria la ottiene il 23 settembre 1940 quando, nel corso di una missione di pattugliamento, abbatte un Heinkel He 111 in volo di ricognizione meteo, 270 miglia da Land's End, in Cornovaglia. Tre membri dell'equipaggio (lo He 111 ne aveva cinque) sono visti lanciarsi e salire su un canotto di salvataggio. Terminato il suo primo servizio operativo, nel luglio 1941, venne inviato come istruttore all'unità OCU (Operational Conversion Unit) da addestramento/conversione operativa di Catfoss, nello Yorkshire. Nel febbraio 1942 lascia il suo incarico di istruttore per unirsi al 248° Squadron dotato dei più moderni, veloci e meglio armati bimotori Bristol Beaufighter VIc. Con questa unità opera sul Golfo di Biscaglia dove, nel corso di diverse missioni di pattugliamento antinave, riesce ad abbattere sette bombardieri tedeschi Junkers Ju 88 di cui due nella missione del 29 gennaio 1943. Tra i suoi successi c'è anche una vittoria in cooperazione, l'abbattimento di un Fw 200 Condor. Per questi successi ottiene il 9 luglio 1943 la DFC (Distinguished Flying Cross).

Lascia il 238° Squadron nel giugno 1943 e diventa G.T.I. (Ground Training Instructor) del 242° Squadron dislocato in Nord Africa e poi in Italia. Successivamente, nell'ottobre 1943, prende il comando del 39° Squadron equipaggiato con Beaufighter Mk.X, comando che terrà fino al marzo 1944 quando, promosso Wing Commander, verrà inviato in Grecia, come comandante della base di Atene. Ad aprile comanda la Middle East Staff College prime di assumere il comando, nel maggio 1945 del 1° PEC di Milano (Italy).

Ritorna in Inghilterra nel 1946 dove prende servizio presso il Ministero dell'Aria fino a quando, nel 1949, assume il comando del 74° Squadron, basato ad Horsham St. Faith, vicino a Norwich nel Norfolk dotato di Gloster Meteor. Dopo un breve distaccamento presso la Scuola di Guerra Anfibia nel North Devon, viene assegnato al comando della base RAF di Finningley fino al 1957. L'aeroporto divenne noto come la casa dei bombardieri "V" (Avro "Vulcan", Handley Page "Victor" e Vickers "Valiants") che sono stati di stanza alla base la quale ha mantenuto il suo impianto di stoccaggio di armi nucleari per molti anni. Aubrey Inniss lascerà il servizio attivo con il grado di Wing Commander (tenente colonnello), dedicandosi poi all'attività di albergatore insieme alla moglie Ruth, aprendo una locanda a Sheepwash, nel North Devon.

Dopo la morte della moglie nel 1975, ha trascorso la maggior parte del suo tempo alle Barbados dove morì, all'età di 86 anni, il 30 gennaio 2003.

Uno della "Grande Fuga"

La "Grande Fuga" ("Great Escape" in inglese) è un film del 1963 che narra un fatto realmente accaduto durante la seconda guerra mondiale, la più grande fuga di prigionieri alleati da un campo di prigionia tedesco, lo Stalag Luft III, a Sagan (ora Żagań, in Polonia, ma allora nella tedesca Bassa Slesia).

Romualdas Marcinkus

Purtroppo la fuga riesce solo per 76 prigionieri rispetto ai 250 previsti. Di questi 76, pochissimi riusciranno nell'intento. La maggior parte, cinquanta uomini, viene catturata dalla Gestapo e passata per le armi. Solo alcuni, catturati dalla Wehrmacht e dalla Luftwaffe hanno salva la vita e riportati al campo.

Tra questi cinquanta che troveranno la morte fucilati dai tedeschi c'è Romualdas Marcinkus.

Romualdas Marcinkus nasce il 22 luglio 1907 a Jurbarkas in Lituania, all'epoca facente parte dell'impero russo. Da giovane frequenta il ginnasio di Jurbarkas e durante gli studi si appassiona al calcio. Si trasferisce nella allora capitale lituana Kaunas all'età di 17 anni dove si diploma ed entra nella scuola militare della città. Oltre a frequentare la scuola fa parte della squadra del Kauno, una delle squadre di calcio di Kaunas. Milita in alcune delle società calcistiche di Kaunas, vincendo anche un campionato, prima di approdare nella nazionale lituana con la quale, il 27 luglio 1927 contro la Lettonia, segnerà il suo primo gol in una competizione internazionale (anche se perderanno la partita con il punteggio di 6 a 3). Purtroppo quell'anno Romualdas, il maggiore di cinque figli, tre femmine e due maschi, si ritrova dopo la morte del padre a dover sostenere economicamente la famiglia, essendo morto in giovane età il fratello

"Romas", così viene soprannominato dai suoi compagni di squadra, viene nominato nel 1928 sottotenente di fanteria. In seguito, dal 1930 al 1932, frequenta l'istituto di aviazione e diventa pilota militare. Nonostante questo non abbandona la passione per il calcio, riuscendo a vincere tre volte il campionato, due coppe del Baltico e ad ottenere più di quaranta presenze in nazionale nella quale segnerà un totale di due gol e ricoprendo per trenta volte il ruolo di capitano. Della nazionale ne diverrà anche allenatore e sarà considerato uno dei migliori calciatori lituani del tempo.

Si sposa nel 1933, dopo essere diventato tenente, con la giocatrice di pallacanestro Aleksandra Lingytė. Sempre nel 1933 diventerà istruttore di paracadutismo, partecipando a diversi air show.

L'anno seguente viene trasferito alla ricognizione aerea dove affina le sue capacità di pilota e navigatore. Per le sue qualità di pilota viene scelto dal comandante della forza aerea lituana a partecipare con altri quattro piloti (Jonas Liorentas, Juozas Namikas, Jonas Mikėnas e Kazys Rimkevičius) ad un volo trans-europeo su aerei ANBO-IV (un monomotore monoplano biposto da ricognizione ad ala alta parasole) di produzione lituana. Marcinkus accetta e durante il raid, che toccherà dodici capitali europee per un totale di 10.000 km percorsi e dalla durata di venticinque giorni, tra il 25 giugno ed il 29 luglio 1934, gli aviatori riceveranno anche le congratulazioni della famiglia reale britannica e di Benito Mussolini.

Al rientro dalla trasvolata, promosso capitano, diventa capo del dipartimento di educazione fisica dell'aviazione, fonda una squadra di calcio ed insegna tedesco, tralasciando i suoi doveri militari.

La sua carriera sportiva si conclude comunque nel 1938 in seguita ad un infortunio ad un ginocchio. Nel 1939 riceve la massima decorazione dell'aeronautica lituana, "le ali d'acciaio". Purtroppo gli enormi debiti economici accumulati, lo portano ad una serie di esaurimenti nervosi che costringono i suoi superiori a trasferirlo nella riserva.

La voglia di volare comunque non si estingue e proprio in quel periodo fece pressioni sui superiori per far partecipare la Lituania (che in seguito al patto Molotov-Ribbentrop del 1939 era stata assegnata alla sfera di influenza tedesca) alla "guerra d'Inverno" che si combatte in Finlandia tra le forze finlandesi e l'Unione Sovietica, ma la Lituania rimane neutrale. "Romas" quindi, insieme ad altri commilitoni, nel 1940 decide di mettersi al servizio del corpo aereo finlandese ma quando arriva in Finlandia la guerra è già terminata. Le sue attenzioni quindi si rivolgono alla Francia che proprio in quel periodo stava combattendo la sua battaglia contro le forze tedesche.

Appena arrivato in Francia verso la metà del marzo 1940 chiede di essere incorporato nell'aeronautica francese, l'Armée de l'Air. Il suo arruolamento ufficiale si protrasse, causa problemi burocratici, fino a che la battaglia contro la Germania non era ormai persa. Purtroppo non ci sono dettagli certi come sempre accade nei concitati giorni prima della capitolazione. Gli schedari con il ruolino dei piloti furono persi o distrutti e così non abbiamo documentazione sulla breve carriera di Marcinkus nelle file dell'aeronautica francese. Sembra comunque che abbia abbattuto alcuni aerei nemici prima della fine delle ostilità. Viene inviato quindi nelle colonie della Francia di Vichy, territori francesi in Nord Africa (Algeria e Marocco).

Qui decide di recarsi nel Regno Unito per cominciare la sua carriera di pilota nella RAF, ma i rapporti tra Vichy e Londra risultavano difficili e tesi. Questo era anche dovuto al fatto che le forze inglesi con "l'operazione Catapult", avevano affondato il grosso della flotta francese nel porto di Mers-el-Kebir, in Algeria nei pressi di Orano, il 3 luglio 1940 per evitare una eventuale cattura della stessa da parte delle forze tedesche o italiane.

Dopo essere stato congedato il 12 agosto 1940 cerca quindi, insieme ad altri commilitoni, di raggiungere l'Inghilterra. Per fare ciò pensarono di prendere alcuni aerei e, senza essere autorizzati, volare fino in Inghilterra ma non riuscirono a mettere in atto il piano in quanto la sorveglianza delle linee di volo era stata incrementata proprio per prevenire simili episodi. I documenti necessari per poter viaggiare furono pronti solo nell'autunno del 1940.

Finalmente nell'ottobre 1940 raggiunse Liverpool. Si reca successivamente a Londra dove, dopo aver mentito sulla sua reale età per poter essere inserito nel servizio attivo (aveva dichiarato tre anni in meno, trenta anziché trentatré), il 24 dicembre 1940 viene arruolato come pilota della RAF.

Hawker Hurricane sul quale Marcinkus venne abbattuto il 12 febbraio 1942

Durante il corso di addestramento iniziato il 1° gennaio dell'anno successivo, dimostra le sue qualità di pilota e riesce ad essere inviato al 1° Squadron, all'epoca dotato di Hawker Hurricane diventando il primo ed unico pilota di nazionalità lituana a militare nelle file della RAF durante la seconda guerra mondiale. Durante il suo servizio effettuò numerose missioni tra cui pattugliamenti, intercettazioni, scorta ai bombardieri, caccia notturna. Proprio in merito a quest'ultimo incarico, in una lettera descrive l'attività di caccia notturna come "il più pericoloso tipo di volo militare" ma continua scrivendo che lui "ama il rischio ed il pericolo" ed è soddisfatto di quello che sta facendo.

Marcinkus tiene una corrispondenza con un diplomatico lituano, Bronius Balutis ed in una di queste lettere afferma di aver abbattuto, nel mese di marzo 1941, un bombardiere tedesco Dornier Do 17.

Il 21 giugno 1941, durante un combattimento contro caccia tedeschi, abbatte un Bf 109 colpendolo con due brevi raffiche sparate dalla distanza di novanta metri. La vittoria viene confermata da un altro pilota del 1° Squadron, il sergente Blasil. Di questo troviamo anche traccia negli archivi nazionali custoditi a Londra. Nello scontro verranno abbattuti in tutto quattro aerei tedeschi contro la perdita di un aereo inglese pilotato da un pilota statunitense.

11 febbraio 1942: scatta da parte tedesca "l'operazione Cerberus", il forzamento del canale della Manica da parte della Kriegsmarine delle navi da battaglia *Scharnhorst* e *Gneisenau* e dell'incrociatore *Prinz Eugen* più un serie di cacciatorpediniere e motosiluranti di scorta che dovevano essere trasferite dal porto francese di Brest alla loro base in Germania, il porto di Brunsbüttel, alla foce dell'Elba. Gli inglesi, anche se avevano un piano operativo per una simile azione, non si accorsero in tempo che le navi avevano lasciato il porto di Brest. Solo nella tarda mattinata del giorno successivo, il 12 febbraio, le navi furono avvistate al largo di Dover. Oltre all'azione, inconcludente, delle batterie costiere inglesi che spararono una trentina di colpi senza colpire il bersaglio e di alcune motosiluranti che lanciano dei siluri, anche questi senza risultato, vennero inviati ad attaccare la flotta nemica gli aerei della RAF. Questi furono ostacolati dal cattivo tempo oltre che dal preciso tiro contraereo delle navi e dall'intervento dei caccia della Luftwaffe. Nonostante il sacrificio di numerosi aerei, naviglio minore e uomini, il colpo di mano tedesco riuscì

e le navi, anche se in alcuni casi colpite in modo non grave dal fuoco nemico, raggiunsero i loro porti di destinazione.

Fu proprio il 12 febbraio 1942 che Marcinkus effettuò la sua ultima missione di guerra come pilota della RAF. Mentre attaccava la *Scharnhorst* insieme ad altri cinque caccia del suo Squadron, venne colpito dal fuoco contraereo e finì in mare. Nell'impatto si procurò una frattura alla colonna vertebrale. Recuperato dai tedeschi divenne così prigioniero di guerra e inviato presso lo Stalag Luft III, nei pressi della cittadina di Sagan, nell'attuale Polonia, un campo di concentramento realizzato per ospitare piloti nemici catturati. In questo campo trascorrerà i successivi due anni.

Il campo poteva rinchiudere fino a 10.000 prigionieri e, a quanto si è a conoscenza, Marcinkus fu l'unico lituano che venne imprigionato in questo campo. Grazie allo Squadron Leader (equivalente a maggiore) della RAF Roger Bushell, venne organizzata una fuga in massa dal campo, attuata tramite lo scavo di alcuni tunnel sotterranei. Molti prigionieri decisero di aderire alla fuga e tra questi anche Marcinkus. La sua padronanze delle lingue tra cui il tedesco, di cui fu insegnante in Lituania, aiutò il gruppo di fuggitivi nella fabbricazione di documenti falsi e nella stesura della mappa ed orari delle linee ferroviarie tedesche che correvano nei pressi del campo. Vennero impostati tre tunnel (denominati "Tom", "Dick" e "Harry" riprendendo il titolo di un film del 1941 con Ginger Rogers). Anche se l'organizzazione della fuga viene pianificata e realizzata meticolosamente grazie all'individuazione di alcune figure che avranno dei ruoli "chiave" come un sarto, un falegname, un esperto di tunnel, un falsario ecc., uno dei tunnel – Tom – viene scoperto dalle guardie. Per evitare altri intoppi, si decide di dedicare tutta l'attività di scavo intorno al tunnel denominato "Harry". La notte della fuga, tra il 25 ed il 26 marzo 1944, ci si accorge che il tunnel che passa sotto il reticolato non è abbastanza lungo. Risulta infatti circa sette metri più corto e termina prima della copertura degli alberi che circondano il campo e che costituivano un primo riparo. Si decide comunque di procedere con la fuga. Purtroppo dopo che solo settantasei prigionieri hanno lasciato il campo, la fuga viene scoperta dalle guardie. Marcinkus in questo caso è fortunato, è tra i primi dieci ad uscire e, insieme ad altri tre prigionieri, si fingono lavoratori lituani in viaggio verso la Lituania, confidando nel fatto che nessun tedesco sapesse parlare il lituano, in realtà conosciuto dal solo Marcinkus all'interno del gruppo.

Riescono a raggiungere la città di Danzica, forse per raggiungere successivamente il confine con la Lituania o attraversare il mar Baltico verso la neutrale Svezia, ma ormai le forze tedesche hanno scoperto la fuga e iniziato una "caccia all'uomo" su grande scala. Vengono fermati e catturati dalla Gestapo il giorno 26 marzo nei dintorni di Schneidemühl oggi Pila, in Polonia. Trasferiti allo Stalag XXB, vi passeranno la notte. Il giorno successivo verranno trasferiti in un bosco nei dintorni e qui uccisi. Il corpo sarà cremato il giorno 29 marzo nel crematoio della Gestapo a Danzica. Dei settantasei che fuggirono, settantatre vennero catturati. Di questi, cinquanta furono giustiziati. Solo tre fuggiaschi riuscirono nell'intento di evadere e rientrare in territorio amico.

L'esecuzione dei fuggitivi venne disapprovata da Adolf Hitler ma la Gestapo sostenne che i militari ricatturati vennero uccisi dopo aver resistito all'arresto e tentato di nuovo la fuga.

Romualdas Marcinkus, al momento della morte, ricopriva il grado di Flight Lieutenant (capitano) nella Royal Air Force Volunteer Reserve. Il suo nome è ricordato sulla stele in memoria dei "cinquanta" eretta nei pressi dello Stalag Luft III.

Le ceneri di Romualdas "Romas" Marcinkus riposano in un cimitero di Poznan in Polonia, contrassegnate da una lapide della Commonwealth War Graves Commision.

La guerra d'Inverno – Un pilota svedese contro i russi

La guerra d'Inverno, conosciuta anche come guerra russo-finlandese, è stata combattuta dalla Finlandia e dall'Unione Sovietica tra il 30 novembre 1939 ed il 13 marzo 1940. Alla base di questa guerra c'era l'aspirazione del governo russo di acquisire alcuni territori appartenenti alla Finlandia che risultavano di importanza strategica per l'Unione Sovietica come le isole nel golfo di Finlandia, una vasta zona della Carelia, e altre piccole porzioni di territorio. Dal canto loro i finlandesi non volevano cedere alle richieste sovietiche, in parte per orgoglio nazionale, in parte per non figurare "deboli" nei confronti del vicino ed in parte per un sentimento anti-sovietico che caratterizzava il popolo finlandese.

Il 12 ottobre 1939 iniziarono i colloqui per giungere ad una soluzione. Le richieste sovietiche erano:

- lo spostamento della frontiera sull'istmo di Carelia in modo che questa fosse a 70 chilometri da Leningrado, quindi oltre il raggio d'azione delle artiglierie pesanti finlandesi;
- la distruzione delle fortificazioni in Carelia in cambio di una medesima azione da parte russa;
- la cessione delle isole nel golfo di Finlandia;
- la cessione della parte occidentale della penisola di Rybachi per proteggere l'accesso al porto di Murmansk, l'unico porto della Russia settentrionale sempre libero dai ghiacci, e nello stesso tempo controllare l'accesso al porto finlandese di Petsamo;
- l'affitto di una base navale sul promontorio di Hanko che, insieme alla base di Paldiski in Estonia, avrebbe assicurato di poter sbarrare col fuoco incrociato delle artiglierie costiere l'ingresso nel golfo di Finlandia a navi nemiche;

In tutto più di 2700 chilometri quadrati di suolo finnico sarebbero passati in mano ai russi in cambio di circa 5500 chilometri quadrati nella Carelia orientale.

Dopo successivi incontri tra la delegazione finlandese e sovietica per discutere dei termini delle richieste, non si raggiunse nessun accordo.

In seguito a questo "stallo" nelle trattative, per sbloccare la situazione, i sovietici inscenarono l'incidente di Mainila, una cittadina di confine a nord dell'allora Leningrado.

Il 26 novembre 1939 i soldati finlandesi di guardia al confine della Carelia, rilevarono sette esplosioni all'interno del territorio sovietico. Il governo finlandese si dichiarò estraneo a quanto successo e propose una commissione di inchiesta congiunta russo-finlandese. Mosca, che accusò i finlandesi di aver bombardato il suo territorio, rifiutò e ruppe i rapporti diplomatici con la Finlandia. Il 30 novembre 1939, utilizzando il bombardamento di Mainila come "casus belli", l'Unione Sovietica lancio l'offensiva dando inizio alla guerra d'Inverno.

La guerra si protrasse, con alterne vicende, fino all'armistizio del 13 marzo 1940, concesso dai sovietici ma caldamente sollecitato sopratutto dal governo tedesco e svedese.

In aiuto della Finlandia giunsero "donazioni" da parte dei governi europei soprattutto sotto forma di attrezzature militari, armi, aerei, mezzi di trasporto.

Tra i governi che inviarono il loro aiuto alla Finlandia ci fu anche quello svedese che nonostante fosse neutrale, invio dodici caccia Gloster Gladiator, cinque bombardieri Hawker Hart ed altri otto velivoli di vario tipo in supporto alle operazioni aeree. Questa piccola forza aerea (i dodici caccia Gladiator rappresentavano per la Svezia un terzo dell'intera sua forza combattente), inquadrata nella Swedish Voluntary Air Force o F 19, operò nel nord della Finlandia a partire dal 7 gennaio 1940 fino alla fine delle ostilità. In totale i suoi piloti distrussero dodici velivoli sovietici (otto in combattimento aereo e quattro al suolo) perdendo sei velivoli (due in azione e quattro per incidenti). Dei piloti impiegati, tre furono uccisi e due catturati dai sovietici e liberati cinque mesi dopo la fine della guerra.

Tra i piloti svedesi che presero parte ai combattimenti, anche se nessuno di loro divenne un asso, c'è Per-Johan Erik Salwén.

Nato il 28 giugno 1917, Per-Johan Salwén entrò a far parte della Swedish Air Force ed ottenne la nomina ad ufficiale pilota. Nel Flight Regiment 19 (F19) operò come pilota da caccia durante la guerra d'Inverno. Già pochi giorni dopo l'entrata in servizio della F19 i suoi piloti si trovarono ad affrontare i primi combattimenti aerei. In uno di questi, il 17 gennaio 1940, presero parte quattro Gladiator svedesi che, durante una ricognizione nella zona di Märkäjärvi-Salla, intercettarono quattro caccia biplani I-15.

Lo svedese Per-Johan Salwén

Salwén insieme ad un altro pilota aprirono il fuoco contro i velivoli sovietici ad una distanza di circa 400 metri. I nemici subito si gettarono in picchiata e scomparvero. Nonostante questo ai due piloti svedesi furono accreditate una vittoria ciascuno.

Queste vittorie furono poi confermate il giorno successivo quando il servizio di intercettazione finlandese captò un messaggio sovietico dove si parlava di un avvistamento avvenuto il giorno 17 di quattro aerei finlandesi vicino a Märkäjärvi. In seguito a questo scontro due piloti sovietici, il tenente Benediktov e tenente Bondarenko della 145 IAP, dovettero effettuare un atterraggio di emergenza nel quale gli aerei rimasero distrutti ed i piloti feriti.

In una successiva missione di pattugliamento eseguita il 1°
febbraio sopra Rovaniemi, Salwèn con altri due piloti, ad una
quota di 3000 metri, intercettano ventisei bombardieri
Tupolev SB e otto Ilyushin DB-3 che stanno attaccando la
città. In tutto i nemici scaricano circa 23.000 chili di bombe. I
caccia svedesi intervengono e, mentre i DB-3 riescono a
fuggire, i Tupolev SB ingaggiano combattimento. Salwén
riesce ad abbattere in questa occasione il suo primo
bombardiere che si schianta settantotto chilometri a nord della
città attaccata. L'equipaggio costituito dal pilota tenente Boris
M. Babkin, l'osservatore tenente A.U. Melnik ed il mitragliere
sottufficiale B.I. Batorin, rimangono uccisi. Sul relitto vengono
contati oltre duecento colpi di mitragliatrice. Questo è anche il
primo bombardiere abbattuto dalla F19. Da parte loro i piloti
sovietici rientrati dall'azione su Rovaniemi riferiscono di essere
stati attaccati da undici caccia e di averne abbattuti due. Da
parte svedese non si contano perdite, i tre caccia inviati in
azione rientrano tutti alla base.

Il 20 febbraio 1940 Salwén è in azione con un decollo su
allarme per intercettare bombardieri nemici partiti da Uhtua.
Decollato alle 8.40 insieme al compagno di squadriglia Gedeon
Karlsson dalla base avanzata di Uleåborg, i caccia Gladiator
intercettano la formazione sovietica dopo trenta minuti ad est
di Vaala ad una quota di 2500 metri. Nel combattimento
Salwén colpisce due Tupolev SB, fino a che rimane senza
munizioni. Un velivolo riesce a sfuggire anche se dovrà
effettuare un atterraggio di fortuna alla sua base con le ruote
retratte. I danni all'aereo saranno giudicati non riparabili. Il
tenente pilota Mihail A. Borshev ed il mitragliere Nikolaj A.
Troshenko rimangono feriti mentre l'osservatore, tenente A.
Avrutskij, avendo frainteso le istruzioni del suo comandante
impartite durante la concitata azione, si era lanciato con il
paracadute e venne fatto prigioniero. Questa risulterà essere la
terza vittoria di Salwén. Il secondo aereo risulterà danneggiato
ed il mitragliere, Aleksandr P. Popov, colpito. Morirà una

settimana dopo in seguito alle ferite riportate. Questo aereo verrà conteggiato come danneggiato in partecipazione con il

Caccia svedese FFVS J22 come quello sul quale perderà la vita, in un volo di collaudo, Per-Johan Salwén

suo gregario Karlsson. Anche l'aereo di Salwén accusa il fuoco dall'avversario con un colpo nell'ala ed un foro nell'elica, quest'ultimo dovuto ad un difetto nel meccanismo di sincronizzazione delle mitragliatrice del Gladiator.

Sempre ad est di Vaala l'8 marzo Salwén danneggia un altro SB.

La guerra è ormai agli sgoccioli. Si concluderà infatti con il cessate il fuoco alle ore 11.00 del 13 marzo 1940. Salwén rientra quindi in Svezia dove presterà servizio nella squadriglia F10.

Successivamente, nel 1943, lavora come collaudatore allo sviluppo del caccia svedese FFVS J22, che ha volato per la prima volta il 20 settembre 1942.

Purtroppo, proprio durante un volo di collaudo del caccia J22 matricola 22001, Per-Johan Salwén perderà la vita.

Decollato il 19 giugno 1943 dall'aeroporto di Bromma, vicino a Stoccolma, dopo avere eseguito le manovre del programma di collaudo, l'aereo si schianta con un forte angolo d'impatto (circa 60-70 gradi) e ad alta velocità causando la morte del pilota. Le cause dell'incidente non sono mai state stabilite.

Il terzo "Asso" francese

Jean-Francois Demozay proprio per il numero delle sue vittorie aeree, diciotto (alcuni testi ne riportano ventuno) più due probabili, quattro aerei danneggiati, senza contare gli innumerevoli veicoli terresti distrutti, è annoverato al terzo posto nella graduatoria degli assi francesi della seconda guerra mondiale. I primi due sono Pierre Clostermann con trentatré vittorie e Marcel Albert con ventitré.

Jean Demozay fotografato al posto di pilotaggio del suo Supermarine Spitfire

Demozay nasce a Nantes il 21 marzo 1915 dove frequenta il Collegio Saint Joseph du Locquidy prima di trasferirsi in Inghilterra per continuare gli studi. Nel 1932 il padre, che gestiva delle proprietà in Sologne, una regione della Valle della Loira, muore e Jean rientra in Francia per proseguire l'attività paterna. Il 15 ottobre 1936 viene arruolato per il servizio militare ma sarà congedato quattro settimane più tardi per problemi di salute. L'anno successivo, nel novembre 1937, viene nuovamente chiamato alle armi ma di nuovo congedato due settimane dopo per le medesime ragioni. Lo scoppio della guerra la richiamerà in servizio il 9 settembre 1939 ma, per la terza volta, verrà congedato per salute cagionevole.

Demozay non vuole restare un civile in un paese in guerra e riuscirà, il 3 febbraio 1940, a farsi accettare come volontario nelle file dell'Armée de l'Air dove otterrà la qualifica di Allievo Pilota. Sembra, stando ad alcuni testi, che Demozay prima della guerra fosse un pilota civile, ma di questo non c'è traccia nei documenti ufficiali. Viene distaccato come interprete presso il 1° Squadron della RAF di base a Reims.

Qui riesce ad effettuare dei voli insieme a piloti inglesi sui Miles Magister, aerei utilizzati per addestramento e collegamento. Le truppe tedesche avanzano e il 16 giugno 1940 il distaccamento inglese della RAF riceve l'ordine di rientro in patria. I dodici caccia del 1° Squadron decollano il 18 giugno lasciando dietro di sé sedici avieri degli equipaggi di terra che, volontariamente, sono rimasti per permettere la partenza in sicurezza dei caccia. Gli avieri dovranno raggiungere i punti di imbarco via terra ma, causa la disastrosa situazione stradale francese in quei concitati giorni, l'impresa non è facile. Anche Demozay non vuole restare in un paese sconfitto e così, trovato un aereo da trasporto Bristol Bombay abbandonato sul campo, senza grande esperienza aviatoria e senza mai aver pilotato un bimotore, imbarcato i sedici avieri, decolla da Château-Bougon e si dirige verso l'Inghilterra dove riesce ad atterrare a Sutton Bridge, dimostrando così le sue qualità aviatorie.

Sull'onda della confusione che seguì l'evacuazione di Dunkerque, riuscì a farsi passare per un pilota da caccia e venne inviato al 5° OTU (Operational Training Unit) ad Aston Dawn dove, nell'ottobre 1940 termina il suo addestramento e viene inviato presso il 1° Squadron, il suo vecchio Squadron di quando era in Francia. Equipaggiato con Hawker Hurricane, partecipa alla Battaglia di Inghilterra dove riesce, l'8 dicembre 1940, ad abbattere uno Junkers Ju 88. Il 24 marzo 1941 durante una missione di pattugliamento, mentre è al comando di una sezione di tre caccia, Demozay viene attaccato da un Bf 109 sbucato da una coltre nuvolosa. Inseguendo l'attaccante si ritrova sopra le nubi, sotto e dietro ad una formazione di Messerschmitt Bf 109. Allineatosi con l'ultimo caccia della formazione spara una raffica di dodici secondi, colpendo l'avversario che entra in vite e precipita in mare. Alcuni giorni più tardi Demozay ottiene la nomina a tenente.

La notte tra il 10 e 11 ottobre vede ancora Demozay in azione. Decollato con altri dodici Hurricane divisi in sezioni di quattro, prende posizione a 16.000 piedi (circa 4900 metri) sopra la città di Londra per un pattugliamento contro le incursioni dei bombardieri tedeschi. In questa occasione Demozay individua un Heinkel He 111 inquadrato dai riflettori. Apre il fuoco a soli trenta metri dall'avversario che sobbalza, si incendia e precipita verso il suolo. La sua terza vittoria. Durante la notte trascorsa il 1° Squadron dichiara otto aerei nemici abbattuti e nove danneggiati.

Il 25 maggio, alla testa di altri tre Hurricane in pattuglia nei presi di Canterbury, entrato in nube, Demozay perde il contatto con gli altri e decide di dirigersi verso la costa francese per una caccia solitaria. Qui individua un gruppo di otto Bf 109 che scortano una barca di salvataggio, seguiti da altri tre caccia bimotori Bf 110. Con cautela si allinea ad uno dei Bf 110 ed apre il fuoco da circa 250 metri. L'avversario colpito precipita in mare. Questa rappresenta una delle classiche vittorie di Demozay che preferiva questo tipo di combattimenti a quelli in gruppo. Viene inviato presso il 242° Squadron dove, il 22 e 23 giugno, otterrà altre due vittorie (due Bf 109), portando a sei il suo "bottino" potendo così fregiarsi del titolo di "asso".

Alla fine di giugno viene trasferito al 91° Squadron "Nigeria" equipaggiato con gli Spitfire Mk.V dove diviene comandante della 1ª Squadriglia, prima volta che un ufficiale francese ottiene un simile incarico. È presso questa unità che otterrà la maggior parte delle sue vittorie.

Come per molti altri piloti, anche Demozay sente lo Spitfire "cucito addosso". Infatti, già il 12 luglio, pochi giorni dopo l'arrivo al reparto, durante una missione di attacco al suolo su un campo nemico, Demozay distrugge a terra un Henschel Hs 126 da ricognizione. Sempre in luglio ottiene tre nuove vittorie aeree. In agosto viene promosso capitano. Il 29 dello stesso mese abbatte il suo undicesimo avversario (un Bf 109).

In settembre abbatte altri due caccia Bf 109 e viene decorato con la DFC. In novembre raggiunge il traguardo delle quindici vittorie aeree più numerosi veicoli distrutti al suolo. Nel gennaio 1942 termina il suo turno operativo e viene inviato presso il Quartier Generale.

Nel mese di luglio rientra nuovamente al suo reparto, il 91° Squadron dove ne diventa comandante. Tra il settembre ed il novembre 1942 ottiene tre nuove vittorie, questa volta ai danni di Focke-Wulf Fw 190. Una di queste la ottiene in una delle solite missioni solitarie. Inviato nella zona di Calais alla ricerca di un compagno non rientrato da una missione mattutina, viene intercettato da due Fw 190. Demozay riesce a tener testa ad entrambi per alcuni minuti fino a quando uno dei due non si presenta in una posizione favorevole al tiro e, con una raffica di due secondi sparata da un centinaio di metri, Demozay lo colpisce spedendolo in acqua. Il compagno si dà alla fuga.

Nel dicembre 1942 lascia di nuovo il servizio operativo e nel gennaio 1943 viene promosso Wing Commander (tenente colonnello). Viene incaricato dal generale de Gaulle a rappresentare la Forces Aériennes Françaises Libres (FAFL) all'interno della missione del generale Catroux, che mira a preparare la fusione delle forze francesi libere con l'esercito del Nord Africa. È in questo periodo, per evitare rappresaglie contro la sua famiglia che risiede ancora in Francia, che prenderà il nome di "Morlaix".

Nel giugno 1943 viene assegnato al comando dell'aeronautica francese in Medio Oriente. Incaricato di istruire i piloti francesi, nella primavera del 1944 costituisce una scuola di volo a Rayack, in Libano.

Nell'aprile dello stesso anno viene nominato Commissaire de l'Air ad Algeri. Qui crea il gruppo di cooperazione aerea "Patria". Questa unità con i gruppi "Béarn" e "Picardie" opereranno dall'agosto 1944 nella zona del sud della Francia con l'intento di molestare e rallentare le operazioni tedesche in quella zona, completando oltre duecento missioni operative e distruggendo più di trecento veicoli nemici.

Il mese successivo il colonnello Demozay viene assegnato al gabinetto militare del Ministre de l'Air, a Parigi, prima di essere nominato vice comandante generale della Écoles de l'Air nell'ottobre del 1945.

Il 19 dicembre 1945, di ritorno da una missione a Londra, Jean-Francois Demozay muore in un incidente aereo avvenuto nei pressi di Buc in Yvelines. È sepolto a Beaugency Loiret.

Il comandante "Morlaix" nella sua carriera operativa ha condotto più di 400 missioni di combattimento, conseguito diciotto vittorie aeree confermate (di queste tredici pilotando lo Spitfire Mk.V), due probabili e quattro aerei danneggiati. E' anche responsabile della distruzione, parziale o totale, di molti veicoli a terra. Questo fa di lui il terzo asso francese della seconda guerra mondiale.

L'Asso dei quadrimotori

Tra i tanti assi tedeschi che si sono distinti durante la seconda guerra mondiale ce ne sono alcuni che si caratterizzano per alcune particolarità. Uno di questi è Georg-Peter Eder, considerato l'asso dei quadrimotori avendone abbattuti trentasei. Nella sua carriera di pilota della Luftwaffe abbatté in totale settantotto aerei nemici ma quello che lo contraddistingue sono quei trentasei bombardieri quadrimotori. I quadrimotori infatti erano "macchine" alquanto difficili da abbattere, vuoi per la loro resistenza vuoi per il fatto che viaggiando in formazione con altre decine di aerei dove, per avvicinarsi e poter colpire, i cacciatori dovevano superare la cortina di colpi sparati dalle mitragliatrici delle torrette difensive.

Georg-Peter Eder

Georg-Peter "Schorsch" Eder nasce l'8 marzo 1921 a Oberdachstetten in Baviera. Nel 1938, a diciassette anni, si arruola nella Luftwaffe con il grado di cadetto e nel 1939 si iscrive all'accademia dell'aviazione di Berlino-Gatow. Un anno dopo diventa pilota ed inviato presso il 1./ JG 51, unità con cui effettua la sua prima missione di combattimento il 1° settembre 1940.

Con questa unità combatte durante la Battaglia di Inghilterra senza ottenere vittorie. Solo il 7 maggio 1941, in volo sopra il Canale della Manica, abbatte il suo primo aereo, un Supermarine Spitfire. Poco dopo viene trasferito con la sua unità sul fronte orientale dove prende parte all'Operazione Barbarossa, l'invasione dell'Unione Sovietica. Il 22 giugno, giorno dell'inizio delle operazioni, abbatte due aerei sovietici, un Polikarpov I-16 ed un Tupolev SB-2. Il mese successivo, il 24 luglio viene abbattuto e leggermente ferito (in totale Eder verrà abbattuto diciassette volte, si è lanciato con il paracadute nove e rimarrà ferito quattordici volte). Il 22 agosto successivo, quando ha già all'attivo dieci vittorie aeree confermate, si scontra a terra con il suo Bf 109F con un aereo da trasporto Ju 52, riportando una frattura alla base del cranio che lo costringerà in ospedale per le cure mediche. Ripresosi dalle ferite, viene inviato come istruttore alla Jagdfliegerschule 2 di base a Zerbst dove giunge il 1° novembre 1941.

Esattamente un anno dopo, il 1° novembre 1942, viene trasferito in Francia con il 7./JG 2 (7° Staffel dello Jagdgeschwader 2 "Richtofen") dove partecipa alla battaglia contro le incursioni diurne dei bombardieri pesanti americani della Eighth Air Force sopra la Francia ed i Paesi Bassi.

I bombardieri si rivelarono subito un bersaglio difficile da abbattere causa le numerose mitragliatrici presenti con conseguente grande volume di fuoco. Il classico attacco da dietro o dal basso, esponeva i cacciatori tedeschi ad una violenta reazione da parte dei mitraglieri. Vennero quindi esaminate le carcasse dei bombardieri abbattuti e constatando che frontalmente era presente, nei primi modelli di B-17 e B-24, una sola mitragliatrice, venne adottata la tattica dell'attacco frontale. Inoltre la parte frontale dei bombardieri non aveva grande corazzatura. In questo modo i colpi sparati dal caccia potevano colpire i piloti del bombardiere con le relative conseguenze. Dopo l'attacco frontale che richiedeva una buona mira e si doveva risolvere in una manciata di secondi in quanto le velocità dei due velivoli si sommava arrivando a toccare circa 970 chilometri orari, i caccia attaccanti eseguivano una brusca virata a destra o sinistra, avendo così le migliore probabilità di evitare la potenza di fuoco concentrata delle armi dei bombardieri.

Nominato Staffelkapitän della 12./JG 2 nel febbraio 1943, il 28 marzo abbatte un B-17 ma viene a sua volta ferito e colpito al motore del Bf 109G-4 che pilotava. Durante l'atterraggio a Beaumont-le-Roger il caccia si capovolge. Nonostante le ferite Eder continua a mietere vittorie, raggiungendo i venti aerei nemici il 29 maggio 1943 quando abbatte un B-17. Il 30 luglio abbatte un caccia P-47 ed un bombardiere B-17 raggiungendo le trentuno vittorie ma il 5 novembre è costretto ad abbandonare il suo Bf 109G-6 (matricola Nr. 20733) e a lanciarsi con il paracadute rimanendo ferito. Nel mese di marzo del 1944 viene trasferito al 6./JG 1 "Udet".

Il 19 aprile si vede nuovamente costretto ad abbandonare il suo velivolo, questa volta un Fw 190 A-7 "Giallo 4" in seguito ad un combattimento nei pressi di Göttingen contro un caccia americano Republic P-47 Thunderbolt. Il mese successivo, l'8 maggio, abbatte un B-24 ma è a sua volta costretto ad effettuare un atterraggio di emergenza a Vechta per i danni riportati in combattimento. Un altro incidente vedrà protagonista Eder il giorno 29 maggio. Al rientro da una missione dove riesce ad abbattere un bombardiere B-17, mentre è ai comandi del Fw 190A-8 (matricola Nr. 730386) "Rosso 24", in atterraggio a Cottbus, collide con un aereo Siebel. Anche in questo caso Eder esce indenne dall'incidente. Alla fine del mese di maggio aveva accumulato quarantanove vittorie che diventeranno cinquanta il 21 giugno mentre è impegnato nelle operazioni aeree contro gli alleati sbarcati in Normandia. Tre giorni dopo riceve la tanto attesa "Croce di Cavaliere della Croce di Ferro" (Ritterkreuz des Eisernen Kreuzes N° 1253)

Nell'agosto 1944 viene assegnato al comando dello 6./JG 26 e il 15 agosto abbatte due caccia P-47. Il 17 agosto, nei pressi di Rambouillet, a sud-ovest di Parigi, intercetta ed abbatte uno Spitfire IX che si schianta al suolo distruggendo nell'impatto due carri armati americani Sherman. Poco dopo abbatte un altro Spitfire che si schianta a sua volta su uno Sherman incendiandolo.

In settembre è chiamato a sostituire al comando dello II./JG 26 il capitano Emil Lang, anch'egli asso (173 vittorie) della Luftwaffe, abbattuto in combattimento contro caccia P-47 dell'USAAF sopra St. Trond in Belgio. Nello stesso mese viene trasferito presso l'Erprobungskommando 262 (denominato successivamente Kommando Nowotny) dove inizia a pilotare i jet Me 262. Con questo velivolo, durante l'offensiva delle Ardenne, distruggerà quaranta velivoli al suolo.

Interessante sentire dalle parole di Eder quanto gli è occorso durante una missione con il Me 262:

«Era andato ad intercettare un ricognitore P-38 Lightning che volava ad alta quota. Il controllo a terra fece un ottimo lavoro, così che non mi risultò difficile localizzare l'avversario che lasciava una scia di vapore. Mi sono avvicinato da un'altezza leggermente superiore con il sole alle spalle. Quando era a circa 800 metri, scesi a mettermi nella scia subito dietro di lui. Ho controllato rapidamente le mie armi e gli indicatori del motore. Ma devo avere sbagliato la stima della mia velocità di avvicinamento perché quando ho guardato di nuovo davanti un secondo più tardi, la sagoma del Lightning riempiva il mio parabrezza. Era più grande di qualsiasi altro aeromobile che avessi mai avuto prima davanti di me. Ho cercato di evitarlo, ma era troppo tardi. Ci fu un tremendo schianto, e scomparve. Attesi qualche secondo che succedesse qualcosa, che si staccasse un'ala o che uno dei motori si fermasse ma, a parte un grande ammaccature, tutto andava bene e il mio aereo era ancora in volo».

Questo la dice lunga sulla fortuna di Eder. Cosa che così non fu per il P-38 che sembra si sia schiantato nei pressi di Scheissheim.

Il 25 novembre riceve la "Ritterkreuz des Eisernen Kreuzes mit Eichenlaub" (N° 663) (Croce di Cavaliere della Croce di Ferro con Fronde di Quercia) in occasione delle sessanta vittorie aeree. Il 22 gennaio 1945 mentre si appresta all'atterraggio, viene abbattuto dai caccia vicino a Parchim. In seguito all'abbattimento riporterà la frattura di entrambe le gambe e trascorre il resto della guerra in ospedale a Wismar e, più tardi, a Bad Weissee dove viene catturato, alla fine della guerra, dalle truppe dell'esercito degli Stati Uniti.

In totale ha sostenuto 572 missioni di combattimento, di queste 150 furono sul Me 262. Si aggiudicò sessantotto vittorie sul fronte occidentale e dieci su quello orientale per un totale di settantotto vittorie. Di queste, trentasei furono bombardieri quadrimotori. Con il Me 262 si aggiudicò dodici vittorie (in alcuni testi risultano ventiquattro) anche se non tutte sono state ufficialmente confermate causa il caos che regnava in Germania negli ultimi mesi di guerra. Con queste vittorie si può quindi fregiare del titolo di "asso dei quadrimotori".

Georg-Peter "Schorsch" Eder muore all'età di 65 anni a Wiesbaden, l'11 marzo 1986.

L'Asso dei jet

L'utilizzo intensivo ed in combattimento dei caccia con propulsione a reazione durante la seconda guerra mondiale è stato effettuato solo da parte della Germania nazista che era, all'epoca, all'avanguardia in questo settore e che mise in campo negli ultimi mesi di guerra dei velivoli con prestazioni eccezionali. Tra questi figurano il caccia Heinkel He 162 "Salmander", chiamato anche *Volksjäger* (tradotto dal tedesco in "Caccia del Popolo"), l'Arado Ar 234 il primo bombardiere a getto della storia, il Messerschmitt Me 163, un caccia intercettore con motore a razzo ma soprattutto il Messerschmitt Me 262 con le sue versioni principali da caccia, soprannominata "Schwalbe" (Rondine) e bombardiere, soprannominata "Sturmvogel" (Uccello delle Tempeste).

Proprio sul Me 262 combatterono molti degli assi della

Kurt Welter, l'Asso dei jet della seconda guerra mondiale

Luftwaffe ottenendo nuove vittorie che si aggiunsero alle vittorie conquistate sui velivoli a pistoni precedentemente pilotati.

Tra questi piloti spicca la figura di Kurt Welter, che si aggiudicò la qualifica di asso dei jet.

Kurt nasce il 25 febbraio 1916 a Colonia-Lindenthal. Nel 1934 si arruola nella Luftwaffe ed è addestrato come pilota. Qui, grazie alle sue doti di pilota, diventerà istruttore, ruolo che ricoprirà per parecchi anni.

Solo nell'agosto 1943 viene trasferito presso la Blindflugschule 10 (scuola per l'addestramento al volo strumentale) a Altenburg. Da qui verrà trasferito il 2 settembre dello stesso anno presso la 5/JG 301 che utilizzava caccia Fw 190 A-5 e A-6 in missioni di caccia Wilde Sau (Cinghiale Selvaggio) nella quale i caccia monomotori identificavano i bombardieri notturni nemici illuminati dai riflettori a terra.

Tattica che si rivelò efficace in un primo tempo ma che causò parecchi incidenti in quanto i piloti dovevano identificare i nemici, controllare gli strumenti, combattere e rientrare alla base, il tutto di notte. Nonostante le difficoltà, nella notte tra il 22 ed il 23 settembre, nel corso della sua prima missione, Welter abbatte due quadrimotori della RAF.

Alcune notti più tardi, nella notte tra il 3 e 4 ottobre, durante la sua terza missione, abbatte altri due quadrimotori. Già nell'aprile 1944 accumula diciassette vittorie conseguite nel corso di quindici combattimenti aerei. Il 10 maggio riceve la Deutsches Kreuz (Croce Tedesca in Oro). Kurt Welter viene trasferito il 7 luglio presso lo 5/JG 300 dove, durante lo stesso mese, abbatte in combattimenti diurni tre P-51 e due B-17.

Nella notte del 29/30 agosto abbatte, nell'arco di soli dieci minuti, quattro Lancaster, raggiungendo così le ventisette vittorie.

Il 4 settembre 1944 viene trasferito presso il 10/ JG 300, istituito per contrastare le incursioni dei veloci de Havilland

Mosquito e già nel corso dello stesso mese ne abbatte sette, uno di questi speronandolo. Sembra inoltre appurato che Welter, nella notte del 19 settembre 1944, abbia abbattuto il Wing Commander Guy Gibson che stava conducendo un attacco di 300 bombardieri su Mönchengladbach e Rheydt. Il Mosquito di Gibson si è poi schiantato vicino Steenbergen nei Paesi Bassi. Welter infatti è stato l'unico pilota tedesco ad aver sostenuto combattimenti con Mosquito ed il Mosquito di Gibson è stato l'unico perso quella notte. In occasione della trentaquattresima vittoria, il 18 ottobre, Welter viene decorato con la "Croce di Cavaliere". Il mese successivo viene inviato presso il II. Gruppe / Nachtjagdgeschwader 11 (NJG 11) equipaggiato con i Messerschmitt Me 262 ed incaricato di intercettare i Mosquito della RAF che attaccavano Berlino. Il 12 dicembre 1944 abbatte un Lancaster, la prima vittoria aerea di un jet in combattimento notturno anche se alcune fonti riportano che questa è stata conseguita il 2 o il 5 gennaio 1945. Lo 10. *Staffel*/NJG 11 come ora è identificata l'unità, viene trasferita nei pressi di Magdeburgo ed equipaggiata con Me 262 non dotati di radar a bordo, che partecipano alla difesa di Berlino adottando la vecchia tattica "Wilde Sau", aiutati oltre che dai fasci luminosi dei riflettori, anche dal controllo radar a terra.

Parecchi Mosquito cadono sotto i colpi di Welter in varie missioni fino all'ultimo abbattuto sopra Berlino nella notte del 3 aprile 1945, ultima vittoria riconosciuta di Welter. Il 9 marzo 1945 aveva ottenuto le "Fronde di Quercia" (n° 769) sulla sua Croce di Cavaliere per aver raggiunto le quarantotto vittorie.

Ufficialmente gli sono state accreditate sessantatré vittorie aeree di cui cinquantasei notturne, di queste trentatré furono Mosquito, per un totale di venticinque conseguite pilotando un jet, anche se rimangono alcuni dubbi sul totale degli abbattimenti di Welter con il caccia a reazione Me 262.

Kurt Welter sopravvisse alla guerra. Morì il 7 marzo 1949 nei pressi di Leck nello Schleswig-Holstein. Mentre era in attesa ad un passaggio a livello del transito di un treno, il carico male assicurato cadde da uno dei vagoni schiacciando la sua auto uccidendolo.

Il killer dei carri armati

Con l'appellativo di "asso" non viene identificato soltanto un pilota che ha abbattuto almeno cinque aerei avversari ma, nel termine generico della parola, possiamo includere anche quegli aviatori che hanno conquistato tale status per aver distrutto, ad esempio, una innumerevole quantità di carri armati nemici. In linea con questo libro che narra le vicende degli assi meno conosciuti, tralasciamo volutamente l'asso degli assi della specialità, il tedesco Hans-Ulrich Rudel, che con il suo Junkers Ju 87 Stuka distrusse ben 519 carri armati (l'equivalente di due divisioni corazzate), due incrociatori, una corazzata, un cacciatorpediniere e, senza contare centinaia di cannoni, mezzi da trasporto, blindati, mezzi da sbarco, ottenne anche undici vittorie in combattimenti aerei. Parliamo quindi del "secondo" classificato, Anton Hübsch.

Anton Hübsch

Anton "Toni" Hübsch, nasce a Rottach-Egern nel sud della Germania il 16 marzo 1918. Arruolatosi nella Luftwaffe viene addestrato come pilota e, finito l'addestramento, nel giugno 1942 inviato come sottufficiale presso lo St.G 2 "Immelmann" dove rimarrà, salvo brevi interruzioni, fino alla fine della guerra. Dotato di Junkers Ju 87 Stuka, con lo St.G 2 "Immelmann" partecipa all'offensiva d'estate sul Fronte Orientale, appoggiando l'avanzata verso Stalingrado delle truppe terrestri. Tra l'estate 1942 e febbraio 1943 prende parte a numerosi combattimenti ed acquista così una sempre maggior esperienza come cacciatore e distruttore di carri che lo porteranno, nel giugno del 1943 a completare 500 missioni di combattimento. Tra settembre e dicembre 1943 viene allontanato dal fronte per servire come istruttore di volo. Rientra in combattimento di nuovo sul Fronte Orientale nel gennaio 1944. Qui gli equipaggi, nella speranza di arginare l'avanzata sovietica, non si risparmiano ed effettuano sempre nuove uscite in combattimento. Hübsch già nel mese di febbraio ha totalizzato 600 missioni, 700 in aprile per toccare un totale di 800 missioni nel maggio 1944.

Durante la missione del 3 luglio 1944, nel corso di un attacco a postazioni nemiche, rimane gravemente ferito e deve trascorrere un periodo di convalescenza in ospedale fino al mese di settembre. Proprio durante la convalescenza, l'8 agosto, riceve la "Croce di Cavaliere della Croce di Ferro". Rientrato in servizio in settembre, continua a combattere instancabilmente.

Nel febbraio 1945, ai comandi di un Fw 190 raggiunge il traguardo delle 1000 missioni di guerra.

A guerra finita, Hübsch potrà vantare un totale di 1060 missioni (di queste 190 effettuate su Fw 190 e 140 sul fronte di Stalingrado), ha distrutto più di 120 carri armati (per lo più con le bombe, a differenza di Rudel che preferiva attaccare con i cannoncini montati sullo Stuka), conseguito otto vittorie aeree, affondato due navi da trasporto ed il danneggiamento di una nave da battaglia. Alla fine della guerra rimase in Germania Ovest, dove si spense all'età di 55 anni il 31 ottobre 1973.

La controparte sovietica: Alexandr Jefimov

Alexandr Nikolajevič Jefimov nasce il 6 febbraio 1923 nella regione di Voronezh (Russia Europea) e più precisamente nel villaggio di Kantemirovka. Trascorre l'adolescenza nella città di Millerovo, situata a nord del capoluogo Rostov sul Don. Impara a pilotare presso l'Aero Club di Voroshilovgradsky, oggi città di Luhansk in Ucraina. Si arruola nell'esercito nel giugno 1941, subito dopo l'invasione tedesca. Nel giugno 1942 riceve le ali di pilota militare e partecipa alle operazioni sopra Rzhev, Brjansk e Smolensk come pilota di Ilyushin IL-2 Sturmovik.

Alexandr Jefimov

Nel maggio del 1943 riesce ad abbattere un Bf 109 ma viene a sua volta colpito. Rientra comunque fortunosamente alla base con il mitragliere ferito. Durante l'inverno 1943 il suo mitragliere riuscirà ad abbattere quattro velivoli nemici due dei quali in compartecipazione. Jefimov continua a macinare missioni fino ad arrivare a cento nel giugno 1944. Viene promosso capitano e comandante di squadriglia. Il 26 ottobre 1944 gli viene assegnato il titolo di Eroe dell'Unione Sovietica.

Combatte sui cieli della Polonia ed effettua la sua ultima sortita di guerra l'8 maggio 1945, giorno della firma della resa incondizionata della Germania. Alla fine ha al suo attivo centoventisei carri armati distrutti, sette aerei abbattuti in combattimento e ottantacinque aerei distrutti al suolo. Diventa così l'asso dei distruttori sovietici.

Jefimov finita la guerra, continua la sua carriera militare nelle file dell'aeronautica sovietica diventando comandante di una divisione di aerei d'assalto IL-10 (successore dello IL-2).

Successivamente vola sui MiG-15 e MiG-17. Si diploma presso l'accademia di Stato Maggiore nel 1957 e nel 1969 viene nominato vice comandante delle forze aeree sovietiche. Continuando nella sua carriera militare viene promosso, nel 1975, a Maresciallo mentre nel 1984 e fino al 1990 ricopre il ruolo di comandante delle forze aeree e Vice Ministro della Difesa. Si ritira dal servizio nell'agosto 1993.

Alexandr Nikolajevič Jefimov si spegne il 31 agosto 2012 a Mosca.

Tra le sue onorificenze spiccano numerose decorazioni (alcune delle quali ricevute più volte) come l'Ordine di Lenin, Ordine della Bandiera Rossa, Eroe dell'Unione Sovietica, Ordine di Alexander Nevsky, Ordine della Guerra Patriottica ed innumerevoli altre decorazioni sovietiche e straniere. Ha scritto anche un libro sulle sue vicende belliche intitolato: "Sopra il campo di battaglia".

Tattiche sovietiche: "lo speronamento"

Durante i combattimenti aerei prolungati poteva accadere che uno od entrambi i contendenti esaurissero le munizioni. In questo caso si cercava di raggiungere le proprie linee al più presto. Altre volte se uno dei contendenti si accorgeva che l'avversario aveva terminato le munizioni, cavallerescamente si affiancava e, salutando, lasciava il nemico libero di proseguire e rientrare alla base. In altri casi il pilota prendeva la decisione di voler abbattere il nemico a tutti i costi e decideva quindi di speronarlo, colpendolo volontariamente con il proprio aereo.

Tra i piloti inglesi od americani ed anche tedeschi questa tattica è stata adottata solo in casi estremi e da un numero limitato di piloti, spinti dall'amore patrio a sacrificare la loro vita. Nelle file giapponesi e sovietiche era una tattica più utilizzata. I sovietici chiamavano queste azioni "tattiche

Taran". Tra i piloti sovietici che ebbero modo di utilizzare questa tattica in più occasioni e rientrare fortunosamente alla base figura Boris Kovzan.

Boris Kovzan

Boris Ivanovič Kovzan nasce il 7 aprile 1922 nella zona mineraria di Rostov dove i genitori lavoravano. Si arruola in aviazione nel 1939 e segue un corso presso la Odessa Military Aviation Pilot School, dove esce come pilota ed inviato, nel 1941, al 42° Fighter Regiment (fronte di Bryansk). Nell'agosto del 1941 abbatte il suo primo aereo, un bombardiere Dornier Do-215. Il 29 ottobre, mentre vola sul suo caccia MiG-3 in una missione di scorta ad aerei da attacco al suolo, intercetta una formazione di Bf 109. Nel combattimento che ne scaturisce riesce ad abbatterne uno ma rimane senza munizioni. Rientrando alla base, ad una quota di 5000 metri, individua un ricognitore tedesco Junkers Ju-88. Deciso a non farselo scappare, prende la decisione di speronarlo. Livellato alla stessa quota del nemico, aumenta la velocità e colpisce il bombardiere che precipita al suolo. Kovzan riesce fortunosamente ad atterrare al suo campo. La scena si ripete il 22 febbraio 1942 quando, a bordo del nuovo caccia Yakovlev Yak-1, sperona un altro bombardiere.

Il tenente Kovzan riesce anche in questo caso a rientrare alla base con l'aereo danneggiato. L'8 luglio in un combattimento aereo con un caccia tedesco lo sperona. Il nemico precipita mentre l'aereo di Kovzan subisce danni non letali. A questo punto della sua carriera aveva già effettuato

142 sortite di guerra, abbattuto tre aerei da solo ed uno in cooperazione.

Il mese successivo, precisamente il 13 agosto, Kovzan, ora promosso capitano, mentre è in volo nei pressi della città di Staraya nella provincia di Novgorod, intercetta una formazione di sette bombardieri Ju-88 e sei caccia Bf 109. Il nemico lo individua e, nonostante l'inferiorità numerica, Kovzan accetta il combattimento. Noncurante dei caccia, si avventa sui bombardieri. Durante l'attacco un caccia nemico riesce a piazzare alcuni colpi sull'aereo di Kovzan, che ora è ai comandi di un Lavochkin La-5, ferendo il pilota all'occhio destro. Kovzan cerca di lanciarsi con il paracadute ma non ha le forze per farlo. Nel frattempo davanti a lui si para uno Ju-88. Kovzan lo sperona e nell'impatto entrambi gli aerei vanno in pezzi. Kovzan ora cade da una quota di 6000 metri e riesce fortunosamente ad aprire il paracadute. Atterrerà in una palude ma nell'impatto riporta la frattura di un braccio, della gamba sinistra e di alcune costole.

Soccorso dai contadini viene curato. In seguito all'incidente trascorre dieci mesi in ospedale.

Il 24 agosto 1943 riceve il titolo di "Eroe dell'Unione Sovietica". Gli viene concesso di pilotare i caccia anche con un occhio solo e, entro la fine della guerra, abbatterà altri sei velivoli nemici. Alla fine conterà ventotto aerei nemici abbattuti di cui quattro con speronamento. Questo lo pone al primo posto nella classifica dei piloti che utilizzarono la tattica "Taran" per abbattere il nemico.

Finita la guerra continuerà la carriera militare fino al grado di tenente colonnello. È stato decorato con due Ordini di Lenin, l'Ordine della Bandiera Rossa, la Stella Rossa e altre innumerevoli medaglie. Visse nella città di Ryazan dove lavorò anche per il locale Aero Club.

Boris Ivanovič Kovzan si spegne il 31 agosto 1985 all'età di 63 anni.

Alcuni casi documentati di "speronamento"

Apriamo qui una parentesi in merito alla tattica dello speronamento (ramming in inglese), denominata "Taran" (ariete) in russo.

Questa tattica, ancora prima che in aviazione, è comune in campo navale e terrestre. Con gli aerei venne adottata per la prima volta dal pilota sovietico Pyotr Nesterov l'8 settembre 1914 durante la prima guerra mondiale, contro un aereo austriaco. Questa azione risulterà fatale per entrambi i piloti.

Un secondo speronamento volontario confermato è stato portato a termine il 31 marzo 1915 da un connazionale di Nesterov, Alexander Kazakov, l'asso russo con trentadue vittorie all'attivo (ma solo venti confermate in quanto solo questi velivoli erano caduti all'interno della zona di operazioni sovietica), utilizzando un monoplano Morane-Saulnier G. In questo caso Kazakov sopravvisse allo scontro. Morirà il 1° agosto 1919 durante una manifestazione acrobatica anche se molti testimoni confermano che si sia trattato di un suicidio.

Possiamo dire che, fondamentalmente, ci sono tre tattiche base per lo speronamento.

La prima consiste nell'utilizzare l'elica per recidere i piani di coda dell'avversario. È il modo più difficile ma è quello che ha le maggiori possibilità di sopravvivenza per l'attaccante.

La seconda è quella di utilizzare le ali del velivolo per danneggiare parti vitali dell'aereo nemico. Alcuni velivoli avevano ali più solide o rinforzate per effettuare questa manovra (vedi ad esempio il Polikarpov I-16).

La terza è quella di utilizzare l'intero velivolo gettandosi contro l'avversario. Questa ovviamente risulta la più facile ma anche quella con minori possibilità di sopravvivere allo scontro.

Ovviamente le prime due sono sicuramente collisioni premeditate che richiedono anche una buona abilità di pilotaggio mentre l'ultima potrebbe essere frutto di una decisone presa sul momento che porta quasi sicuramente alla morte del pilota.

Nella guerra di Spagna si ha notizia di un pilota sovietico, Evgeny Stepanov, pilota della forza aerea Repubblicana, che durante un combattimento notturno svoltosi nella notte tra il 27 ed il 28 novembre 1938, a bordo del suo Polikarpov I-15 abbatte un velivolo SM-81 nei pressi di Barcellona. Dirige poi le sue armi contro un secondo SM-81 ma, nonostante scarichi tutti i suoi proiettili sul bombardiere, questo continua a volare. Decide quindi di speronarlo usando le gambe del carrello del suo aereo facendo così precipitare l'avversario al suolo.

L'anno seguente, allo scoppio della seconda guerra mondiale, troviamo il colonnello Leopoldo Pamula dell'aviazione polacca che, il 1° settembre 1939, primo giorno di guerra, con il suo PZL P.11 ormai danneggiato, effettua il primo attacco Taran della guerra ai danni di un velivolo tedesco.

Anche tra le file inglesi si trova notizia dell'uso di questa tattica, per lo più utilizzata in caso di esaurimento delle munizioni. Il 18 agosto 1940 un Avro Anson bimotore da addestramento pilotato dal sergente Bruce Hancock sperona un Heinkel He 111. Nell'impatto non ci sono sopravvissuti.

Sempre nello stesso giorno il tenente James Eglington Marshall usa il suo Hawker Hurricane per speronare la coda di un He 111 con la punta dell'ala. Il bombardiere viene dato come "probabilmente distrutto".

La tecnica dello speronamento verrà poi utilizzata per abbattere le bombe volanti V-1. Dato che abbatterle mitragliandole, a causa dell'esplosivo che contenevano, poteva provocare danni all'aereo attaccante, si adottò una nuova tecnica. L'aereo attaccante si affiancava alla V-1 e, con un colpo d'ala, creava una turbolenza che non poteva essere corretta dal giroscopio del pilota automatico della bomba volante causandone la caduta.

In Grecia il 2 novembre 1940 il pilota Marinos Mitralexis con il suo PZL P.24, finite le munizioni, si getta su un bombardiere italiano Cant Z.1007 distruggendo con l'elica la coda dell'avversario. Mitralexis effettua un atterraggio di emergenza e, sotto la minaccia della sua pistola d'ordinanza, prende prigionieri i quattro uomini di equipaggio che nel frattempo si erano lanciati con il paracadute. Decorato e promosso di grado per questa azione, Marinos Mitralexis morirà nel 1948 durante un normale volo di addestramento con un Airspeed Oxford che si schianta nel mare Egeo.

Per una azione di speronamento, tra le file americane, spicca la figura del tenente dei marines Robert R. Klingman. Il 10 maggio 1945 sopra l'isola di Okinawa, Klingman con altri tre piloti è inviato ad intercettare un ricognitore giapponese Kawasaki Ki-45 Toryu che vola a 7600 metri di quota. Il giapponese vistosi inseguito sale di quota. Due dei caccia Corsair inviati lasciano l'azione e si ritirano mentre il capitano Kenneth Reusser e il suo gregario Klingman continuano l'inseguimento fino a alla quota di circa 12.000 metri.

Per riuscire ad arrivare a quella quota hanno dovuto alleggerire l'aereo di una buona parte delle munizioni. Reusser rimane colpito dall'avversario e si ritira mentre Klingman si avvicina al giapponese per abbatterlo ma le sue armi si inceppano a causa del freddo. Si avvicina quindi ulteriormente al Ki-45 e ne danneggia con il propulsore i piani di coda. L'aereo cade fuori controllo fino a che, alla quota di circa 4600 metri le ali si spezzano e precipita in mare. Nonostante i danni riportati all'elica ed all'aereo, Robert Klingman riesce a rientrare alla base. Viene in seguito decorato con la Navy Cross.

Da parte francese il capitano Jean Maridor, ai comandi di uno Spitfire, decise di sacrificare volontariamente la propria vita quando, il 3 agosto 1944, dopo aver attaccato e danneggiato una bomba volante V-1, vede che questa perde quota dirigendosi inesorabilmente verso un ospedale da campo nel Kent. Decise quindi di speronare la bomba rimanendo ucciso nella collisione.

In Jugoslavia, il 6 aprile 1941, primo giorno di invasione da parte delle truppe tedesche, una parte della 112ª Squadriglia jugoslava montata sui vecchi e lenti Hawker Fury decide di utilizzare la tecnica dello speronamento per rallentare l'avanzata nemica. Nello scontro con diciotto velivoli tedeschi (diciassette Bf 109 ed un Bf 110) moriranno in seguito a collisione volontaria il capitano Konstantin Jermakov, comandante del 112ª Squadriglia, il tenente Milorad Tanasic, il tenente Milutin Perovic, il sergente Jefta Arsic, il sergente Ratomir Milojevic e il sergente Veroljub Stojadinovic.

Anche in Bulgaria si contano degli speronamenti aerei ai danni di aerei americani. Il primo è stato eseguito dal tenente Dimitar Spisarevski il 20 dicembre 1943 quando a bordo del suo Bf 109G distrugge un B-24 "Liberator". Anche se non si è certi che sia stato volontario, al pilota è concessa una promozioni postuma. Il secondo speronamento è eseguito da Poruchik Nedelcho Bonchev il 17 aprile 1944 contro un B-17.

Zeppelin "Rammer"

Bonchev sopravvive allo scontro. Dopo la caduta del governo bulgaro filo-tedesco il 9 settembre 1944, Bonchev combatterà contro i nazisti ma verrà abbattuto e fatto prigioniero. Troverà la morte per mano di una donna, guardia ausiliaria delle *SS* che, durante una marcia di trasferimento, non potendo tenere il passo degli altri prigionieri a causa delle sue critiche condizioni di salute, gli spara.

La Germania nazista non aveva mai preso in considerazione azioni suicide come tecniche di combattimento. Solo verso la fine della guerra, per cercare di arrestare le incursioni dei bombardieri alleati, decide di creare il "Sonderkommando Elba", reparto speciale da utilizzare in azioni di speronamento. Questo non divenne mai operativo e l'unica missione venne compiuta il 7 aprile 1945 quando centottanta Bf 109 pilotati da volontari attaccarono una formazione di B-24 e B-17 americani. La tattica però non prevedeva una azione suicida. I piloti, dopo aver speronato il velivolo avversario, dovevano lanciarsi con il paracadute per rientrare successivamente alla base. Le tattiche prevedevano di colpire la cabina di pilotaggio o di falciare la coda o le ali dell'aereo nemico. La posizione più favorevole era comunque quella di colpire la fusoliera, tra le ali e i piani di coda, in modo da spezzare il velivolo.

Un progetto che rimarrà sulla carta è lo Zeppelin Rammer. Il Rammer doveva essere trainato in quota da un altro velivolo, probabilmente un Bf 109. Una volta sganciato, il Rammer accelerava fino a 970 chilometri orari contro le formazioni di bombardieri avversari sulle quali scaricava quattordici razzi R4M da 55 mm. Finite le munizioni avrebbe attaccato tramite speronamento confidando nelle ali rinforzate. Dopo l'azione il Rammer avrebbe dovuto atterrare su un pattino retrattile.

A parte questo, si hanno riscontri di alcuni piloti tedeschi che volontariamente si abbatterono sui velivoli avversari. Una di queste azioni avvenne il 22 febbraio 1944 quando un Bf 109 speronò un bombardiere B-17. Il successivo 25 maggio, dopo aver constatato l'inoperabilità delle armi di bordo, Hubert Heckmann danneggia la coda e parte della fusoliera di un P-51 Mustang pilotato dal capitano Joseph H. Bennett che verrà abbattuto e fatto prigioniero mentre Heckmann atterrerà in emergenza sulla pancia. Il 7 luglio 1944 Willi Reschke usa il suo Messerschmitt Bf 109 per speronare un Consolidated B-24 "Liberator" in seguito ad un malfunzionamento delle sue mitragliatrici. Durante la caduta i due aerei rimangono bloccati insieme impedendo il lancio di Reschke. Con molta fatica Reschke riesce a liberarsi e a lanciarsi nei pressi di Malacky, in Slovacchia.

Presso le forze aeree sovietiche la tecnica dello speronamento (Taran) viene adottata più che in altre aviazioni (forse eccetto quella giapponese). Soprattutto nelle prime fasi della guerra gli aerei sovietici erano inferiori come prestazioni rispetto a quelli avversari. I caccia erano lenti e spesso poco armati quindi sacrificare un caccia per ottenere una vittoria nei confronti di un bombardiere plurimotore era considerato accettabile. Soprattutto se l'aereo attaccante era danneggiato o il pilota ferito, si preferiva ricorrere allo speronamento, non solo nei confronti di altri velivoli ma anche verso obbiettivi a terra o navali. In questi casi diventavano veri e propri attacchi suicidi.

Già il primo giorno di guerra sul fronte Russo vede il primo attacco Taran da parte del tenente Ivanov che lancia il suo Polikarpov I-16 sulla coda di un He 111. Questo accadeva alle 04.25 del 22 giugno 1941, poco più di un'ora dopo l'inizio delle ostilità. Ivanov non sopravvive alla manovra e riceverà postuma la decorazione di Eroe dell'Unione Sovietica. Quel giorno furono nove gli attacchi "suicidi" confermati e portati a termine da piloti sovietici. Il 12 settembre 1941 Yekaterina Zelenko, attaccata da sette Bf 109, dopo aver finito le munizioni si lancia con il Sukhoi Su-2 che pilotava contro un caccia strappandogli la coda. Il Su-2 esplode in volo.

Yekaterina Zelenko è l'unica donna ad avere utilizzato lo speronamento aereo. Fino a quelle data la Zelenko aveva preso parte a quaranta voli di guerra e partecipato a dodici combattimenti aerei con caccia nemici.

Dopo il 1943 le tattiche ed i velivoli sovietici migliorano e la tecnica Taran viene adottata sempre più raramente, anzi viene addirittura scoraggiata da parte dell'asso della caccia Alexander Pokryshkin limitandola solo a casi estremi.

Dall'inizio dell'Operazione Barbarossa alla metà del 1943, periodo in cui tale tattica fu usata sempre più raramente, furono circa 200 le collisioni volontarie e 270 entro la fine della Grande Guerra Patriottica anche se sembra che in totale siano stati effettuati più di 580 attacchi Taran. Come abbiamo visto, Boris Kovzan rimane in testa alla classifica con quatto Taran, altri tre piloti riporteranno tre abbattimenti a testa con speronamento ed altri venticinque si aggiudicano due Taran a testa.

Un discorso a parte merita l'utilizzo dello speronamento da parte giapponese nella cui cultura veniva spesso incoraggiato. Il primo speronamento giapponese confermato si ha l'8 maggio 1942 durante un attacco di caccia giapponesi al B-17 pilotato dal maggiore Robert N. Keatts, che si rifugia all'interno di una coltre nuvolosa. Il sergente Tadao Oda, in seguito ad alcuni attacchi infruttuosi, decide di ricorre quindi allo speronamento noto, nella cultura giapponese, come "Taiatari". Sia il B-17 che l'aereo di Oda precipitano senza sopravvissuti. Tadao Oda verrà lodato per il suo operato e promosso postumo al grado di tenente. Il 26 marzo del 1943 in un combattimento sopra la Birmania, il tenente Sanae Ishii del 64° Sentai sperona con l'ala del suo Nakajima Ki-43 Hayabusa ("Falco Pellegrino" e denominato OSCAR nel codice di identificazione alleato) la coda di un Bristol Beaufighter, uccidendo entrambi gli uomini di equipaggio. In un accanito combattimento svoltosi su Rangoon in Birmania il 1° maggio 1943, il sergente Miyoshi Watanabe danneggia a colpi di mitragliatrice due motori del B-24 pilotato dal tenente Robert Kavanaugh. Nell'azione muoiono due membri dell'equipaggio. Non contento del danneggiamento, Watanabe si getta con il suo Nakajima Ki-43 sul B-24 speronando la torretta posteriore del bombardiere. Sia Watanabe che i restanti membri del B-24 sopravvivono in seguito ad un atterraggio di emergenza. Gli uomini del tenente Kavanaugh vengono fatti prigionieri. Solo tre riusciranno a sopravvivere alla dura prigionia nei campi giapponesi.

Il 6 giugno 1944, esaurite le munizioni, il sergente Tomesaku Igarashi utilizza il propulsore del suo Nakajima Ki-43 per recidere la coda di un Lockheed P-38 Lightning vicino Meiktila, Birmania. Il pilota del P-38 si salva con il paracadute ma viene attaccato da Igarashi. Sembra che il pilota americano fosse il capitano Walter F. Duca asso del 459° Fighter Squadron, dato per disperso quel giorno.

Questi sono solo alcuni dei casi documentati degli attacchi di speronamento da parte dei giapponesi. Dal 1944 in poi, molti piloti cercheranno di abbattere i bombardieri quadrimotori B-29 speronandoli. Venne realizzata anche una Unità Speciale dotata di Kawasaki Ki-61 Hien ("Rondine", denominato TONY nel codice di identificazione alleato). Questi velivoli, privati dell'armamento e di tutto il peso superfluo per guadagnare rapidamente quota, vengono utilizzati in attività di speronamento. I piloti dovevano effettuare gli speronamenti fino alla morte o fino a che le eventuali gravi ferite riportate non mettevano fine alla loro attività.

La pratica dei kamikaze può essere vista come una pratica di speronamento ma in questo caso la forza non era nel solo impatto ma più propriamente dovuta all'esplosivo imbarcato. Comunque gli attacchi kamikaze vennero per lo più utilizzati contro le ingenti forze navali alleate.

Con l'introduzione dei velivoli a getto questa tattica andrà sempre più in disuso anche a causa delle velocità sostenute dai velivoli che difficilmente lasciano scampo in una manovra di speronamento. Comunque, nonostante questo, si ha notizia che un velivolo da caccia Sukhoi Su-9 pilotato dal capitano Igor Mentyukov, fu inviato il 1° maggio 1960 ad intercettare e distruggere con speronamento il velivolo da ricognizione U-2 pilotato dal capitano Francis Gary Power. L'utilizzo di questa tattica è dovuto anche al fatto che in quel momento il velivolo era decollato disarmato. In una intervista del 1996 Mentyukov afferma che quel giorno riuscì ad ottenere il contatto con la scia dell'U-2 ad una quota di 19.800 metri ed ad avvicinarsi fino a causare una turbolenza da rompere le ali dell'U-2.

L'aereo di Power verrà abbattuto ed il pilota fatto prigioniero.

Non tutti sanno che dopo l'abbattimento di Francis Gary Power il comando missili SAM, non sapendo che l'aereo era stato abbattuto da circa trenta minuti, spara un'altra salva di missili che colpisce il MiG-19 pilotato da Sergei Ivanovich Safronov, anche lui incaricato di intercettare l'U-2. Il trasponder IFF del MiG non era settato sui nuovi codici del mese di maggio a causa della festa nazionale del 1° Maggio. Safronov riuscirà a lanciarsi ma morirà per le ferite riportate.

La versione ufficiale dell'U-2 abbattuto dai missili SAM SA-2 Guideline sembra sia stata mantenuta dai generali sovietici per non sfidare la fede che l'allora capo di stato Nikita Krusciov aveva nei confronti delle difese missilistiche sovietiche. Mentyukov sostiene anche che un colpo di un SAM non avrebbe lasciato scampo al pilota dell'U-2. La versione di Igor Mentyukov però non coincide con quella rilasciata dal figlio di Nikita Krusciov, Sergei Krusciov, che nel 2000 scriverà le memorie del padre dove si parla, più verosimilmente, di un missile esploso alle spalle dell'aereo di Power che avrebbe causato danni alle ali tali da costringere il pilota americano a scendere di quota e lanciarsi con il paracadute. Questo corrisponde anche ai dettagli forniti alla

CIA da parte di Power dopo la sua scarcerazione il 10 febbraio 1962.

Power morirà il 1° agosto 1977 mentre pilota un elicottero Bell 206 Jet Ranger nei cieli della California.

Il primo speronamento accertato nell'era dei jet è quello effettuato nel contesto del "Progetto Dark Gene" intrapreso dalla CIA con le forze aeree iraniane (IIAF). Il progetto prevedeva di utilizzare basi iraniane per effettuare missioni di ricognizione in territorio sovietico. Il 28 novembre 1973 un RF-4C Phantom pilotato dal maggiore della IIAF Shokouhnia e come navigatore il colonnello USAF John Saunders, viene intercettato dal MiG-21 pilotato dal capitano Gennadii N. Eliseev. Il pilota sovietico spara due missili K-13 contro il velivolo iraniano ma senza risultato. Da terra gli viene ordinato di abbattere il velivolo ad ogni costo. Dimenticandosi che il suo MiG è l'unico dello Squadron che ha in dotazione anche un cannoncino, continua l'attacco speronando il velivolo avversario colpendolo sulla coda. In seguito allo scontro, Eliseev perderà la vita e verrà insignito per questa azione con il titolo di Eroe dell'Unione Sovietica mentre i piloti del RF-4C verranno fatti prigionieri e rilasciati sedici giorni dopo.

Nel 1981 il 18 luglio, un Sukhoi Su-15 pilotato dal capitano V.A. Kulyapin si abbatte sulla coda di un aereo commerciale Canadair CL-44 della compagnia argentina Transporte Aéreo Rioplatense decollato da Tehran e diretto a Cipro, che volava all'interno dello spazio aereo sovietico. I tre membri dell'equipaggio ed un passeggero del CL-44 restano uccisi. Il pilota sovietico si eiettò con il seggiolino. Non si è riusciti a stabilire con certezza se la manovra sia stata eseguita deliberatamente come affermato dal pilota sovietico o, più probabilmente, per una sua errata manovra. L'aereo civile era stato noleggiato da un trafficante di armi per effettuare una serie di voli tra Tel Aviv a Tehran attraverso Cipro per sostenere l'Iran nella sua guerra contro il vicino Iraq.

Più recentemente l'ordine di speronare un aereo è stato impartito durante le concitate fasi dell'11 settembre 2001. Ai piloti dei caccia F-16 incaricati di intercettare il volo United Airlines UA63, era stato ordinato di abbattere il velivolo a qualsiasi costo anche speronandolo, questo perchè i caccia, non essendoci tempo per armarli, erano stati fatti decollare dalla Andrews Air Force Base, vicino a Washington, disarmati. Come sappiamo dalle testimonianze ufficiali, non fu necessario abbattere il velivolo in quanto questo si schiantò in un campo della Pennsylvania in seguito al disperato tentativo dei passeggeri di sopraffare i terroristi.

Le "Streghe" dell'aeronautica sovietica

In Unione Sovietica le donne presero parte più che in altre forze armate a missioni di combattimento sia nell'esercito come cecchini o equipaggio di carri armati sia in aviazione, come piloti o mitraglieri sia sui caccia che su aerei da attacco al suolo o bombardieri. Molte di loro si distinsero per coraggio e senso del dovere ottenendo, molto spesso postume, numerose decorazioni al merito. Tra le donne pilota che divennero un "asso" spicca tra tutte Lydia Litvyak che con quindici vittorie (dodici personali e tre in cooperazione) si aggiudica il titolo di asso degli assi della caccia sovietica femminile e, in questo caso, anche mondiale. In questo paragrafo tratteremo però del "secondo" asso donna e precisamente di Yekaterina Budanova.

Yekaterina Vasylievna Budanova nasce il 6 dicembre 1916 nella regione di Smolensk in una famiglia contadina. Il suo interesse per l'aviazione arriva nel 1930 mentre lavora in una fabbrica di aerei nei pressi di Mosca. Frequenta così un corso di volo e si brevetta pilota nel 1934. Diventerà, nel 1937,

Yekaterina Budanova

istruttrice presso un aeroclub locale, prendendo parte a diverse manifestazioni aeree.

Nel 1941, in seguito all'invasione tedesca, si arruola nell'aeronautica militare ed è inviata presso il 586 IAP (586° Fighter Regiment), una unità dotata di caccia Yakovlev Yak-1, costituita da sole donne. Con questa unità effettua la sua prima missione di combattimento nell'aprile 1942 sopra Saratov per proteggere gli impianti ferroviari della città. In realtà le unità come il 586°, il 587° ed il 588°, costituite da piloti di sesso femminile che erano state prima della guerra piloti od istruttori presso i vari club, erano destinate alla riserva. L'evolversi della guerra sul fronte russo e con la battaglia di Stalingrado che infuriava, costrinsero all'utilizzo anche di queste risorse.

Nelle missioni assegnate queste donne pilota diedero mostra della loro bravura e senso del dovere. Gli alti comandi decisero quindi di "disperdere" queste risorse presso i reparti maschili. Così la Budanova venne trasferita il 10 settembre 1942 presso il 437 IAP insieme alla sua amica e collega, nonché futuro asso, Lydia Litvyak. L'unità era impegnata nei combattimenti sopra Stalingrado. Anche con questa unità, equipaggiata con i Lavochkin LaGG 3, le donne non si risparmiarono. La Budanova diventa nota per le sue qualità di pilota e per l'aggressività dei suoi attacchi. Il 14 settembre 1942, in cooperazione con Lydia Litvyak, abbatte il suo primo aereo nemico, un Messerschmitt Bf 109. Pareri contrastanti identificano invece la data del suo secondo abbattimento (primo da solista). Alcuni storici indicano questo episodio con la data del 2 ottobre 1942 quando Budanova abbatte due aerei, uno Junkers Ju 88 ed un Bf 109. Altri spostano la data al 6 ottobre quando, in seguito ad un attacco ad una formazione di tredici Ju 88, ne abbatte uno. Inquadrata nel 9° Guards Fighter Regiment, opera nell'aerea di Stalingrado volando spesso in coppia con Lydia Litvyak. Vengono successivamente richiamate presso la loro vecchia unità, il 586 IAP ma, su richiesta del comandante, tenente colonnello Lev Shestakov, trascorrono ancora tre mesi presso il 9° Guards Fighter Regiment. Questa richiesta rende merito alla bravura ed efficacia in combattimento delle donne pilota russe.

Il 10 dicembre Budanova abbatte due caccia bimotori Bf 110. In seguito al re-equipaggiamento del 9° Reggimento con i nuovi Bell P-39 "Airacobra" forniti dagli Stati Uniti in base alla legge Affitti e Prestiti, vengono trasferite presso il 296° Fighter Aviation Regiment (denominato successivamente 73° Guards Fighter Aviation Regiment) dove continuano a volare sui caccia Yakovlev. Volando con questa unità sia Budanova che Litvyak ottengo altri eccellenti risultati. Budanova inoltre ottiene anche il permesso di effettuare missioni di "caccia solitaria" questo grazie ai suoi successi ed alla sua aggressività in combattimento.

Il 10 febbraio 1943 realizza un'altra vittoria in cooperazione con altri due piloti del 73 IAP abbattendo un Focke-Wulf Fw 190 nei pressi di Rostov, sul fiume Don.

Viene decorata il 23 febbraio 1943 con l'Ordine della Stella Rossa. Il 9 marzo successivo altra vittoria in collaborazione con un altro pilota, questa volta a cadere è un Bf 109.

Insieme alla Litvyak ha l'onore, il 20 aprile 1943, di apparire sulla copertina della rivista propagandistica *Ogonek*. Nell'articolo vengono decantate le loro gesta collettive in puro stile sovietico dell'epoca, descrivendo i combattimenti aerei e le vittorie conseguite.

Un altro abbattimento di un Bf 109 ottenuto in collaborazione avverrà il 30 maggio.

Purtroppo la missione del 19 luglio 1943 sarà fatale per Yekaterina Budanova. Mentre è in volo in una missione di scorta vicino ad Antratsit nella provincia di Luhansk, avvista tre Bf 109 che stanno per attaccare. Si sviluppa subito un furioso combattimento nel quale Budanova riesce ad abbatterne uno (la sua quinta vittoria individuale). Si getta sul secondo caccia nemico che colpisce. Questo si allontana lasciando una scia di fumo nero. Purtroppo nel combattimento che ne è scaturito, anche l'aereo della Budanova è colpito. Lingue di fuoco già lambiscono le ali del suo Yak-1. Riesce ad atterrare nei campi sottostanti. Alcuni contadini accorsi prontamente sul luogo per aiutarla ad uscire dall'abitacolo la trovano già morta.

Dalle verifiche effettuate successivamente sembra che il suo abbattitore sia stato o Georg Schwientek dello JG 52 o l'asso Emil Bitsch, dello JG 3, unici piloti che quel giorno ed in quella zona reclamarono l'abbattimento di uno Yak-1.

Anche se quando ancora in vita è stata proposta per il titolo di Eroe dell'Unione Sovietica, questa onorificenza arriverà postuma il 1° ottobre 1993 quando viene decorata con il titolo di Eroe della Federazione Russa.

Dopo la guerra sono nate delle controversie sul totale delle vittorie della Budanova. In alcuni casi si parla di quattro vittorie individuali e sei in collaborazione ma il più accreditato è quello di sei vittorie individuali e cinque condivise.

Questo comunque non toglie a Yekaterina Vasylievna Budanova il titolo di secondo asso donna della storia dell'aviazione.

Il distruttore delle bombe volanti

Nella storia dell'aviazione ci sono sempre stati degli "assi atipici" perché le loro vittorie non sono ottenute in un combattimento manovrato con aerei nemici ma, ad esempio, vengono conseguite nei confronti di palloni di sbarramento, aerei al suolo, carri armati o, come nel caso narrato, contro le bombe volanti V-1. Questo ovviamente nulla toglie a quei piloti che conseguirono tali vittorie contro questi obbiettivi. Uno di questi piloti è Joseph Berry.

Berry nasce il 28 febbraio 1920, secondo di tre figli, a Quarrington, una piccola città mineraria nella contea di Durham.

In seguito al trasferimento della famiglia, frequenta, tra il 1931 ed il 1936, la Duke Grammar School di Alnwick nel Northumberland. All'età di sedici anni lascia gli studi e trova lavoro presso l'Agenzia delle Entrate di Carlton (Nottingham). Nel 1938, sul posto di lavoro, conoscerà Joyce la sua futura moglie che sposerà nel 1942. Intanto nell'agosto 1940, a guerra già iniziata, si arruola nella RAFVR la Royal Air Force Volunteer Reserve e, dopo l'addestramento, viene inviato presso uno stormo di caccia biposto Boulton Paul Defiant impiegato nella caccia notturna. La passione del volo gli era nata alcuni anni prima, nel 1932, quando, durante una manifestazione aerea, all'età di dodici anni volò con Alan Cobham, un pioniere del volo sui raid a lunga distanza.

Una brutta esperienza di volo la passerà la notte del 4 novembre 1941 quando, durante un volo di

Joseph Berry

addestramento con il Defiant, riscontra problemi con la pressione dell'olio ed il motore del suo aereo smette di funzionare mentre è in volo nei presi della base di Squires Gate vicino a Blackpool, nel Lancashire. Alla quota di circa 4700 piedi, dopo aver comunicato alla base l'intenzione di lanciarsi, ordina al suo mitragliere, il ventunenne sergente E.V. Williams, di effettuare il lancio mentre Berry si lancia da una quota di 2700 piedi. Williams, a causa del vento in quota, cadrà nel mare d'Irlanda mentre Berry atterra sulla terraferma nei pressi di Skipool, alcuni chilometri a nord della sua base. Nonostante i mezzi di soccorsi in mare siano intervenuti prontamente il sergente Williams, a causa del buio, non viene recuperato. Solo la mattina seguente verrà trovato esanime sulla battigia.

L'anno successivo, il 14 marzo 1942, viene promosso al ruolo ufficiali ed addestrato sul bimotore Bristol Beaufighter. Viene poi inviato per un sevizio oltremare e, con un volo di trasferimento dall'Inghilterra all'Africa via Gibilterra, arriva il 25 gennaio 1943 con il suo Beaufighter alla base di Setif, circa 140 chilometri a est di Algeri. La notte del 11 aprile, durante un volo di pattugliamento, Berry dovrà affidare nuovamente la sua vita al paracadute a causa dell'incendio del motore sinistro. Lanciatosi con il suo navigatore/radio operatore, dovranno aspettare oltre sei ore in balia delle onde del Mediterraneo prima che il loro canotto di salvataggio sia avvistato e recuperato.

In questo periodo il suo compito era di proteggere dagli attacchi dell'Asse i convogli alleati sulla rotta Gibilterra – Canale di Suez. Dopo lo sbarco alleato in Sicilia, lui ed il suo navigatore Ian Watson, vengono trasferiti sul campo di Borgo Rizzo vicino a Trapani da dove effettuarono sortite e missioni su Napoli, Capri e Salerno.

È in questo teatro operativo che Berry otterrà le sue prime vittorie aeree. La notte tra l'8 ed il 9 settembre 1943 intercetta un Messerschmitt 210 e lo abbatte. Lo stesso si ripete la notte successiva mentre il 24 ottobre, sopra Napoli, abbatte uno Ju 88. Dopo un periodo passato in licenza in Inghilterra, il 22 febbraio 1944 viene inviato presso il Fighter Interception Unit (FIU) a Ford. Qui vola inizialmente sui Mosquito ma viene presto trasferito presso una speciale unità dotata di Hawker Tempest, adibita all'intercettazione delle bombe volanti V-1.

Il 4 marzo riceve la DFS per aver abbattuto tre aerei nemici ed il 14 dello stesso mese viene promosso tenente. Con il Tempest diventerà il miglior pilota abbattitore di V-1. Infatti, nei mesi successivi, riesce a distruggere cinquantadue bombe volanti raggiungendo il record di ben sette abbattimenti nella notte del 23 luglio. Quattro notti più tardi attaccherà a bassa quota una V-1 che stà per abbattersi sull'aeroporto di West Malling. Si avvicina a circa trenta metri per essere sicuro di non mancarla ma il suo velivolo rimane danneggiato dall'esplosione. Questa vittoria sarà comunque da condividere con un pilota di Mosquito che aveva aperto il fuoco sul medesimo obbiettivo da una distanza di circa trecento metri.

In seguito all'avanzata all'alleata in Francia vengono catturati i siti di lancio delle V-1 così, verso la fine del settembre 1944 Berry e la sua unità vengono utilizzati in alcune missioni "Ranger" su territorio nemico. Queste sono incursioni di mitragliamento a bassa quota di obbiettivi anche occasionali che venivano rilevati duranti le missioni.

Proprio una missione "Ranger", quella del 1° ottobre 1944, sarà per Berry la sua ultima missione. Decollato alle 5.35 a bordo del suo Tempest per attaccare un aerodromo ai confini tra Olanda e Germania, aerodromo che ospitava velivoli He 111 adibiti al trasporto delle V-1, l'apparecchio di Berry, che vola a circa cinquanta piedi da terra (meno di venti metri), alle 7.10 viene fatto centro da fuoco contraereo che danneggia l'impianto di raffreddamento a glycol del motore. I suoi due gregari affermano di aver visto l'aereo del loro comandante effettuare una impennata, forse per cercare di guadagnare quota e lanciarsi con il paracadute. L'aereo con il suo pilota si schianterà in un campo a Kibbelgaarn, in Olanda. Due contadini accorsi sul luogo non possono far altro che constatare il decesso del pilota nell'aereo in fiamme. Il corpo sarà seppellito con una piccola croce di legno sopra la quale viene scritto "Unknown RAF Pilot" (pilota RAF sconosciuto).

I suoi gregari rientrano alla base alle 9.25 dopo aver distrutto quattro treni. Joseph Berry riceverà postuma una seconda barra sulla sua DFC.

Nella sua carriera ha abbattuto sessanta bombe volanti (anche se il totale esatto sarà di cinquantanove e mezza – la mezza vittoria viene attribuita quando l'abbattimento è da considerarsi in cooperazione con un altro pilota) e tre aerei (anche se solo uno risulta come confermato).

Un Asso israeliano-palestinese durante la Battaglia d'Inghilterra

George Goodman

George Ernest Goodman, soprannominato anche "Randy" o "Benny", nasce ad Haifa l'8 ottobre 1920. Proprio la città di nascita, Haifa, ha dato luogo ad incomprensioni riguardo la sua nazionalità.

Il porto di Haifa oggi si trova in territorio israeliano ma nel 1920 lo stato d'Israele non era ancora nato (verrà fondato nel 1948 in seguito al piano di spartizione dei territori palestinesi da parte dell'ONU). Fino ad allora la città faceva parte della Siria meridionale, sotto mandato britannico della Palestina. Alcune fonti lo indicano come pilota israeliano, altri come palestinese che combatte sotto bandiera inglese ma Goodman aveva passaporto britannico in quanto il padre, Sidney Charles Goodman, ingegnere ferroviario, era stato inviato in Palestina per lavoro. Qui nacque George e le sue due sorelle. La madre invece, Bida Lerner, era cittadina turca di origine ebraiche.

Da piccolo George verrà inviato in Inghilterra per gli studi presso la Highgate School a Londra

Nel 1939 il padre viene trasferito in Nigeria, sempre come funzionario britannico delle ferrovie e, nel giugno dello stesso anno George, all'età di diciannove anni, prende la decisone di arruolarsi nella RAF. Il 27 febbraio 1940 è presso il 6° OTU (Operational Training Units – Unità da Addestramento Operativo).

Il 1° maggio 1940, dopo essere transitato sugli Hurricane, Goodman viene inviato a Vassincourt in Francia. Qui, il 13 dello stesso mese, ottiene la sua prima vittoria ai danni di un Heinkel He 111. In una missione pomeridiana dello stesso giorno distrugge, insieme ad un altro pilota, un Messerschmitt Bf 110. Il giorno successivo, 14 maggio, abbatte un altro He 111 e si aggiudica un'altra vittoria il 17 giugno, sempre ai danni di un He 111.

Il 25 luglio, dopo che il corpo aereo inglese è rientrato in Inghilterra, si aggiudica una vittoria su un Bf 109 della III / JG 27 (pilotato dal Oblt. Kirschstein che rimane ucciso) mentre l'11 agosto condivide la distruzione di un Bf 110 bimotore.

Sempre lo stesso mese, nel pomeriggio del giorno 16, abbatte un He 111 ed il giorno dopo si aggiudica un Dornier Do 17 ed un Bf 110. Purtroppo durante questo combattimento, mentre è alle prese con il caccia bimotore, viene a sua volta colpito da un caccia di scorta Bf 109 ed è costretto ad atterrare con l'aereo danneggiato che verrà successivamente radiato a causa dei danni riportati. Anche il 6 settembre la scena si ripete. Dopo aver abbattuto un Bf 110, Goodman viene a sua volta colpito e, con l'aereo in fiamme, si schianta con il suo Hurricane riportando la slogatura di una spalla. Nonostante questo, due giorni dopo è già in volo.

Il 8 ottobre 1940 danneggia uno Junkers Ju 88 così come il successivo 29 ottobre danneggia un bombardiere Dornier Do 17 che riesce a rifugiarsi nelle nubi e a rientrare alla base con alcuni membri dell'equipaggio colpiti. Il 26 novembre 1940 riceve la DFC (Distinguished Flying Cross) per meriti di servizio. In questo mese Goodman viene assegnato al 73° Squadron che viene imbarcato sulla portaerei HMS *Furious* diretta al porto di Takoradi, in Ghana. Da qui, una volta sbarcati, gli aerei prendono la cosiddetta "Takoradi Route" per un ferry flight che, attraverso Accra, Lagos, Kano, Maidugari (Nigeria), Khartoum, Wadi Halfa (in Sudan) e Abu Sueir, raggiungeranno la destinazione finale, la costa egiziana, per combattere su fronte africano le forze dell'Asse.

Proprio durante la sosta a Lagos il 5 dicembre 1940, George rivede la madre per l'ultima volta. Non rivedrà il padre che in quella occasione era in missione per lavoro nel Congo Belga. Prima di lasciare la città, per salutare la madre, George e gli altri componenti la squadriglia, effettuano dei tonneau sulla casa materna.

Anche nel nuovo contesto operativo Goodman si distingue per coraggio. Il 4 febbraio 1941, sui cieli di Barce in Cirenaica (Libia), abbatte un Fiat C.R.42 pilotato dal capitano Guglielmo Chiarini che si difende abilmente nonostante l'inferiorità del proprio mezzo nei confronti del caccia inglese. Per questa azione il Capitano Chiarini verrà decorato con la Medaglia d'Oro al Valor Militare.

Il 9 aprile è la volta di un Bf 110 nei pressi di Tobruk. In questa azione anche Goodman viene colpito e deve effettuare un atterraggio di emergenza entro le linee britanniche.

Ai primi di aprile gli viene concessa una licenza che lui utilizza per andare a fare visita alle sorelle che ancora abitavano ad Haifa e che non vedeva ormai da anni. Dopo il suo rientro al reparto, il 14 aprile condivide la distruzione di un ricognitore Henschel Hs 126 mentre il 21 distrugge uno Junkers Ju 87 Stuka e condivide la distruzione di un secondo

Stuka con un altro pilota del suo Squadron. Il giorno successivo abbatte un caccia italiano Fiat G50 sopra Tobruk.

In una missione sopra Heraklion sull'isola di Creta il 23 maggio 1941 danneggia un bombardiere Ju 88. La sua ultima missione, nella quale troverà la morte, si svolge il 14 giugno 1941 quando, durante un attacco al campo di aviazione di Gazala, viene colpito dalla contraerea ed abbattuto.

George Ernest Goodman è accreditato di sedici abbattimenti (dieci da solo e sei in cooperazione) e di tre aerei danneggiati. Fino a quando non sarà effettuato uno studio genealogico accurato non potremo dire se Goodman è da considerarsi israeliano, palestinese o inglese. Resta un fatto: è stato il primo asso della RAF nato in Palestina durante il mandato britannico. E' sepolto nel cimitero di guerra di Knightsbridge, ad Acroma in Libia.

L'Asso venuto dal freddo: l'Asso islandese

Thorsteinn Jonsson

Thorsteinn Elton Jonsson, conosciuto anche come Tony Jonsson, ha il primato di essere l'unico pilota ed asso islandese che combatté nella RAF durante la seconda guerra mondiale.

Nasce a Reykjavik il 19 ottobre 1921 da padre islandese e madre inglese. Cresce in Islanda ma si reca varie volte in Inghilterra per visite ai parenti. La sua ambizione è quella di diventare pilota della RAF ma, nonostante la madre sia di nazionalità inglese, gli viene negata questa possibilità causa la sua nazionalità islandese. Nonostante questo si imbarca su un peschereccio diretto in Inghilterra per diventare un pilota da caccia. Arrivato su suolo inglese, dopo varie peripezie burocratiche, riesce ad essere ammesso alla scuola di volo.

Durante la Battaglia di Inghilterra si trova ancora in addestramento. Impara a volare sui de Havilland Tiger Moth e successivamente completa la sua formazione sugli Spitfire. Viene inviato in un primo momento in Scozia dove vola sugli Hawker Hurricane. Viene successivamente trasferito a North Weald, vicino a Londra, dove riprende a volare con i Supermarine Spitfire. Il sergente Jonsson prende quindi parte ai suoi primi combattimenti sopra la Manica e sulla costa francese. Qui si scontrerà anche con la famosa unità tedesca denominata "Abbeville Boys", guidata dall'asso Adolph Galland.

Nell'ottobre 1942 viene inviato con il suo Squadron a Gibilterra e, nel successivo mese di novembre, in seguito all'Operazione Torch, lo sbarco delle truppe anglo-americane in Marocco e Algeria, trasferito in nord Africa da dove opera da un campo in Algeria. Nelle successive due settimane gli vengono accreditati tre aerei tedeschi abbattuti personalmente più uno probabile. Abbatte un altro aereo della Luftwaffe agli inizi del 1943 dopo di che viene inviato come istruttore in Scozia per un periodo di riposo. Per la sua azioni in combattimento gli viene conferita la DFC consegnata personalmente dal re Giorgio VI.

Nel gennaio 1944 gli viene assegnato un secondo turno di servizio con il 65° Squadron, inizialmente equipaggiato con gli Spitfire ma presto riconvertito sui North American P-51 Mustang di produzione americana. Con questo velivolo nel giugno 1944, volando sopra la Normandia, abbatte due Focke-Wulf Fw 190.

Gli sono stati accreditati cinque velivoli nemici abbattuti (anche se in alcune testimonianze i velivoli abbattuti risultano otto), uno probabile e tre danneggiati. Questo fa di lui il solo asso islandese della seconda guerra mondiale.

Nel 1946 lascia il servizio attivo e rientra in Islanda dove presta servizio come pilota di DC-3 presso la compagnia Icelandair. Con il tempo ritorna la voglia di esperienze più "avventurose" e si trasferisce, tra il 1956 ed il 1960, a Leopoldville (ribattezzata Kinshasa nel 1966) nell'allora Congo Belga (oggi Repubblica Democratica del Congo) dove vola per la compagnia Sabena e diventerà anche il pilota personale del primo ministro Patrice Lumumba.

Nel 1960 torna in Islanda dove riprende a volare con Icelandair. Prenderà parte anche a voli umanitari durante la guerra civile nigeriana effettuando 413 missioni per portare aiuto alle martoriata popolazione del Biafra. La maggior parte di queste missioni furono volate di notte, atterrando su strade sterrate illuminate da luci rudimentali se non addirittura dai fari delle automobili. Dopo più di un anno di queste missioni, dove in alcuni casi ha dovuto anche evitare di essere attaccato dai MiG nigeriani, si trasferisce in Lussemburgo dove pilota DC-8 e Boeing 747 per la compagnia Cargolux.

Va in pensione nel 1987, dopo quarantasette anni trascorsi come pilota sia militare che civile. Sul suo libretto di volo sono riportate oltre 36.000 ore di volo.

Dedicherà il suo tempo da pensionato alla moglie, alla pesca, alla pittura ed alla scrittura. Scriverà infatti due libri. Nel primo, "Dancing in the Skies" (Ballando nei Cieli), descrive le sue esperienze come pilota durante la guerra, il secondo invece copre il periodo successivo, quando era pilota civile.

Nel suo primo libro Jonsson descrive la giornata del 15 novembre 1942 come una giornata da ricordare. È il giorno che abbatte il suo primo avversario ed anche il primo in cui ha sofferto dell'unica ferita subita in azione.

Quel giorno inizia con una missione mattutina sul suo Spitfire con un inseguimento tra le nubi durante il quale abbatte un bombardiere tedesco. Dopo pranzo, una bomba a scoppio ritardato esplode nei pressi delle latrine proprio mentre Jonsson si stava avvicinando a loro, fortunatamente senza provocare danni. Nel pomeriggio, a causa di un mitragliamento del campo da parte di quattro caccia nemici, si vede costretto a gettarsi in un fosso dove si taglia un ginocchio con un barattolo arrugginito concludendo così la giornata.

Thorsteinn Elton Jonsson muore il 30 dicembre 2001.

Vincent Bunting, il giamaicano

Oltre 10.000 tra uomini e donne provenienti dalle Indie Occidentali (Caraibi) hanno prestato servizio militare volontario durante la guerra per difendere la Gran Bretagna dall'esercito nazista.

Non solo combattenti ma anche semplici civili che si

Vincent Bunting (a sinistra) con Adolph "Sailor" Malan nel gennaio 1943

trasferirono in Inghilterra per contribuire con la loro manodopera allo sforzo bellico. Tra questi circa cinquecento lavorarono nelle fabbriche di munizioni, oltre ottocento lavoratori forestali provenienti dall'Honduras Britannico (oggi Belize) si recarono in Scozia per tagliare legname. Anche 15.000 marittimi di "colore" imbarcati su lenti e vecchi mercantili diedero il loro contributo per alimentare i rifornimenti via nave sulle rotte marittime mondiali. Di questi più di 5000 persero la vita in mare.

Non solo contribuirono fisicamente allo sforzo bellico ma anche economicamente, versando alla "madre patria" milioni di sterline da impiegare per l'acquisto di materiale bellico. Un enorme sacrificio da parte di persone per la maggior parte povere e che nel loro paese guadagnavano meno di una sterlina al giorno.

Tra le persone provenienti dalla colonie che combatterono e in molti casi morirono, ci sono anche gli equipaggi di volo, forse i meno riconosciuti in quanto in aviazione, l'élite delle forze armate, i piloti dei caccia o gli equipaggi dei bombardieri, sono sempre stati identificati come la classe superiore bianca.

Questa mescolanza di razze preoccupava il "British Colonial Office" sul futuro della nazione ma le preoccupazioni vennero posticipate alla fine del conflitto. L'arrivo di 150.000 soldati americani neri in Inghilterra aumentò ancora di più il panico sulla mescolanza razziale. Dopo la fine della guerra il razzismo crebbe e quei combattenti che precedentemente facevano parte dello sforzo bellico, ora sono visti come una minaccia per il modo di vita britannico.

Vincent Bunting fa parte di questo gruppo di uomini nati nelle colonie britanniche che combatterono sotto la bandiera inglese.

Bunting nasce a Panama nel giugno del 1918 ma successivamente con la famiglia si trasferisce a Kingstone, in Giamaica, dove cresce e studia.

Il 26 luglio 1940 lo troviamo presso il N° 1 Recruitment Centre della RAF ad Uxbridge, vicino a Londra, dove viene selezionato per diventare un pilota di caccia. Finito l'addestramento serve presso alcuni Squadron prima di venire assegnato, nel dicembre 1942, al 611° Squadron che opera dalla base di Biggin Hill. Un nuovo trasferimento lo porta a servire presso il 132° Squadron dotato di Spitfire operante dagli aeroporti liberati in Francia in seguito allo sbarco in Normandia. Fino ad ora si distingue nelle missioni assegnatoli ma senza abbattere nessun avversario. Il suo giorno di "gloria" arriva con il 154° Squadron, la sua nuova unità dall'ottobre del 1944. L'unità, precedentemente equipaggiata con Supermarine Spitfire, viene dotata, nel febbraio 1945, di North American P-51 Mustang IV. Con questo aereo, il 27 marzo Bunting abbatte un Focke-Wulf Fw 190 vicino a Lubecca. Pochi giorni dopo, alla fine di marzo, lo Squadron viene sciolto. Bunting, promosso ufficiale, si unisce così al 1° Squadron. Servirà in incarichi amministrativi prima di venire congedato nel 1948 con il grado di tenente. Si è sposato ed ha avuto tre figli. Si è trasferito inizialmente ad Antigua per poi vivere in Giamaica.

Nel suo rapporto di combattimento del 27 marzo 1945 si legge:

«Mentre volavo come 'Blue 1' con il 154° Squadron nell'area di Lubecca, approssimativamente verso le 15.35 mi sono tuffato in coda ad un Fw 190 che ha eseguito una rapida virata. Lo ho inseguito ed ad una distanza di circa 300 metri ho aperto il fuoco osservando colpi andare a segno sulla coda. Ho richiamato il mio aereo in una virata stretta, continuando a fare fuoco ed osservando molti colpi andare a segno nell'abitacolo. L'aereo si è fermato in verticale a 5/6000 piedi dopodiché è caduto in spirale. Ho visto l'ultima volta l'aereo in rotazione a 3000 piedi quando è entrato in nube. Ho interrotto l'inseguimento e mi sono ricongiunto con lo Squadron».

Sempre nel rapporto si legge che sono stati sparati 600 colpi, senza inceppamenti, e che la fotocamera di bordo collegata alle mitragliatrici ha prodotto un filmato dalla lunghezza di 10 piedi (circa 3 metri). L'aereo nemico è stato classificato come "probabilmente distrutto".

L'Asso dei "Tuskegee"

Uno dei più famosi componenti del gruppo dei "Tuskegee Airman" fu Lee Andrew "Buddy" Archer Jr.

Lee Andrew Archer con il suo P-51 Mustang

Archer nasce a Yonkers (New York) il 6 settembre 1919 e cresce nel quartiere nero di Harlem prima di iscriversi alla New York University.

Conseguita la laurea, si arruola nell'esercito dove spera di accedere al ruolo piloti. Supera i test fisici ed attitudinali ma gli viene negato l'arruolamento nell'US Army Air Corps come pilota in quanto la politica di allora non permetteva ai neri di accedere a tale qualifica. Viene quindi inviato presso il centro di addestramento di Camp Wheeler, in Georgia, per prestare sevizio come addetto alle comunicazioni. Nel 1942 viene a conoscenza di un progetto denominato "Tuskegee Experiment", dove gli uomini di colore vengono ora accettati per essere addestrati come piloti. Inoltra quindi la domanda per essere ammesso al programma e viene così inviato presso il Tuskegee Army Airfield in Alabama. Nel 1943 completa l'addestramento e il 28 luglio 1943 ottiene la nomina a sottotenente, risultando il primo del suo corso.

Viene assegnato al 302° Fighter Squadron facente parte del 332° Fighter Group montato su caccia Curtis P-40 Warhawk.

Riconvertito lo Squadron ai Bell P-39 Airacobra, viene inviato in Italia dove esegue missioni di scorta ai convogli, mitragliamento al suolo a copertura delle truppe sbarcate ad Anzio e missioni di ricognizione. Una nuova conversione del suo gruppo lo porta a pilotare prima il Republic P-47 Thunderbolt e successivamente il North American P-51 Mustang. Archer si trova ora ad operare dalla base di Ramitelli in provincia di Campobasso, in Italia, da dove prende parte a numerose missioni di scorta ai bombardieri che vanno ad attaccare obbiettivi in nord Italia o più a nord, in territorio tedesco.

È in questo contesto che il gruppo soprannominato "Tuskegee" conquista la sua fama. A bordo dei suoi caccia con l'ogiva dell'elica e la coda dipinti di rosso, il gruppo guadagna la nomea di non aver mai perso un bombardiere sotto la loro protezione a causa dell'attacco della caccia nemica.

In realtà uno studio in anni recenti conferma l'abbattimento di almeno venticinque bombardieri posti sotto la protezione dei "Red Tails". Questo nulla toglie al coraggio ed al sacrificio dei piloti dei "Tuskegee".

"Buddy" Archer segna la sua prima vittoria il 18 luglio 1944 mentre è in volo su Memmingen, in Germania, ai danni di un Bf 109. In agosto viene promosso tenente.

Il giorno memorabile per Archer arriva il 12 ottobre 1944. Al ritorno da una missione di scorta, durante uno scontro furioso sopra il lago Balaton, in Ungheria, abbatte in solo dieci minuti tre caccia Bf 109 ungheresi, alleati dei tedeschi. La polemica circa l'abbattimento da parte di Archer di un quinto aereo in modo da ottenere la qualifica di "asso" lo assillerà per anni.

La quinta vittoria in questione sarebbe un secondo abbattimento ottenuto durante la missione del 18 luglio 1944. Dopo aver abbattuto il suo primo avversario Archer si mette all'inseguimento di un altro Bf 109. Anche il suo compagno di squadriglia, tenente Freddie Hutchins insegue la stessa preda. Archer spara danneggiando mortalmente il nemico ma anche Freddie spara all'aereo che già sta precipitando verso terra, "così, per il gusto di farlo" sostiene Archer. I teorici della cospirazione anti-Archer dicono che in un primo momento la vittoria viene accreditata a "Buddy" Archer ma, quando questi si aggiudica la tripletta nella missione del 12 ottobre, questa vittoria gli viene sottratta ed assegnata al tenente Hutchins. Questo perché le alte sfere dell'USAAF volevano evitare che Archer risultasse il primo asso nero americano della seconda guerra mondiale.

Comunque andarono le cose, nulla toglie al servizio che Archer e tutti i "Tuskegee Airman" prestarono per il loro paese. Archer in particolare volò 169 missioni di guerra abbattendo, secondo la versione ufficiale, cinque aerei ed altri sei distrutti al suolo durante missioni di mitragliamento su aeroporti nemici.

Il P-51C Mustang soprannominato "Ina The Macon Belle" di Lee Archer

Rientrato in patria alla fine del suo turno di servizio nel gennaio 1945, riceve la Distinguished Flying Cross e successivamente anche le citazioni speciali dai presidenti Eisenhower, Kennedy e Johnson.

Rimane in servizio presso l'USAF raggiungendo il grado di tenente colonnello avendo effettuato missioni di volo anche durante la guerra di Corea, prestando successivamente servizio come funzionario diplomatico presso il Quartier Generale supremo delle potenze alleate in Europa (SHAPE). È stato inoltre comandante presso il Quartier Generale del Comando Sud dell'US Air Force a Panama. Viene congedato e messo in pensione nel 1970 dopo ventinove anni di servizio.

Da civile viene nominato vice presidente della General Foods Corporation e fonda nel 1987 la sua società di investimenti, la Archer Asset Management. Viene anche selezionato nell'aprile 2009 come consulente per il film "Red Tails" prodotto da George Lucas.

Lee Andrew "Buddy" Archer Jr. muore il 27 gennaio 2010 presso il Cornell University Medical Center di New York City a seguito di complicazioni coronariche.

Ha risieduto per molti anni a New Rochelle, New York insieme alla moglie Ina Burdell, morta nel 1996, ed ai suoi tre figli che gli hanno dato quattro nipoti. È sepolto al cimitero nazionale di Arlington in Virginia.

In una intervista rilasciata al Chicago Tribune nel 2004 Archer dichiara che quando rientrò dal fronte europeo nel 1945, in patria nulla era cambiato. In fondo alla passerella della nave c'era un cartello con scritto: "Truppe di colore a destra, truppe bianche a sinistra". Solo nell'ottobre 2005 in seguito ad una visita alla base aerea di Balad in Iraq, presso il ricostituito 332° Air Expeditionary Wing, ha detto all'Associated Press che nella sala mensa della base ha visto combattenti neri, bianchi, provenienti dalle isole del Pacifico e dall'Europa integrati tra loro. "Questo", ha detto, "è ciò che l'America è".

L'Asso dell'Escuadrilla Azul: lo spagnolo della Luftwaffe

Dal 1941 fino alla fine della guerra un gruppo di volontari spagnoli militò tra le file dell'esercito tedesco combattendo soprattutto sul fronte russo. Inizialmente il governo spagnolo pensò di inviare un contingente di circa 4000 soldati ma, visto l'alto numero di adesioni volontarie, riuscì a formare una intera divisione composta da 18.104 uomini. Di questi 2200 erano ufficiali. Ovviamente i volontari non potevano indossare la divisa spagnola e quindi fu creata una tenuta con berretto rosso, pantaloni color cachi e camicia blu, da qui il nome di "Azul". Questa uniforme veniva usata solo nelle parate.

Durante il servizio al fronte gli uomini indossavano la tenuta della Wehrmacht. Unica differenza, i colori della bandiera spagnola e la scritta "Spagna" sulla manica destra. Tra questi volontari ci furono anche dei piloti che vennero inseriti in quella che venne denominata "Escuadrilla Azul" (Squadriglia Blu). Venne equipaggiata con caccia Messerschmitt Bf 109 e Focke-Wulf Fw 190 ed i sui piloti contriburono allo sforzo bellico con l'abbattimento di centocinquantasei velivoli sovietici.

Uno di questi piloti, che diventerà in breve un asso, è Gonzalo Hevia Alvarez-Quiñones.

Alvarez-Quiñones a bordo del suo Fw 190

Gonzalo Quiñones nasce l'11 settembre 1916 a Pontevedra, una cittadina affacciata sull'oceano Atlantico, pochi chilometri a nord di Vigo. Nel 1936 si arruola nelle forze nazionaliste come marinaio prestando servizio sulla corazzata *España* ed in seguito sull'incrociatore ausiliario *Mar Negro*, ricevendo parecchi riconoscimenti per il suo operato. Si arruola nell'aeronautica militare per diventare pilota e superato il corso viene assegnato ad una squadriglia da ricognizione equipaggiata con gli idro Cant Z.501 di fabbricazione italiana.

Il 6 marzo 1939 viene colpito da caccia repubblicani I-15. Riesce ad ammarare presso l'incrociatore nazionalista *Mar Cantabrico* ma, non ricevendo aiuto da questi e con il meccanico di bordo gravemente ferito durante il combattimento, decide di decollare nuovamente per dirigersi verso la base più vicina, Formentera. Per questa sua azione venne decorato con la Medaglia Militare.

Terminata la guerra di Spagna si iscrive all'accademia aeronautica dove, nel 1941, viene promosso al grado di tenente. Nell'agosto 1942 parte come volontario e, dopo un periodo di addestramento in Francia sotto la supervisione degli istruttori tedeschi, dopo aver prestato giuramento di fedeltà al Führer l'11 novembre 1942, è inviato al campo di Orel, circa 200 chilometri a sud di Mosca dove giunge il 30 novembre. Inizia ad operare su questo fronte già ai primi di dicembre pilotando un Messerschmitt Bf 109F.

La sua prima vittoria la ottiene il mese successivo, esattamente il 27 gennaio 1943. Durante una missione di scorta ad un ricognitore bimotore Fw 189, Hevia e la sua squadriglia intercettano un gruppo di tre Lavochkin LaGG 3.

Hevia si tuffa sul primo LaGG e con una raffica con forte deflessione sparata durante una virata stretta, abbatte un primo avversario. Un altro LaGG, intento ad attaccare il ricognitore, non si avvede del gregario di Hevia, Beriain, così quest'ultimo colpisce da distanza ravvicinata il russo che precipita al suolo. Mentre tornano a proteggere il Fw 189, altri sei LaGG 3 si avvicinano. Beriain parte nuovamente all'attacco abbattendo un altro nemico.

Il mese successivo, durante l'ennesima missione, Hevia insieme al gregario Alcedoa scorge degli apparecchi che scambia per Fw 190. Avvicinatosi si rende conto dell'errore, sono i nuovi Lavochkin La 5 che non aveva ancora visto. Alla quota di circa 500 metri si mette quindi in coda, leggermente sotto l'avversario, e con una raffica colpisce l'aereo nemico che precipita. Il giorno successivo, 23 febbraio, decolla su allarme per intercettare due Ilyushin Il-2 Sturmovik, scortati da cinque Lavochkin La 5. Gli Il-2 stanno attaccando le truppe tedesche ed Hevia ritenendo in questa circostanza gli aerei da attacco al suolo gli obbiettivi principali, riesce ad abbattere un Il-2. Il giorno 24 febbraio troviamo Hevia di nuovo in volo ed in questa occasione, nell'arco di dieci minuti, abbatte due LaGG 3 che volano ad una quota di circa 2500 metri, ottenendo la sua quinta vittoria ed il titolo di asso. Ottiene un altro successo ai danni di un LaGG 3 il 13 marzo.

Alla fine del mese di marzo è inviato presso la base di Smolensk per addestrarsi e prendere familiarità sul caccia Fw 190 A-3. Con la nuova "cavalcatura" il 14 aprile 1943, durante una missione di scorta a degli Ju 87 nella zona di Kursk, scorge

Focke-Wulf Fw 190 A-3 della 3° Escuadrilla Azul. Nel riquadro è rappresentato l'emblema raffigurante tre uccelli in formazione con il motto: "Vista, suerte y al toro" che fu della squadriglia di Joaquín García Morato durante la guerra di Spagna, prendendo in prestito la frase usata dai toreri per affrontare l'incertezza del loro destino prima di entrare nell'arena

sotto di se un bombardiere bimotore Petlyakov Pe-2 che abbatte, aggiudicandosi così la prima vittoria di uno spagnolo a bordo del Fw 190. Subito dopo scorge uno Yakovlev Yak-1 con la "Croce di Lorena" dipinta sulla deriva, simbolo del

Reggimento Normandie-Niemen, unità combattente di cui fanno parte volontari francesi. Dopo breve combattimento anche questo avversario è abbattuto.

Il 7 giugno, dopo un decollo su allarme, Hevia, ora promosso capitano, abbatte con facilità un primo LaGG 3 che stava attaccando la base spagnola. Un secondo LaGG 3 si rivela più difficile da colpire. Il suo pilota esegue manovre diversive prima di riuscire a mettersi in rotta per rientrare alla base. Hevia non demorde e si mette all'inseguimento. Si piazza dietro al russo e con una raffica ben mirata con tutte le armi di bordo, colpisce l'aereo che scompare tra le nubi. Solo più tardi saprà che l'aereo russo verrà considerato inutilizzabile e quindi per Hevia questa risulta essere la decima vittoria aerea. Durante questa giornata altri piloti spagnoli rivendicheranno vittorie ai danni di aerei sovietici. In tutto sono dieci gli aerei abbattuti, dietro la perdita di un pilota spagnolo che, colpito, riesce a lanciarsi ma urta violentemente la deriva del suo Fw 190 rimanendo ucciso sul colpo.

La sera del 10 giugno Hevia abbatte altri due aerei sovietici, un LaGG 3 ed un Pe-2 raggiungendo così le dodici vittorie. Questo lo pone alla testa dei piloti spagnoli che combatterono con i tedeschi durante la seconda guerra mondiale. In questa giornata le vittorie da parte dei cacciatori spagnoli sono in totale nove senza subire perdite.

Tornato in Spagna rimane nella forza aerea dove diventa comandante del 52° gruppo idrovolanti dotato di monomotori sesquiplani Heinkel He 114. Nel 1951 è assegnato allo Stato Maggiore dell'Aeronautica per la zona delle Baleari.

Nel 1956 fonda la pattuglia acrobatica "Patrulla Águila" (Pattuglia Aquila). Successivamente, nel 1963, viene inviato come addetto militare presso l'Ambasciata di Spagna a Washington. Nella sua carriera ha pilotato anche diversi aerei a razione tra cui gli F 84 e F 86 "Sabre", il T38 Talon ed il F104 "Starfighter". Si ritira dal servizio attivo nel 1969 con il grado di Generale di Brigata.

Prende la residenza a Palma de Mallorca dove muore il 4 gennaio 1991.

La controparte sovietica: uno spagnolo combatte con i russi

Juan Lario Sánchez fu anch'esso uno dei piloti spagnoli che combatterono in Unione Sovietica durante il secondo conflitto mondiale ma, nel suo caso, combatté dalla parte dei sovietici diventando, con un totale di ventisette aerei abbattuti il maggior asso spagnolo della seconda guerra mondiale. Avendo combattuto anche durante la guerra di Spagna dove conquistò sette vittorie, alla fine si classifica con un totale di trentaquattro aerei abbattuti.

Juan Lario Sánchez nasce a Madrid nel popolare quartiere di Ventas nel 1918. Frequenta il liceo diventando

Juan Lario Sánchez con un Grumman G-23 Delfin

successivamente disegnatore. Lavora in uno studio di architettura e allo scoppio della guerra civile si arruola nell'esercito repubblicano combattendo sulla "sierra".

Combatté anche per la difesa della capitale Madrid. Quando arrivarono i primi velivoli sovietici in appoggio ai repubblicani, i Polikarpov I-15 e I-16, chiese ed ottenne di entrare in aviazione.

Viene inviato insieme ad altri centoquarantanove giovani nel maggio 1937 in Unione Sovietica, a Kirovabad, per il corso di pilotaggio. In poco più di sei mesi ottiene le ali di pilota (diventando sergente il 20 novembre 1937) e rientra in Spagna dove viene aggregato alla 4ª Squadriglia di base a Sabadell nel gennaio 1938 e, pochi giorni dopo presso la 2ª Squadriglia equipaggiata con Polikarpov I-15. Il 30 marzo viene promosso tenente e invito al Grupo N° 28, equipaggiato con i Grumman G-23 "Delfin", caccia biplani consegnati ai repubblicani dagli Stati Uniti in trentaquattro esemplari, adatti per missioni di bombardamento, mitragliamento, ricognizione ma poco adatti in qualità di caccia intercettori. Con questo gruppo rimarrà fino alla fine della guerra che terminerà con un bottino di sette aerei avversari abbattuti tutti pilotando il Polikarpov I-15.

I repubblicani avevano perso e così Juan Lario Sánchez fugge in Francia dove viene ospitato presso campi di concentramento per esuli spagnoli fino alla fine di maggio 1939. Qui prende la decisone di emigrare in Unione Sovietica dove raggiunge Leningrado il 7 giugno dello stesso anno e dove inizialmente lavora come disegnatore presso una fabbrica di macchine agricole. Nei primi mesi del 1941 si trasferisce a Mosca per iniziare gli studi di sociologia.

Allo scoppio della guerra tra Russia e Germania chiede, insieme ad altri connazionali, di essere integrato nell'aeronautica sovietica. Viene quindi destinato ad operare con una squadriglia per operazioni speciali equipaggiata con velivoli tedeschi, alcuni catturati durante la guerra di Spagna e trasferiti di nascosto in Russia, velivoli che si cerca di far operare secondo le tattiche tedesche, inserendosi nelle formazioni avversarie. I velivoli sono Ju 88, Do 17, Bf 110 e Bf 109. A Juan Lario viene assegnato un Bf 109, una esperienza che gli tornerà utile in seguito. Il progetto di guerriglia aerea non è positivo e viene così abbandonato.

Nel novembre 1941, con la minaccia da parte tedesca di conquistare Mosca, Sánchez viene distaccato presso una unità da caccia che opera dal campo di aviazione di Bikovo, trenta chilometri ad est di Mosca. Pilotando MiG-1 e MiG-3 partecipa così alla difesa della capitale fino al maggio 1942.

Nel giugno del 1942 viene inviato a Groznyi, dove serve con il 108 IAP che opera con caccia Yak-3 per difendere i pozzi petroliferi del Caucaso e dell'Azerbaigian. Trasferito successivamente presso il 127 IAP prende parte ai combattimenti per Stalingrado a bordo del nuovo Yak-9.

I vertici militari russi pensano di mettere ancora in pratica il piano di guerriglia aerea e chiedono a Juan Lario di utilizzare la sua competenza acquisita in materia. Usando aerei tedeschi catturati viene formata una unità per agire ingannevolmente contro formazioni e aeroporti nemici. Vengono anche fatte missioni di ricognizione sopra le zone tedesche senza destare sospetto. Un altro tipo di missione "speciale" è quella di mettersi in coda agli Ju 52 che trasportano di notte i rifornimenti a Stalingrado ed abbatterli. Ma il compito è anche pericoloso. In più di una occasione gli stessi compagni russi cercano di abbattere questi aerei che sembrano tutto e per tutto aerei nemici, a partire dalle croci e dalle svastiche dipinte sulle ali e sulla fusoliera. A fine dicembre l'unità viene sciolta in quanto il collasso tedesco è prossimo.

È in questo periodo che Juan Lario ha la possibilità di provare in volo diverso velivoli concessi all'Unione Sovietica in base alla legge "affitti e prestiti". Tra gli aerei provati figurano Douglas A-20 Boston, Curtiss P-40 Kittyhawk, P-39 Airacobra ma anche Hurricane e Spitfire inglesi.

L'anno successivo, il 1943, combatte sopra il saliente di Kursk e Karkov e, verso la fine dell'anno, sopra Kiev. Il 1945 vede Juan Lario Sánchez operare con il 348 IAP a bordo degli Spitfire Mk. IX (forniti dall'Inghilterra) sopra la Polonia e la Germania da dove opera per un periodo di tempo dal campo di aviazione di Tempelhof a sud di Berlino. L'ultimo volo di guerra lo effettua il 30 aprile 1945 sopra il cielo della capitale tedesca. La Germania si arrende il 2 maggio successivo.

È durante il servizio presso la VVS, l'aeronautica sovietica, che accumula ventisette vittorie personali e otto in condivisione nel corso di 886 missioni di guerra e 97 combattimenti aerei. Non è mai stato abbattuto ma la situazione più critica è stata da lui vissuta durante un atterraggio di emergenza con il suo caccia dove si è trovato costretto ad atterrare nel bel mezzo di un campo minato.

Durante la "grande guerra patriottica" viene decorato con l'Ordine della Bandiera Rossa, l'Ordine della Guerra Patriottica (1° e 2° classe), l'Ordine della Stella Rossa (due volte) e la medaglia Yuri Gagarin. Nel 1946 sposa María Laurentivna.

Raggiunge il grado di colonnello nella VVS dove rimane fino al 1948. Da civile studia scienze politiche e si specializza come traduttore tecnico rimanendo in Russia fino a quando decise di trasferirsi in Spagna, a Madrid, con la famiglia nel 1957. Qui trova impiego presso la fabbrica ENASA (Empresa Nacional de Autocamiones, S.A.), ora integrata con la Iveco, che produce camion ed auto, raggiungendo la posizione di specialista del Dipartimento di Relazioni Industriali.

Gli viene concesso dal governo spagnolo il grado di colonnello in congedo con la possibilità di vestire l'uniforme.

Juan Lario Sánchez muore all'età di 82 anni ad Alcalá de Henares nei pressi di Madrid il 24 giugno 2000.

Ci ha lasciato un libro autobiografico che narra le sue vicende durante la guerra civile spagnola intitolato: "Habla un aviador de la República (memorias de la guerra civil española 1936-1939)" edito nel 1973.

Le "Aquile" messicane

Molti furono gli uomini (e donne) di nazionalità ispanica che presero parte al secondo conflitto mondiale su tutti i fronti, dal Nord Africa al Pacifico al teatro Europeo. Si stima che furono tra i 250.000 ed i 500.000 gli ispanici che servirono sotto la bandiera degli Stati Uniti su un totale di circa 10.500.000 combattenti. Questa variazione nel numero è dovuta al fatto che gli ispanici venivano integrati nei censimenti della popolazione bianca mentre si tenevano conteggi separati per le statistiche degli afro-americani ed asiatico-americani.

Per intenderci come ispanico viene considerato un cittadino che ha almeno un antenato proveniente dalla Spagna, dal Messico, Porto Rico, Cuba, Centro o Sud America. Già durante la guerra civile spagnola si incontrano volontari ispanici provenienti dagli Stati Uniti combattere per la causa repubblicana ma è durante la seconda guerra mondiale che questi uomini vengono arruolati in tutte le forza armate mentre le donne prestano servizio presso i corpi ausiliari dell'esercito, come manodopera nelle fabbriche adibite allo sforzo bellico o come infermiere. Si stima che circa 9000 latini morirono nel conflitto.

Tra i combattenti che scelsero di partecipare al conflitto al fianco degli americani nelle file dell'aeronautica statunitense, troviamo due "assi" messicani, Ricardo Gomez Candelaria ed Oscar Francis Perdomo.

Il tenente Ricardo Gomez Candelaria nasce a Pasadena, in California, il 14 luglio 1922. Si arruola nell'U.S. Army Reserves

Ricardo Gomez Candelaria

e frequenta un corso per piloti presso il Williams Field, in Arizona, dove riceve le sue ali l'8 febbraio 1944 e assegnato al 435° Fighter Squadron, 479° Fighter Group, che combatte sul fronte europeo.

Arriva al fronte nel maggio del 1944 ed il suo Squadron viene adibito alla scorta dei bombardieri dell'8° Air Force. Inizialmente pilota il caccia bimotore Lockheed P-38 Lightning, soprannominato dai tedeschi "diavolo dalla coda biforcuta" e successivamente riconvertito, nell'ottobre 1944, sui P-51K Mustang. Candelaria battezza il suo aereo "My Pride And Joy" (Il Mio Orgoglio e Gioia).

Ottiene la sua prima vittoria il 5 dicembre 1944 in un combattimento a nord-ovest di Berlino. In questa occasione abbatte due caccia Fw 190. L'anno seguente, il 3 marzo 1945, distrugge al suolo tre Bf 109 nei pressi del lago Dummer, 80 chilometri a sud di Brema. Ma il giorno più bello nella sua carriera aviatoria arriva il 7 aprile successivo. Durante una missione di scorta si trova a difendere da solo i bombardieri dall'attacco di almeno quindici caccia tedeschi riuscendo a distruggere quattro Messerschmitt Bf 109 prima che arrivino i rinforzi. Nel corso della stessa missione gli viene accreditato anche la probabile distruzione di un caccia a reazione Me 262. Se quel caccia Me 262 fosse stato confermato, Gomez Candelaria potrebbe essere ricordato anche come "asso in un giorno" avendo abbattuto cinque avversari nello stesso giorno, in questo caso addirittura nella stessa missione.

Il 7 aprile 1945 è anche da ricordare in quanto giorno in cui effettuò la sua prima ed unica missione il cosiddetto "Sonderkommando Elba", un'unità speciale della Luftwaffe creata nel 1945 su consiglio del colonnello Hans-Joachim 'Hajo' Herrmann. L'unità si prefiggeva di abbattere i bombardieri nemici tramite azioni di "ramming", speronamento, dove i piloti cercavano di colpire con i loro velivoli gli aerei avversari in punti vitali. Le tattiche, come abbiamo visto precedentemente, prevedevano di falciare la coda o le ali od abbattersi sulla cabina di pilotaggio dell'aereo nemico. L'unità era composta da volontari, ma le missioni non erano da considerarsi missioni suicide in quanto i piloti dopo lo speronamento dovevano, nel limite del possibile, lanciarsi con il paracadute e rientrare alla base. Gli alti comandi della Luftwaffe pensarono di adottare questa tattica per cercare di interrompere per almeno sei settimane le incursioni diurne dei bombardieri sulla Germania per consentire di schierare nuovi caccia a reazione Messerschmitt Me 262 indispensabili per ottenere nuovamente la supremazia nei cieli tedeschi.

Il miglior attacco di quel giorno alla formazione di bombardieri americani venne portato dal sergente Heinrich Rosner ai danni di un Consolidated B-24 Liberator denominato "Palace of Dallas". Rosner puntò l'aereo di testa lanciandosi pochi attimi prima che il suo Bf 109 tranciasse con la propria ala la cabina del B-24 per rimbalzare successivamente su un altro "Liberator" distruggendolo. Heinrich Rosner si salvò.

In quest'unica missione portata a termine dal "Sonderkommando Elba" vennero confermati tredici bombardieri distrutti con la tecnica dello speronamento e tre abbattuti dalla caccia. Purtroppo sei giorni più tardi, il 13 aprile 1945, il tenente Candelaria viene abbattuto dalla contraerea nei pressi del campo di volo di Tarnewitz, ad est di Lubecca e fatto prigioniero. Per sua fortuna la guerra in Europa terminerà nel giro di tre settimane consentendo a Candelaria di trascorrere un periodo molto breve come prigioniero di guerra. Servirà successivamente nell'Air National Guard, raggiungendo, prima del suo ritiro, il grado di colonnello.

Trasferitosi in California, apre un ristorante dove, da quanto da lui detto e descritto nella sua biografia: "servo cibo migliore di quello che mi è stata dato nel campo di prigionia".

In merito al 13 aprile 1945 abbiamo la descrizione dell'azione in cui fu abbattuto presa dal rapporto post-volo del suo capo formazione, capitano Theo J. Sowrby:

«Stavo conducendo una missione di mitragliamento al suolo sul campo di volo di Tarnewitz alle 16.30 del 13 aprile. Stavo risalendo dopo il primo passaggio quando il tenente Candelaria mi ha chiamato alla radio e ha chiesto se poteva fare un altro passaggio dato che aveva visto qualche cosa. Io confermo OK e lui inizia una picchiata di 30 gradi sul campo. È stato accolto da un sacco di FlaK e ha chiamato alla radio dicendo di essere stato colpito e non aveva più la pressione dell'olio motore chiedendomi la miglior rotta per raggiungere il territorio 'amico'. Gli ho detto di volare per rotta 200 gradi, cosa che ha fatto per 5 minuti. Mi ha richiamato dicendo che la situazione stava diventando calda e che si sarebbe dovuto lanciare. Questo quando era vicino alla città di Wittenburg. Il suo lancio è stato OK e ha raggiunto il suolo vicino ad un bosco. Non c'era traffico o persone vicino a lui. Il suo velivolo è esploso al suolo da qualche parte nel bosco a nord di dove è atterrato con il suo paracadute. Penso che il tenente Candelaria abbia buone possibilità di fuga».

Ma come abbiamo visto venne fatto prigioniero.

Il tenente Oscar Francis Perdomo nasce il 14 luglio 1919 a El Paso in Texas da genitori messicani.

Anche lui, dopo lo scoppio della guerra, si arruola nella forza aerea statunitense (USAAF) e nel 1943 è presso la scuola piloti di Chandler in Arizona dove riceve le ali di pilota il 7 gennaio 1944. Viene assegnato al 464° Fighter Squadron facente parte del 507° Fighter Group ed inviato nel teatro del Pacifico, sull'isola di Ie Shima, al largo della costa occidentale di Okinawa, da dove esegue missioni di scorta ai bombardieri

B-29. Vola sul Republic P-47N Thunderbolt che battezza, in onore del figlio Kenneth di un anno e mezzo, "Lil Meaties Meat Chooper" con una nose art dipinta sul muso che raffigura un bambino che indossa un pannolino, sigaro in bocca, cappello in testa e che stringe un fucile. Effettua la sua prima missione il 2 luglio 1945. Perdomo entrerà a far parte del club "asso in un giorno" quando, il 13 agosto 1945, viene inviato a pattugliare l'area intono a Keijo (ora Seoul, Corea del Sud).

Oscar Francis Perdomo

Dobbiamo dire che le bombe atomiche erano già state sganciate su Hiroshima il 6 agosto e su Nagasaki il 9 ma, nonostante questo, gli alleati attendevano sempre una risposta di resa da parte del Giappone. La guerra così continuava.

Quel 13 agosto 1945 un gruppo di trentotto P-47 incontra circa cinquanta aerei nemici ad una quota di 2500 metri e nel combattimento che ne segue Perdomo riesce ad abbattere quattro caccia che vengono identificati inizialmente come Nakajima Ki-43 "Oscar" ed un biplano Yokosuka K5Y "Willow" da addestramento. I caccia Ki-43 verranno successivamente meglio identificati come Nakajima Ki-84 Hayate o "Frank" in codice alleato. In quella che sarà la sua decima ed ultima missione, Perdomo diventa "asso in un giorno" ed anche l'ultimo asso della seconda guerra mondiale. Il conflitto terminerà infatti due giorni più tardi, il 15 agosto 1945. Nella missione vengono abbattuti in totale venti aerei giapponesi, due probabili ed un bombardiere distrutto al suolo contro la perdita di un solo caccia americano il cui pilota riesce a lanciarsi ma viene fatto prigioniero. Per questa sua ultima missione Perdomo riceve la Distinguished Service Cross per lo straordinario eroismo in azione e la Air Medal con una foglia di quercia.

Rimane in servizio fino al gennaio 1950 quando ritorna alla vita civile ed iscritto nella Riserva. Viene richiamato in servizio con il grado di capitano nel giugno 1950 allo scoppio della guerra di Corea. Resterà in servizio fino al gennaio 1958 quando si congeda con il grado di maggiore.

Francis Perdomo si spegne il 2 marzo 1976 presso il USC Medical Center a Los Angeles, all'età di 56 anni in seguito ad un ricovero d'urgenza per problemi causati dall'abuso di alcool. La dipendenza dall'alcool la sviluppò dopo la perdita di suo figlio Kris Mitchell Perdomo, durante la guerra del Vietnam, uno dei tre uomini rimasti uccisi il 5 maggio 1970 a bordo di un elicottero dell'esercito americano UH-1 Iroquois che si schiantò ed esplose cinque miglia sud-ovest della città di Vinh Phy nella provincia di Vinh Binh, nel Vietnam del Sud.

Il corpo di Oscar Francis Perdomo è stato cremato e le ceneri disperse nell'oceano.

L'Asso olandese

L'unico asso olandese della seconda guerra mondiale è stato Hugh Godefroy.

Hugh Constant "Huey" Godefroy nasce il 28 ottobre 1919 a Giava (Indonesia), allora facente parte dei possedimenti delle Indie Olandesi, da madre canadese e padre olandese che lavorava nella colonia olandese come ingegnere minerario. All'età di sette anni si trasferisce in Canada e, allo scoppio della guerra, è uno studente universitario presso la Facoltà di Medicina della McGill University di Montreal. La morte della fidanzata in viaggio su una nave che viene silurata ed affondata da un U-boot tedesco, dà una svolta alla vita di Godefroy che decide di arruolarsi nella RCAF (Royal Canadian Air Force) nel giugno del 1940. Viene addestrato in Canada ed al termine dell'addestramento inviato via mare in Inghilterra dove arriva il 4 febbraio 1941. Il mese successivo si unisce al 56° OTU (Operational Training Unit della RAF) di Sutton Bridge, nel Lincolnshire insieme ad altri piloti di varie nazionalità tra cui polacchi, americani e francesi. Diventa operativo nell'aprile 1941 quando viene assegnato al 401° Squadron della RCAF di base a Digby, equipaggiato con gli Hawker Hurricane ed incaricato della difesa del Regno Unito. Lo Squadron viene riconvertito nel settembre 1941 sugli Spitfire Mk.V e trasferito preso la base di Biggin Hill a sud di Londra.

Godefroy a questo punto della guerra aveva partecipato a numerose missioni ma era ancora considerato un "pivello" da

Hugh Godefroy appoggiato all'ala del suo Supermarine Spitfire

parte dei commilitoni anziani. Sembrava infatti che ce la mettesse tutta per stare lontano dai caccia nemici. Il 22 maggio 1942 viene trasferito alla base di Duxford presso la Air Fighting Development Unit (AFDU), una unità di perfezionamento al combattimento aereo.

Hugh Godefroy vive questo trasferimento come una retrocessione ma poi apprezza la nuova destinazione dove impara nuove tattiche di combattimento e a migliorare il tiro con le mitragliatrici. Nel novembre 1942 rientra presso il suo vecchio Squadron, il 401°.

Qui avrà modo di mettere a frutto gli insegnamenti ricevuti in addestramento danneggiando due Fw 190 nei pressi di Fecamp durante la missione del 17 gennaio 1943. Pochi giorni dopo, il 20 gennaio, ottiene la sua prima vittoria confermata ai danni di un Fw 190 abbattendolo su Friston, cittadina inglese sulla costa della Manica. Dopo questi successi chiede ed ottiene di essere trasferito presso un'altra unità, il 403° Squadron dove giunge il 4 marzo 1943. Quattro giorni dopo, il 8 marzo, abbatte un altro caccia nemico, un Fw 190 sopra Bajeux in Francia, durante una missione di scorta ai bombardieri americani inviati a bombardare Rennes e Rouen. A questa si aggiunge il 17 aprile un'altra vittoria sempre ai danni di un Fw 190 mente il 13 maggio danneggia un Bf 109. Il giorno successivo nuovo abbattimento, un Fw 190 distrutto su Ostenda, in Belgio.

Il 13 giugno 1943 viene promosso Squadron Leader e due giorni dopo un altro Fw 190 cade sotto i suoi colpi nei pressi di Rouen in Francia. Il 1° luglio la storia si ripete questa volta ai danni di un Bf 109 colpito dalle raffiche di Godefroy sopra Hesdin, venti chilometri nell'entroterra francese a nord-est di Abbeville. Il 16 settembre 1943 è promosso Wing Commander.

Nel corso di una missione svoltasi il 24 dello stesso mese su Poix ottiene, ai danni di un Fw 190, la sua settima vittoria.

Nell'aprile del 1944 il secondo ciclo operativo di Godefroy si conclude e viene così inviato presso il Quartier Generale della RCAF dove lavora come ufficiale di stato maggiore e consulente in tattiche. Vola ancora ma non in missioni di combattimento. In uno di questo voli il motore del suo Spitfire subisce una avaria ed è costretto a lanciarsi sopra il Canale della Manica. Viene recuperato ma deve trascorre un periodo di ricovero in ospedale.

Per Godefroy l'estate del 1944 rappresenta per lui la fine della guerra. Infatti il 17 agosto 1944 è rimpatriato in Canada dove viene assegnato al War Staff College di Toronto.

Nella sua carriera di pilota ha ricevuto parecchi riconoscimenti e medaglie tra cui la DFC (Distinguished Flying Cross), la DSO (Distinguished Service Order) e la Croix de Guerre francese.

Tra gli altri è anche membro del "Caterpillar Club", il club composto da tutti quegli aviatori che hanno dovuto abbandonare il loro aereo danneggiato in combattimento o semplicemente in avaria, lanciandosi con il paracadute. Per essere ammessi a questo "esclusivo" club occorre aver utilizzato il paracadute come mezzo di salvataggio. Il sergente Nicholas Alkemade ad esempio, mitragliere di coda a bordo di un Lancaster, dopo essersi lanciato da una quota di circa 5000 metri dal suo aereo in fiamme senza paracadute in quanto ormai inutilizzabile, atterra miracolosamente e quasi indenne (solo una gamba slogata) al suolo grazie agli alberi ed alla neve che hanno attutito la caduta. Non è stato ammesso al club in quanto non ha utilizzato il paracadute!

Tornato alla vita civile Godefroy mette a frutto gli studi universitari in medicina fondando una clinica multi-specialità. Nel 1978 si trasferisce dal Canada negli Stati Uniti, in South Carolina, dove prosegue la professione di medico fino al pensionamento nel 1994.

Hugh Constant "Huey" Godefroy muore il 3 aprile 2002.

Ha lasciato un libro autobiografico intitolato "Lucky 13" dove descrive la sua vita di pilota di caccia.

L'Asso norvegese

Svein Heglund ripreso sotto il muso del suo Spitfire. Da notare il danno all'ogiva dell'elica causato dai detriti dell'esplosione di un Fw 190 abbattuto

Svein Heglund nasce il 10 dicembre 1918 a Kristiania in Norvegia. Intraprende gli studi di ingegneria in Svizzera, a Zurigo, dove lo raggiunge la notizia dell'inizio dell'Operazione Weserübung, l'invasione della Danimarca e della Norvegia il 9 aprile 1940 da parte delle truppe tedesche.

Deciso a prendere parte alla difesa del suo Paese, si imbarca su un piroscafo con destinazione Porthsmouth, Inghilterra. Purtroppo qui non riesce a sbarcare in quanto la RAF al momento non accetta ancora arruolamenti di piloti stranieri. Prosegue quindi il suo viaggi fino a New York dove incontra e conosce degli ufficiali norvegesi che gli consentono l'arruolamento nella Norwegian Army Air Service (successivamente Royal Norwegian Air Force) e lo inviano alla base di addestramento denominata "Little Norway" a Toronto, in Canada. Qui inizia l'addestramento come pilota e dopo un centinaio di ore svolte sul Fairchild PT-26 Cornell (una variante con abitacolo chiuso del PT-19) e cinquanta ore di addestramento avanzato sul North American

T-6 Texan (Harvard per i canadesi), nell'estate del 1941 riceve le sue ali di pilota. Prosegue l'attività per altre tre settimane volando con i Douglas DB-8A-5N (versione per la Norvegia del Northrop A-17), biposto da attacco al suolo e sui caccia Curtiss Hawk 75. Finalmente, nel luglio 1941, viene inviato in Inghilterra dove termina la sua formazione operativa presso il 59° OTU con i Miles Master e successivamente con gli Hawker Hurricane.

Nell'ottobre 1941 con il grado di sergente entra a far parte del 331° Squadron (norvegese) equipaggiato con Hurricane e stanziato in Scozia con il compito di proteggere la base navale di Scapa Flow nelle isole Orcadi e di scorta ai convogli. Lo Squadron costituito da piloti norvegesi esiliati, aveva sui propri velivoli la sigla 'FN' identificata come abbreviazione di "First Norwegian" o "For Norway". Nel novembre 1941 gli Hurricane vengono sostituiti con gli Spitfire Mk.II e nel marzo successivo con gli Mk.Vb in concomitanza con il trasferimento dello Squadron presso la base aerea di North Weald nell'Essex. Questo trasferimento aumenta l'impegno dei piloti rispetto al servizio in terra scozzese dove l'incontro con il nemico era sporadico. Ora i piloti sono impiegati in missioni di scorta ai bombardieri verso obbiettivi sul continente e soprattutto nella difesa di Londra.

È in questo teatro operativo che il 19 giugno 1942 Heglund, che nel frattempo nel mese di maggio ha ottenuto la nomina ad ufficiale, colpisce e danneggia un Fw 190 lungo la costa belga durante una missione di perlustrazione del Canale alla ricerca di naviglio nemico. Ma è il 19 agosto, in occasione del fallito sbarco inglese a Dieppe, che ottiene la sua prima vittoria abbattendo un Fw 190. Dovrà aspettare ancora parecchi mesi, fino al 2 febbraio 1943, prima di aggiungere un'altra vittoria nel suo paniere. Durante una missione su St. Omer abbatte, in collaborazione con un altro pilota, un Bf 109. Nel frattempo, nello stesso mese, raggiunte le 200 ore di volo operativo e 100 missioni di guerra, viene inviato ad una unità di addestramento per un periodo di riposo.

Il 1° giugno 1943 è di nuovo in servizio e, durante un raid sul passo di Calais, nella zona di St. Omer Hardelot, vede due Fw 190 volare sotto di lui. Si getta in picchiata e nel passaggio ad alta velocità riesce ad abbattere entrambi gli avversari, ma viene intercettato dai compagni dei piloti abbattuti e si salva gettandosi in una nube per poi, a filo onde, rientrare alla base. In questo mese viene anche promosso al grado di capitano mentre in agosto gli viene conferita la DFC.

Nel novembre 1943 dopo che nel corso di svariate missioni sul Canale della Manica e sulla Francia occupata raggiunge il traguardo delle dodici vittorie, arriva un periodo di riposo.

Fino ad ora ha trascorso due anni in operazioni di guerra e concluso due turni di servizio. Sceglie di fare il suo periodo di riposo presso il Ferry Command, incaricato di trasferire in volo i velivoli attraverso l'Atlantico dalle fabbriche americane e canadesi fino agli Squadron in Inghilterra. Effettua quindi il passaggio sui bimotori presso la base RAF di Spittlegate e successivamente è assegnato al 45° Atlantic Transport Group a Dorval, Montréal. Effettuerà sei traversate atlantiche via Labrador, Groenlandia ed Islanda consegnando sei velivoli bimotori (tre Mosquito, due Boston ed un Mitchell).

Grazie all'aiuto del comandante John Cunningham ottiene di essere inviato per un nuovo turno di servizio, presso il 85° Squadron caccia notturna montato su de Havilland Mosquito adibito a missioni sopra la Germania.

Nella notte tra il 4 ed il 5 dicembre 1944 abbatte il suo primo Bf 110. Anche la notte di Natale vede in volo Svein Heglund con il suo radar operatore Robert Symon. In questa occasione abbattono un altro Bf 110 sopra Weisbaden. L'ultima vittoria sarà conseguita nella notte del 5 gennaio 1945 sempre contro un Bf 110 in volo sopra Osnabruck.

Alla capitolazione della Germania nel maggio 1945 viene inviato come Addetto Aeronautico a Stoccolma. In settembre torna in Svizzera per terminare gli studi di ingegneria che aveva interrotto nel 1940. Nel mese di ottobre gli viene conferita la DSO. Rientra nella Royal Norwegian Air Force nel 1948 ricoprendo incarichi logistici fino a raggiungere il grado di Maggiore Generale prima di lasciare il servizio e diventare consulente assicurativo aeronautico.

Sposato con una infermiera conosciuta durante la guerra, Svein Heglund si spegne a Oslo il 18 giugno 1998. Ha al suo attivo quattordici vittorie omologate, una in collaborazione, cinque probabili e sei aerei danneggiati. Questo lo pone al primo posto degli assi norvegesi.

Un Greco nell'USAF – Spiros Nickolas "Steve" Pisanos – "The Flying Greek" - Il Greco Volante

Non sempre i sogni di bambino si avverano ma quelli di Spiros si sono avverati facendogli vivere grandi esperienze che lo porteranno prima negli Stati Uniti, poi a combattere nella RAF, in seguito nell'USAAF con un periodo nella Resistenza Francese, successivamente pilota civile per la TWA, nuovamente nell'USAF ricoprendo vari incarichi anche all'estero per raggiungere poi, negli ultimi anni della sua carriera, i vertici dell'aeronautica degli Stati Uniti. Le sue vicende meritano di essere raccontate nel dettaglio.

La storia comincia un giorno d'estate del 1930 quando il giovane Spiros, mentre si reca a scuola vede sulla collina

Pisanos nell'uniforme della RAF

di Kolonos, ad Atene, volteggiare sopra la sua testa un aereo colorato di verde oliva della Hellenic Air Force (Forza Aerea Ellenica). Il ragazzo si ferma ad osservare le manovre che l'aereo (in seguito scoprirà trattarsi di un Gloster Mars) effettua e, come ultimo, prima di rientrare alla sua base situata presso l'aeroporto di Dekelia Tatoi a nord di Atene, effettua un basso passaggio per salutare il ragazzino. L'immagine del pilota con il suo caschetto e gli occhialoni che saluta dall'abitacolo rimarranno per sempre impressi nella mente di Spiros che promette a se stesso: *«Quando sarò grande diventerò pilota militare»*.

Spiros Nickolas Pisanos nasce il 10 novembre 1919 ad Atene, terzo di sei figli. Il padre è macchinista della metropolitana della capitale greca, metropolitana inaugurata nel 1904.

Quel giorno del 1930 resterà una pietra miliare nella sua storia. Infatti da allora inizia a "marinare" la scuola per recarsi all'aerodromo di Tatoi per vedere gli aerei decollare cercando di entrare di nascosto all'interno della base per avvicinarsi alle "macchine volanti". Dopo aver percorso il perimetro della base, Spiros trova una via di accesso tra i vigneti e tramite un canale riesce ad entrare e girovagare per l'aeroporto. La sua prima visione una volta entrato è la preparazione di cinque velivoli per una missione di addestramento che decollano in formazione dalla pista in erba.

Dopo questa intrusione viene ovviamente scoperto ma, invece di essere allontanato, grazie ad un sottufficiale, Gerasimos Gavrilis che, saputo dell'entusiasmo di Spiros per gli aerei, si prende cura di lui e diventa suo amico. Ora Spiros può entrare ed uscire liberamente dal cancello principale, passeggiare per la base, offrirsi per piccoli lavori come aiutare gli aviatori a spingere gli aerei, spazzare gli hangar avendo in cambio la loro amicizia ed anche la possibilità di sedersi nelle cabine di pilotaggio.

Nel corso degli anni successivi trascorre parecchio tempo con i meccanici, dove impara molto sulla manutenzione ed anche sulla teoria del volo. Arriva il 1938 e Spiros chiede di essere ammesso all'accademia aeronautica ma i suoi titoli di studio non gli consentono di accedere a questo ambito traguardo. Neppure una lettera spedita all'allora dittatore greco Ioannis Metaxas, chiedendogli in via eccezionale di poter accedere ai corsi di pilota, otterrà il suo effetto. Quella lettera non riceverà mia risposta.

Deluso, cerca il modo di poter imparare a pilotare gli aerei. L'idea gli viene fornita da un amico greco emigrato negli Stati Uniti, a New York. Questi gli suggerisce di andare negli States dato che li c'erano tante scuole di volo dove imparare l'arte del pilotaggio.

Ora in Spiros si accende di nuovo la speranza di riuscire nel suo sogno. Cerca il modo di emigrare imbarcandosi come clandestino sul transatlantico italiano "REX" ormeggiato nel porto del Pireo ma viene scoperto mentre cerca un nascondiglio e costretto a sbarcare.

Emigrare per lui significava anche evitare di finire a lavorare nella metropolitana greca dove il padre era macchinista. Il padre infatti ha sempre convinto il figlio che un lavoro presso la metropolitana era quanto di meglio ci poteva essere.

Il 25 marzo 1938 però riesce ad imbarcarsi, questa volta non come clandestino ma come assistente addetto all'antincendio, su un cargo diretto in America. Dopo la traversata dell'Atlantico si ritrova catapultato, in un fine settimana di metà aprile, nel cuore della città di Baltimora, tappa americana del cargo. Qui, dopo essere sbarcato senza essere visto, con soli sette dollari in tasca, prende un treno per New York. È in un paese straniero, non conosce l'inglese, senza soldi ma nonostante tutto ce l'ha fatta.

Ora è a New York e anche qui la fortuna lo assiste. Mentre vaga per le strade sente due uomini parlare greco e si unisce

Spiros Pisanos (in secondo piano) con l'amico "Don" Gentile

alla conversazione. Questi si rivelano essere due emigranti provenienti da Cipro e, dopo avere avuto informazioni da Spiros circa la sua "avventura", si offrono di aiutarlo offrendogli un alloggio e trovandogli un lavoro presso un panettiere di origine greca. La paga è di tredici dollari la settimana. Ora con un lavoro, un alloggio e iniziando a capire l'inglese, si può permettere di prendere lezioni private di volo.

All'inizio del 1939 inizia a frequentare una scuola di volo a Brooklyn presso il Floyd Bennett Field, volando su un Piper J-3 Cub, accumulando ore di volo ma spendendo quasi tutti i soldi guadagnati. Viene a sapere che dall'altra parte del fiume Hudson, in New Jersey, le lezioni costano meno quindi decide di trasferirsi, trovando fortunatamente un nuovo lavoro nella cucina di un hotel ed inizia così a volare presso il West Field.

Verso la fine del 1940, ottenuta la licenza di pilota, prova ad arruolarsi nella forza aerea statunitense ma, non essendo cittadino americano, viene respinto.

La guerra in Europa è già scoppiata e saputo che gli inglesi cercano piloti per combattere i tedeschi, decide di arruolarsi nelle file della RAF, il tutto ovviamente in segreto a causa della neutralità statunitense. Recatosi a New York presso il Waldorf Astoria Hotel prende contatto con i reclutatori che, nonostante nel suo libretto siano segnate solo centosettanta ore di volo (il minimo richiesto è di duecento ore), viene accettato ed inviato presso una scuola civile dove vengono addestrati piloti per la RAF. Qui riceve altre cento ore di istruzione e nel febbraio 1942 inviato attraverso il Canada in Inghilterra. Dei suoi quindici compagni volontari, otto sono nominati ufficiali e sette nel ruolo sergenti. Pisanos è fortunato dato che transita nel ruolo ufficiali.

Giunto in Inghilterra l'addestramento continua sui Miles Masters per poi passare su aerei più "performanti" come gli Hurricane, i P-40 Tomahawk ed infine i P-51 Mustang. Al termine viene inviato ad una squadriglia equipaggiata con i Mustang che effettua missioni di attacco al suolo sui territori occupati. È in questo periodo che i compagni di squadriglia iniziano a chiamarlo "Steve" o anche "Flying Greek", il Greco Volante.

Nel luglio 1942 viene trasferito al 71° American Eagles Squadron della RAF a Debden. Addestrato ora sugli Spitfire Mk.V effettua missioni di scorta e mitragliamenti al suolo sulla Francia occupata, volando raso terra a più di 500 chilometri orari, un tipo di missioni che "Steve" Spiros apprezza. Nel settembre 1942 tutti e tre gli Eagles Squadron vengono trasferiti dal comando RAF all'USAAF sotto il controllo dell'8° Fighter Command. Anche Spiros, nonostante non sia ancora cittadino americano, viene accettato come pilota USAAF. Vola ancora sugli Spitfire che hanno sostituito le coccarde inglesi con la stella americana.

In questo periodo ha come amico e compagno di stanza un aviatore che diventerà famoso sia per il numero di aerei abbattuti (per un totale di ventuno vittorie omologate) ma soprattutto per il suo temperamento "fuori dall'ordinario", Dominic Salvatore "Don" Gentile.

Nel 1943 lo Squadron effettua il passaggio sul potente e pesante (con un peso massimo al decollo di quasi 8000 chili rispetto ai circa 3000 chili dello Spitfire) Republic P-47 Thunderbolt. Il P-47 si rivelerà un combattente eccezionale che riesce a tenere testa ai caccia tedeschi, soprattutto ad alta quota, ed è anche un grande incassatore di colpi riuscendo a riportare a casa il pilota anche dopo essere stato danneggiato in modo serio.

Un'altra pietra miliare nella storia di Pisanos viene scritta il 3 maggio 1943 quando, grazie all'intercessione di personaggi importanti, riesce ad ottenere la cittadinanza americana con il nome di Steve Pisanos. Era l'unico pilota del suo Squadron a non essere ancora naturalizzato americano.

Nella missione del 21 maggio 1943, durante una missione "Rodeo" sopra Gand, in Belgio, Steve realizza la sua prima vittoria ai danni di un Fw 190 anche se il velivolo verrà considerato solo danneggiato. Le missioni "Rodeo" erano missioni effettuate da un gran numero di caccia inviati sul territorio nemico nell'intento di costringere i caccia avversari ad intervenire ed affrontarli in combattimento.

Il 12 agosto durante una missione di scorta ai bombardieri sopra l'Olanda, Steve abbatte un Bf 109 nei pressi di Walcheren. Una doppietta la realizza il 29 gennaio del 1944 quando, sempre di scorta ai bombardieri B-17, abbatte due Bf 109 sopra Aquisgrana.

Il mese successivo lo Squadron viene equipaggiato con i P-51 Mustang e sul suo viene riportata nuovamente la sigla QP-D questa volta senza la 'nose art' "Miss Plainfield" in quanto non c'è il tempo per dipingerla. Già il 3 marzo 1944, grazie alle eccezionali caratteristiche di autonomia del P-51, il

'Flying Greek' partecipa alla prima missione di scorta sopra Berlino, primo greco a volare sulla capitale tedesca.

Il 5 marzo altra scorta, questa volta sulla Francia, nella zona di Bordeaux. Lui ed il suo gruppo vengono attaccati dai caccia avversari e la battaglia si frammenta in tanti piccoli singoli combattimenti. In questa occasione Steve centra in successione due Bf 109 abbattendoli. Ha ottenuto la sua quarta e quinta vittoria in una missione. Si può considerare un "Asso". Ma oggi la fortuna non prosegue nel verso giusto.

A causa di un problema al motore si vede costretto a lanciarsi dal suo aereo mentre sorvola la Francia occupata. Dopo centodieci missioni di guerra rischia di diventare prigioniero dei tedeschi. Per dovere di cronaca occorre anche dire che durante la stessa missione, poco dopo il decollo, a distanza di pochi minuti l'uno dall'altro, sei piloti dovettero rientrare alla base di Debden per problemi meccanici e avarie al motore. Tra questi anche il colonnello Blakeslee, comandante del reparto. Venne appurato che in questa

Republic P-47 di "Steve" Pisanos con dipinta la 'nose art' "Miss Plainfield" sul muso

occasione i problemi meccanici furono da addebitare all'utilizzo di candele motore inadeguate. Purtroppo per Spiros questo problema si verificò sopra il territorio nemico.

Mentre è in procinto ad uscire dall'aereo vede che la traiettoria coincide proprio con l'unica casa colonica esistente nella zona. Cercando di recuperare l'aereo facendogli alzare un poco il muso per evitare la casa, questo perde portanza e striscia violentemente al suolo sbalzando Spiros fuori dall'abitacolo. Ripresosi dall'accaduto, con una spalla dolorante, viene accolto da una raffica di mitragliatrice sparata da un gruppo di soldati tedeschi che avevano seguito il velivolo. Non resta che fuggire e ripararsi nel bosco vicino.

Qui Spiros vaga per ore trascorrendovi la prima notte. Per altri quattro giorni si aggira nella zona, cercando di evitare le pattuglie nemiche e mangiando quello che riesce a trovare di commestibile, fino a che un incontro fortuito con un contadino locale lo mette in contatto con i "Maquis", la resistenza francese. Si trova ora nel villaggio di Epinay, ad alcuni chilometri da Evreaux, tra Parigi e Le Havre.

La resistenza francese dopo aver preso contatti con Londra e chiesto informazioni circa le generalità di Spiros, gli fornisce una falsa identità: da oggi per tutti sarà Jean-Claude Bouaille, ingegnere di Marsiglia, arruolato nella Marina Francese ma congedato per problemi di sordità. Purtroppo al momento non ci sono possibilità di trasferirlo in Spagna attraverso i Pirenei così "Steve" si vede costretto a raggiungere Parigi dove viene alloggiato in un appartamento insieme ad altri piloti inglesi abbattuti. Qui, sempre cercando di evitare di essere fermato e catturato dalla Gestapo, si unisce alla Resistenza e partecipa ad alcune missioni di sabotaggio ai danni dei tedeschi. Inizia anche a comprendere e parlare il francese, lingua che aveva studiato a scuola.

Il culmine della sua collaborazione con i "Maquis" sarà poco prima della caduta di Parigi, dove partecipa alla missione per la rimozione ed il disinnesco delle cariche esplosive piazzate dai nazisti sotto i ponti della Senna.

Il 25 agosto 1944 Parigi viene liberata e Spiros Pisanos insieme ad altri aviatori abbattuti riesce finalmente a ricongiungersi con le forze alleate. Con suo grande rammarico scopre però che gli aviatori abbattuti e che hanno partecipato ad azioni con la Resistenza, non possono essere più impiegati in combattimento. In caso di un loro successivo abbattimento e cattura da parte dei tedeschi, avrebbero potuto rivelare dei segreti sulla rete dei partigiani francesi.

Gli viene dato un incarico a terra, la pianificazione delle missioni di combattimento del 67° Fighter Wing, sua nuova destinazione.

Da li a poco ha però la possibilità di operare come Test Pilot presso la base di Wright Field a Dayton in Ohio insieme al suo vecchio amico "Don" Gentile, non prima però di partecipare ad una festa di benvenuto organizzata presso l'hotel dove aveva servito alcuni anni prima, il Park Hotel di Plainfiled (New Jersey).

Sulla base di Wright Field operano anche i suoi amici e commilitoni Don Gentile, Francis Gabreski, Richard Bong, Bob Hoover e non ultimo "Chuck" Yeager che, come Spiros, partecipava alla stessa missione del 5 marzo ma con un altro gruppo da caccia ed è stato abbattuto nel medesimo giorno, riuscendo però a fuggire in Spagna.

Come pilota collaudatore Spiros ha modo di pilotare molti velivoli tra cui alcuni di preda bellica come i suoi avversari Bf 109, Fw 190, il jet Me 262 ed il caccia giapponese "Zero".

È stato scelto per lo sviluppo del caccia a reazione Lockheed YP-80 Shooting Star (poi T-33) che di li a poco equipaggerà tutte le forze NATO del primo dopoguerra.

Il 6 gennaio 1946, con il grado di capitano, Spiros lascia l'aeronautica militare, viene inserito nella Riserva ed inizia una nuova carriera come pilota presso la TWA, inizialmente volando sui DC-3 poi transita sui "Connie", i quadrimotori Lockheed Constellation. In questo periodo conosce Sofia Maria Pappas che sposa il 30 giugno 1946 e da cui avrà due figli.

Dopo trenta mesi come pilota di linea, nell'ottobre 1948 rientra nelle file dell'USAF dove viene assegnato a Washington presso il Pentagono. La sua esperienza sui jet è preziosa. Ora per "Steve" si aprono le porte del comando. Viene inviato all'estero, con la NATO, in Germania ed in Italia, prima a Firenze e poi a Napoli.

Durante il suo turno in Vietnam comanda uno Squadron da trasporto aereo montato su bimotori de Havilland Canada DHC-4 Caribou. Rientrato nel 1968 negli USA, viene assegnato come vice-comandante ad un gruppo missilistico.

Grazie al fatto di parlare greco, viene scelto come capo della sezione USAF del Joined Military Mission for Aid to Greece (JUSMAAG). Nel 1970 quindi si trasferisce nel suo nuovo ufficio in piazza Syntagma ad Atene, contento di poter ritornare nel paese delle sue origini e dove tutto ebbe inizio.

Spiros Nickolas "Steve" Pisanos all'apice della sua carriera militare

Rivisita la collina di Kolonos dove per la prima volta vide in volo il Gloster Mars e l'aeroporto di Tatoi, dove trascorreva le sue giornate da ragazzo insieme ai piloti e specialisti della Forza Aerea Ellenica, pensando con nostalgia a qui tempi passati.

Un altro incarico ricevuto da Pisanos durante la sua permanenza ad Atene è stato quello di consigliere della HAF (Hellenic Air Force) sull'entrata in servizio del caccia McDonnell Douglas F-4 Phantom II, che il governo greco aveva deciso di acquistare. Siamo ormai nel 1973 e per Spiros "Steve" Pisanos è giunto il momento di lasciare l'USAF.

Con rammarico rientra negli Stati Uniti e, nel dicembre 1973, lascia la Forza Aerea con il grado di Colonnello. Sono trascorsi più di 30 anni da quando ha iniziato a volare su un piccolo Piper Cub.

In tutti questi anni ha continuato a volare sia in tempo di pace che in guerra, prima con la RAF, poi con l'USAAF nei cieli di una Europa distrutta dalla guerra, ha trascorso sei mesi con i partigiani francesi adoperandosi con loro per combattere i tedeschi. È diventato pilota collaudatore, pilota di linea per la TWA, di nuovo con la rinnovata USAF, conseguendo nel frattempo una laurea con un dottorato in scienze militari e ricoprendo incarichi sempre più importanti. Pisanos nelle sue interviste rammenta di avere sempre un debito con gli Stati Uniti per quello che gli ha consesso di fare e di diventare.

Sceglie San Diego come sua dimora, dedicandosi al golf ed alla scrittura. Suo è il libro di memorie: "The Flying Greek: An Immigrant Fighter Ace's WWII Odyssey with the RAF, USAAF and French Resistance".

Ha pilotato più di cinquanta tipi differenti di velivoli, dai piccoli monomotori fino ai grossi quadrimotori commerciali, ha accumulato più di 8000 ore di volo, infrangendo anche la barriera del suono, senza contare le cinque vittorie confermate ottenute durante la guerra (alcuni testi ne confermano dieci).

È stato decorato con molteplici onorificenze sia statunitensi che straniere tra cui la DFC, la Purple Hearth, la Croix de Guerre francese, la Vietnamese Medal of Honor. Il 19 luglio 2002 è stato inserito tra i membri del "Eagle Squadron Association" presso il " National Aviation Hall of Fame" a Dayton Ohio ed è inoltre insignito, nel 2010, della Legion d'Onore francese, la più alta decorazione della Repubblica Francese, un altro grande traguardo raggiunto da un ragazzino che da grande voleva fare l'aviatore.

Il rhodesiano dal cognome greco: un Asso greco nella RAF

Anche la carriera aviatoria di un altro pilota di origine greca fu alquanto "movimentata" anche se purtroppo si concluderà in modo drammatico con la morte prematura del protagonista, John Plagis.

Ioannis Plagis nell'abitacolo dello Spifire Mk.IX con riportato il bottino delle sue vittorie (le svastiche dipinte sotto l'abitacolo). La scritta KAY – diminutivo di Katrina – era in onore della sorella di Plagis

Plagis è stato l'Asso di origine greca con il punteggio più alto in fatto di vittorie aeree, sedici (anche se alcune fonti ne riportano diciassette, altre diciannove). Di queste, undici sono state conseguite nel teatro operativo dell'isola di Malta. E' stato anche uno dei veterani più decorati della Rhodesia (oggi Zimbabwe). Ma andiamo per ordine.

Ioannis Agorastos "John" Plagis, figlio di immigrati greci provenienti dall'isola di Limnos, nasce il 10 marzo 1919 a

Gadzema, un villaggio di minatori nei pressi di Hartley, a circa 110 km a sud-ovest della capitale della Rhodesia del Sud, Salisbury (oggi Harare – Zimbabwe). In Rhodesia frequenta la Prince Edward School di Salisbury ed utilizza come nome di battesimo il più inglese Jonh al posta del greco Ioannis.

Da sempre interessato al mondo del volo, all'inizio della seconda guerra mondiale, nel settembre 1939, chiede di essere arruolato nelle file della SRAF (Southern Rhodesian Air Force) ma viene respinto in quanto, sebbene nato nello stato africano, all'anagrafe era figlio di cittadini stranieri. Ci riprova nell'ottobre 1940 dopo che le truppe italiane hanno invaso la sua terra, la Grecia. Questa volta ci riesce e viene arruolato nella RAF (che aveva nel frattempo assorbito la SRAF).

Riceve un primo addestramento in Rhodesia e poi in Inghilterra per la conversione operativa presso il 58° OTU di base a Grangemouth, in Scozia dove, nel giugno 1941, con il grado di sergente termina l'addestramento e viene assegnato al 65° Squadron. Qui rimane per circa un mese quando il 19 luglio 1941 viene trasferito presso il 266° Squadron dotato di Spitfire. Rimane in Inghilterra per essere in seguito inviato in Medio Oriente alla fine del gennaio 1942.

Viene successivamente imbarcato sulla portaerei *Eagle* da dove decolla, pilotando lo Spitfire Mk.Vb matricola "GN-K" numero di serie "AB346", il 6 marzo 1942 con destinazione Malta. Il suo aereo fa parte di un gruppo di sedici Spitfire Mk.V inviati sull'isola nell'ambito dell'*Operazione Spotter*, operazione studiata per portare aiuti militari all'isola assediata dalla forze militari italo-tedesche.

L'operazione riesce e tutti i velivoli lanciati, grazie alla guida di alcuni Bristol Blenheim come apripista, raggiungo l'isola per rinforzare le difese ed integrare i caccia Hurricane ed i loro piloti ormai esausti. In tutto, tra marzo ed ottobre 1942, saranno lanciate tredici missioni di rinforzo con invio di aerei ed equipaggi.

Sarà proprio sul suolo maltese, con il 249° Squadron dove era stato trasferito, che Agorastos conseguirà la maggior parte delle sue vittorie.

Già pochi giorni dopo il suo arrivo, il 10 marzo, intercetta ed abbatte un Bf 109 anche se questa vittoria sarà considerata come probabile. Dopo altre missioni che si susseguono giornalmente ed aver danneggiato in combattimento un altro Bf 109 ed uno Ju 88 da bombardamento, arriva il primo successo confermato, l'abbattimento di uno Ju 87 Stuka tedesco il 25 marzo, danneggiandone un altro nel corso della stessa azione. Purtroppo questo successo è oscurato dalla morte occorsa alcuni giorni prima del suo caro amico e compagno di squadriglia Doug Leggo, anch'egli rhodesiano, che viene abbattuto il 20 marzo dopo una azione contro caccia Bf 109. Leggo riesce a lanciarsi ma un Bf 109 spara contro di lui o, presumibilmente, la scia del caccia nemico danneggia il paracadute causando la morte di Doug. Plagis rimane sconvolto da questo evento e promette di abbattere dieci nemici per vendicare la morte del suo amico.

Un giorno memorabile per Plagis sarà il 1° aprile 1942. Nell'arco di un pomeriggio abbatterà quattro velivoli nemici (due Bf 109, uno Ju 88 ed uno Ju 87, mentre un altro Ju 88 verrà calcolato come probabile). Con queste nuove vittorie John Plagis si aggiudica una Distinguished Flying Cross, il titolo di primo asso degli Spitfire su Malta e la reputazione di abile ed aggressivo pilota da combattimento.

Altre missioni ed altri combattimenti si susseguono con velivoli probabilmente abbattuti ed altri danneggiati. Il 10 maggio abbatte uno Ju 87 ed il giorno dopo è la volta di un caccia italiano Macchi M.C. 202 "Folgore". Il 16 maggio abbatte in cooperazione con un altro asso, Peter Nash, un Bf 109, 100° aereo abbattuto dal 249° Squadron.

I primi di giungo 1942 vola fino a Gibilterra a bordo di un Lockheed Hudson per prendere in consegna, insieme ad altri piloti, trentadue nuovi caccia Spitfire da consegnare a Malta per integrare le difese aeree nell'ambito dell'*Operazione Style*. Decolla quindi per la seconda volta dalla portaerei *Eagle* il 3 giugno. Il convoglio viene però intercettato dalle forze aeree dell'Asse e quattro caccia inglesi sono abbattuti. Il 4 giugno riceve la nomina a tenente e trasferito al 185° Squadron dove ne diviene il comandante. Con il nuovo Squadron il 6 giugno abbatte due velivoli da caccia italiani Reggiane RE.2001 "Falco II" ed il giorno successivo un Bf 109 tedesco.

Il suo punteggio si attesta ora su undici vittorie confermate, tre probabili e cinque velivoli danneggiati. Ha raggiunto e superato le dieci vittorie promesse per la morte dell'amico Doug Leggo.

Ottiene una "barra" alla sua DFC ed il mese successivo, il 7 luglio 1942, lascia l'isola per un periodo di riposo. In questi mesi di combattimento Plagis ha pagato un forte pedaggio sia dal punto di vista fisico che mentale. Gli vengono riscontrati problemi di malnutrizione, scabbia e una stanchezza estrema, il tutto dovuto alle difficili condizioni di vita a Malta. Vola quindi a Gibilterra a bordo di un bombardiere Armstrong Whitworth Whitley da dove prosegue con un idrovolante Short Sunderland alla volta dell'Inghilterra.

Qui, dopo un periodo di convalescenza, trascorrerà un anno nelle vesti di istruttore presso il 53° OTU a Llandow vicino a Cardiff. La vita da istruttore è sicuramente più

Supermarine Spitfire Mk. IX di Ioannis Agorastos Plagis

tranquilla anche se le situazioni di pericolo non mancano come l'operare con il cattivo tempo e a bordo di vecchi aerei che hanno sicuramente visto periodi migliori.

Nell'aprile del 1943 John Plagis torna a volare questa volta come comandante del 64° Squadron impiegato in missioni sopra la Francia occupata. Nella missione del 24 settembre 1943 durante la scorta ad una formazione di settantadue bombardieri Martin Marauder sopra Evreaux, intercetta sulla via del ritorno nei pressi di Rouen un singolo Messerschmitt Bf 109G che cerca di attaccare la formazione dei bombardieri. Plagis gli si mette in coda e con raffiche ben mirate colpisce l'avversario che esplode in una palla di fuoco. Due mesi dopo, il 23 novembre, la scena si ripete sopra Den Helder in Olanda, dove abbatte un Fw 190.

Nel luglio 1944, promosso Squadron Leader, lo troviamo al comando del 126° Squadron equipaggiato con Spitfire Mk.IX. Il suo aereo personale porta la sigla "5J-K" ed il numero ML214. Plagis aggiunge poi altre "decorazioni" come la scritta "Kay" ed i simboli delle sue vittorie aeree sotto l'abitacolo, la lettera K sul timone di coda (iniziali di Kay, Katrina, sorella di Plagis) e la scritta MUSCAT in inglese e arabo in quanto l'aereo era stato donato dallo sceicco di questa località in Oman.

In questo periodo lo Squadron è impegnato in operazioni di scorta e mitragliamenti al suolo in aiuto alle truppe di invasione. Con questa unità il 24 luglio abbatte un Bf 109 ad est di Angers. Il successivo 29 luglio partecipa ad una missione di bombardamento a bassa quota su un piccolo villaggio della Bretagna, Scrignac, ad una cinquantina di chilometri ad est di Brest. In questo villaggio era dislocata una guarnigione tedesca con relativo Quartier Generale. Tutti gli Spitfire erano dotati di una bomba da 500 libbre appesa all'attacco centrale di fusoliera. I piloti erano stati avvisati che la popolazione civile è stata evacuata tramite contatti con la resistenza francese. Nel raid rimase distrutto gran parte del paese compresi gli edifici del comando tedesco. Purtroppo, solo alcuni anni dopo si saprà che la popolazione non fu realmente evacuata e nel raid morirono anche ventitré civili francesi.

La missione che si svolge nel pomeriggio di lunedì 14 agosto 1944 sarà per Plagis un altro giorno da ricordare. Era per lui la seconda missione della giornata, avendo partecipato in mattinata ad una operazione "Ramrod", la scorta a bombardieri Lancaster per attaccare del naviglio nei pressi di Brest.

Partito alle 15.00 dalla base di Harrowbeer nei pressi di Plymouth, conduce undici Spitfire dotati di serbatoio supplementare verso la costa francese in una missione "Rodeo", per un attacco a bassa quota sul territorio nemico senza alcun obbiettivo specifico. La zona di operazioni è quella a sud di Parigi tra le città di Baulne e Melun. Qui vengono intercettati dei caccia tedeschi in procinto di atterrare. Gli inglesi si gettano sulle prede con avidità e sei tedeschi vengono abbattuti, uno probabilmente distrutto e tre danneggiati. In questa occasione John si aggiudica due vittorie, un Focke-Wulf Fw 190 ed un Messerschmitt Bf 109 più un altro Messerschmitt danneggiato. Tutti e dieci gli Spitfire partiti (uno era rientrato dopo il decollo a causa di problemi meccanici) fanno ritorno alla base. Queste sono le ultime vittorie conseguite da John Plagis nel corso della guerra che lo portano ad essere l'asso greco/rhodesiano con maggior numero di vittorie con un totale di sedici abbattuti, tre probabilmente distrutti e sei danneggiati (anche se altre fonti, come visto all'inizio, citano un numero differente).

Ma se le vittorie di Plagis si fermano qui, non così per la sua attività aviatoria. Il 1° agosto lo troviamo impegnato nella scorta a dei Mosquito incaricati di bombardare serbatoi di stoccaggio carburante. L'attacco dei Mosquito è impreciso così tocca agli Spitfire di Plagis finire il lavoro mitragliando i serbatoi e darli alle fiamme. Con l'occasione attaccano anche dei vagoni ferroviari e veicoli militari distruggendoli.

Alla fine dell'agosto 1944 il 126° Squadron si trasferisce a Bradwell Bay nell'Essex, e la sua zona di operazione diventa così il Belgio e l'Olanda.

Durante l'operazione *"Market Garden"*, il 26 settembre 1944, mentre effettua una missione di scorta ai Douglas Dakota, viene colpito dalla contraerea sopra Arnhem e deve effettuare un atterraggio di emergenza nel quale riporta solo lievi ferite, tornando subito in combattimento. Nel mese di dicembre lo Squadron riceve i nuovi caccia Mustang III sui quali effettua la conversione. Il 27 marzo effettua la sua ultima missione ed il suo turno di operazioni termina alla metà di aprile. La guerra in Europa è alle battute finali.

Rientra quindi in Rhodesia dove diventa comandante della base RAF di Kumalo a Bulawayo fino all'ottobre 1945.

Richiamato in Inghilterra prende il comando del 234° Squadron prima e del 266° poi, entrambi equipaggiati con i bimotori a getto Gloster Meteor. Termina la sua carriera nella RAF nel maggio 1948, all'età di 29 anni, rientrando nuovamente in Rhodesia. Qui, nella capitale Salisbury, come riconoscimento per le sue imprese, gli viene intitolata una strada, la John Plagis Avenue.

Si sposa nel 1954 e avrà quattro figli (tre maschi ed una femmina). Entra far parte di diversi consigli di amministrazione tra cui la Central African Airways tra il 1963 ed il 1968. Aderisce al Rhodesian Front a partire dalla sua costituzione nel 1962 ed è candidato alle elezioni politiche dello stesso anno perdendo però contro il suo avversario, John Roger Nicholson.

Plagis conobbe L. Ron Hubbard, il fondatore americano di Scientology, quando questi si trasferì per un periodo in Rhodesia nel 1966 dove avvia varie iniziative imprenditoriali tra cui l'acquisto del Bumi Hills Hotel a Kariba. John Plagis fu tra le persone che collaborarono con Hubbard per l'acquisto del Bumi Hills Hotel.

Plagis non si era mai riadattato completamente alla vita civile e nel 1974 si suicida per ragioni sconosciute. Forse la guerra aveva lasciato su di lui delle cicatrici psicologiche che non era più in grado di sopportare, quello che oggi si può considerare come disordine da stress post-traumatico.

Si conclude così all'età di 54 anni, con un epilogo drammatico ed una triste fine, la vita di Ioannis Agorastos "John" Plagis, asso greco/rhodesiano decorato di DFC e DSO, che aveva guadagnato il rispetto e l'ammirazione dei suoi uomini.

Marinos Mitralexis: il kamikaze greco

Marinos Mitralexis dopo il suo arruolamento nella RAF

Il nome di Marinos Mitralexis è diventato famoso ed in Grecia è considerato un eroe in seguito all'azione da lui compiuta il 2 novembre 1940.

Verso mezzogiorno lui ed altri cinque velivoli del 22° Squadron decollano su allarme per intercettare una formazione di quindici bombardieri italiani Cant Z.1007 scortati da sette caccia Fiat C.R.42 diretti verso la città di Salonicco. Marinos, a bordo del suo PZL P.24, intercetta la formazione nemica ed ingaggia il combattimento. Tre velivoli nemici vengono abbattuti mentre i restanti riescono a raggiungere Salonicco, loro obbiettivo, per poi tornare verso la loro base situata in territorio albanese. In questa fase Mitralexis si trova a corto di munizioni a causa del precedente combattimento (nel quale aveva abbattuto un avversario e danneggiato un altro). Nonostante questo non vuole abbandonare l'azione e rinunciare all'attacco. Non rimane che una soluzione, speronare l'aereo nemico. Punta quindi il muso del suo velivolo in modo da colpire con l'elica l'avversario. Lo colpisce sulla destra ed in coda distruggendogli il timone e rendendolo così ingovernabile. L'aereo italiano scende in spirale verso il suolo, seguito da quello di Mitralexis, rimasto a sua volta danneggiato nello scontro. Il bombardiere con matricola militare MM 22381, pilotato dal sottotenente Beniamino Pasqualotto, che rimane ucciso nello scontro, si schianta al suolo nell'aerea di Lagkadas, nei sobborghi di Salonicco. Gli altri quattro membri di equipaggio si lanciano con il paracadute. Il PZL P. 24 di Marinos atterra nelle loro vicinanze. Armato della sua pistola e con l'aiuto di alcuni abitanti della zona, Mitralexis prende prigionieri i quattro uomini sopravvissuti e li conduce presso il Comando Militare di Salonicco. Per questa azione riceverà la Croce d'Oro al Valore, unico ufficiale dell'Aeronautica Militare Greca a ricevere tale onorificenza.

Alla capitolazione della Grecia nell'aprile 1941, Mitralexis fugge in Nord Africa per unirsi alle forze alleate. Qui entra a far parte della RAF dove combatté con la Desert Air Force arrivando fino al grado di Wing Commander (tenente colonnello) ed aggiudicandosi un bottino totale di cinque aerei abbattuti ed uno probabile.

Marinos Mitralexis, che era nato nel 1920 nel villaggio di Messinia vicino a Kyparissia, cittadina del Peloponneso affacciata sul mar Ionio, diplomato sottotenente della Forza Aerea Ellenica nell'estate 1940, morì nel settembre del 1948 a causa di un guasto meccanico durante un volo di addestramento con un Airspeed Oxford in volo nel tratto di mare antistante l'isola di Tinos, nel mare Egeo. In sua memoria, oltre all'emissione di francobolli che raffigurano la sua azione di speronamento, è stata eretta una statua in una piazza di Atene.

Lo spagnolo che abbatté un P-38 americano

Le vicende che vengono narrate in questo paragrafo non riguardano un "asso" nel senso stretto della parola. Infatti il pilota interessato non ha abbattuto i classici cinque aerei per fregiarsi di tale titolo anzi, di aerei ne ha abbattuti solo uno. Ma proprio quell'unico aereo lo ha portato all'onore delle cronache per l'atipicità dello scontro.

Gli sconfinamenti di aeromobili di entrambi gli schieramenti nei cieli delle nazioni neutrali (vedi Svizzera, Svezia, Spagna) erano un fatto quasi comune che si risolveva, come da accordi internazionali, con l'internamento dell'equipaggio e relativo aereo, previa restituzione al termine del conflitto. In alcuni casi si è arrivati allo scontro armato come successo in varie occasioni in Nord Africa tra aeromobili americani con i neutrali spagnoli o quelli della Francia di Vichy, alleata con le forza dell'Asse. Piccole scaramucce che si risolvevano, nella maggior parte dei casi, con un nulla di fatto ed il rientro alla base dei contendenti.

Miguel Entrena Klett

Non fu così il 3 marzo 1943. Quel giorno i posti di osservazione a terra dell'esercito spagnolo dislocato nella fascia del Marocco Spagnolo, una fascia di terra lungo le coste del Mediterraneo che si estende dal confine con l'Algeria fino a Tangeri, città posta a cavallo tra lo stretto di Gibilterra e l'oceano Atlantico, rilevano l'avvicinarsi di una formazione di aerei statunitensi in trasferimento tra Algeria e Marocco.

Non è la prima volte che si verificano sconfinamenti con violazione della sovranità spagnola, soprattutto ora che, in seguito all'Operazione Torch, le truppe alleate sono sbarcate in Marocco ed Algeria. Già l'8 novembre 1942, giorno dell'inizio dello sbarco Alleato, i caccia spagnoli intercettarono dei Douglas C-47 "Skytrains" che trasportavano paracadutisti in volo dall'Inghilterra ad Orano in Algeria. In quella occasione i caccia spagnoli si limitarono a scortare i velivoli fuori dal loro spazio aereo. Tre di questi, a corto di carburante, credendo di essere in territorio algerino-francese, atterrarono a Zeluán, Villa Sanjurjo (Alhucemas) e Tetuán, al limite della zona a nord del Protettorato Spagnolo del Marocco.

Quel fatidico 3 marzo però la 1ª Escuadrilla del Grupo 27, dislocata sulla base di Nador, era già in allarme. Venne ordinato il decollo immediato. A decollare, nonostante il campo di volo fosse quasi impraticabile a causa del fango dovuto alle piogge dei giorni precedenti, fu il tenente Miguel Entrena Klett.

Ai comandi del suo Heinkel He 112B matricola 5-68, sale rapidamente a 3500 metri di quota per intercettare la formazione americana. Gli aerei sono undici caccia bimotori Lockheed P-38F "Lightning" del 14th Fighter Group con base in Algeria a Youk-les-Bains, divisi in due formazioni di cinque e sei velivoli rispettivamente, che volano a quote differenti. Klett sale di altri 500 metri e si pone con il sole alle spalle.

Attacca quindi l'ultimo velivolo della formazione sparando con i suoi due cannoncini alari da 20 mm e colpendo uno dei motori dell'avversario. Il pilota statunitense abbandona la formazione e sgancia i serbatoi subalari di cui era dotato, seguito dal tenente Klett che gli si posiziona accanto facendo segno al pilota colpito di lanciarsi con il paracadute.

Quest'ultimo, sapendo di venire internato per il resto della guerra si fosse atterrato in territorio spagnolo, cerca di portare il velivolo verso la zona di confine franco-spagnola con l'Algeria, in mano alle forze alleate, riuscendo ad effettuare un atterraggio di fortuna sulla sponda del Rio Muluya, in territorio francese. L'atterraggio avvenne sul ventre in quanto solo una delle due ruote del carrello principale fuoriesce. Il pilota ed il velivolo vengono in seguito recuperati dagli americani. Klett rientra quindi alla base. Il suo volo è durato in tutto quindici minuti.

L'abbattimento risultava legittimo e nessun provvedimento

Heinkel He 112 pilotato da Miguel Klett nella missione del 3 marzo 1943

contro la Spagna venne intrapreso dagli Stati Uniti. Solo una azione provocatoria verrà messa in atto il giorno seguente quando sette formazioni composta ognuna da tre caccia P-38 sorvolano aggressivamente l'aerodromo di Nador.

Provocazione alla quale gli spagnoli non reagirono in quanto da Madrid era arrivata comunicazione che agli aerei stranieri si poteva sparare solo se questi avessero aperto il fuoco per primi. Oltre a questo i caccia di base a Nador quel giorno avrebbero avuto molte difficoltà nel decollare in quanto le condizioni della pista erano peggiorate a causa dello strato di fango presente. Il tutto è stato successivamente risolto con una protesta diplomatica dell'ambasciatore statunitense a Madrid.

Nonostante questa azione potesse provocare un grave incidente diplomatico, nessun provvedimento venne preso nei confronti del tenente Miguel Entrena Klett.

Questi aveva partecipato alla guerra civile spagnola combattendo nelle file dell'esercito e decorato due volte con la Cruz de Guerra. Nel 1939 entrò nell'Ejército del Aire dove frequentò la scuola caccia diventandone, nel 1941, istruttore nonostante avesse al suo attivo solo 135 ore di volo. Questo conferma le sue abilità e competenze in campo aeronautico. Dopo i fatti accaduti nel 1943, rientrò in Spagna dove continuò la sua carriera in aeronautica, diventando collaudatore presso l'Escuadrón Experimental de Vuelo de Torrejón.

Si ritirò alla vita civile nel 1967 con il grado di colonnello e 6800 ore di volo. Divenne pilota commerciale per la compagnia spagnola Spantax (Spanish Air Taxi Líneas Aéreas S.A, attiva dal 1959 al 1988) con la quale accumulò 14.000 ore di volo fino al suo pensionamento.

Miguel Entrena Klett morì a Madrid all'età di 81 anni il 19 febbraio 1999.

Per quanto riguarda il suo He 112 "5-68" che pilotava quel 3 marzo 1943, continuò a servire nella forza aerea spagnola fino a che non subì un incidente il 17 ottobre 1952. Il mese successivo, sempre in Spagna, verrà effettuato l'ultimo volo di un Heinkel He 112 concludendo così la carriera di un velivolo che lasciò un ricordo positivo nei suoi utilizzatori.

Come ultima curiosità riguardo ai vari velivoli (sia Alleati che delle forze dell'Asse) atterrati in territorio spagnolo e del Marocco spagnolo in particolare, accenniamo al bombardiere B-24D denominato "Red Ass" della 8° Air Force (93° BG/409° BS) con numero di serie USAAF 41-23740. Questi, il 25 febbraio 1943, mentre era in volo di rientro in Inghilterra dopo il suo periodo di servizio in Nord Africa, causa esaurimento carburante, è costretto ad effettuare un atterraggio di emergenza e l'equipaggio viene internato.

Tra i membri dell'equipaggio è presente il sergente Ben Kuroki, l'unico americano di origine giapponese che

Ben Kuroki, mitragliere di bordo di origini giapponesi in servizio con l'USAAF, in una foto propagandistica dell'epoca

abbia combattuto nell'USAAF sul fronte del Pacifico come mitragliere e che ha volato cinquantotto missioni di combattimento (trenta sul fronte Europeo sui B-24 come mitragliere dorsale e ventotto sul fronte del Pacifico a bordo dei B-29 Superfortress). Gli spagnoli li trattarono più come ospiti che come prigionieri. Dopo il loro trasferimento in Spagna avrebbero avuto la possibilità di soggiornare per il resto della guerra in un appartamento lussuoso ma il richiamo della "vita attiva" si fece sentire. Dopo tre mesi di "soggiorno forzato", grazie ad interventi diplomatici, poterono quindi tornare nelle file del 93° Bomber Group dislocato in Inghilterra ed impiegato nelle missioni sopra la Germania.

A difesa della neutralità

Anche la Svizzera si trovò a difendere i suoi confini e la sua neutralità. Data la sua posizione, incuneata tra due potenze dell'Asse (Italia e Germania), dovette in più occasioni intercettare, scortare ed in alcuni casi abbattere aerei che avevano invaso il suo spazio aereo, trovandosi dapprima alle prese con sconfinamenti di aerei tedeschi e successivamente da parte degli aerei Alleati. Alla fine delle ostilità si conteranno un totale di 6501 violazioni dello spazio aereo elvetico da parte di entrambi i contendenti.

Centottantasei velivoli di varie nazionalità hanno trovato rifugio sulle basi aeree svizzere mentre un totale di cinquantanove si schiantano sul suo territorio a causa di danni subiti in combattimento, abbandonati dall'equipaggio oppure abbattuti dalla caccia svizzera o dalla contraerea. L'aliquota più numerosa di aerei internati sarà quella americana, con numerosi velivoli di varie tipologie tra cui l'incredibile numero di settantasei B-17 e ottantadue B-24. In totale 1620 uomini di equipaggio giungeranno in Svizzera con i loro apparecchi, a questi vanno aggiunti altri 357 aviatori che varcheranno la frontiera a piedi, per trovare rifugio entro i suoi confini. Un totale di circa 100.000 soldati di varie nazionalità e 60.000 ebrei troveranno ospitalità sotto la bandiera bianco crociata elvetica. Tra l'inizio e la fine delle ostilità i caccia svizzeri hanno abbattuto o costretto ad atterraggi di emergenza un totale di diciotto aerei nemici. Di questi, tredici furono tedeschi (cinque caccia Bf 110, cinque bombardieri He 111, un Do 215, uno Ju 52 ed un idrovolante italiano Fiat R.S.14 con contrassegni della Luftwaffe) e cinque alleati (due B-17, due B-24 ed un caccia P-47). Altri nove aerei furono abbattuti dalla contraerea tra cui un Bf 110 tedesco e otto aerei alleati (due B-17, tre Lancaster, un B-24, un P-47 ed un Mosquito).

Tra i velivoli più interessanti atterrati su suolo svizzero troviamo sicuramente il caccia a getto Messerschmitt Me 262A-1 immatricolato "White 3". Il pilota, Hans Guido Mutke dello Jagdgeschwader 7, afferma di essersi perso nel corso di una azione di combattimento il 25 aprile 1945 ed essere quindi atterrato per errore e a corto di carburante sull'aeroporto di Dübendorf, nei pressi di Zurigo anche se c'erano sospetti che avesse disertato. Il velivolo verrà trattenuto dalle forze elvetiche e restituito alla Germania il 30 agosto 1957. Questo è il velivolo ora esposto al Deutsches Museum di Monaco di Baviera.

Mutke, dopo la guerra, rimarrà in Svizzera studiando medicina prima di emigrare in Argentina dove vola con i Douglas DC-3 per varie compagnie locali. Tornerà in Germania per completare gli studi in medicina. Morirà a Monaco di Baviera l'8 aprile 2004 all'età di 83 anni.

Anche l'abbattimento dell'idro bimotore Fiat R.S.14 (matricola MM35750 R+D) desta curiosità se non altro per il tipo di velivolo. Questo Fiat R.S.14, dopo aver prestato servizio nella Regia Aeronautica Italiana, in seguito all'armistizio dell'8 settembre 1943 viene requisito e passa, insieme ad altri esemplari, nelle file della Luftwaffe per essere impiegato come pattugliatore e soccorso aereo sul Golfo del

Caccia Morane D-3801 elvetici (modello costruito su licenza del Morane Saulnier MS. 406 francese)

Leone e sulla Manica. Ai comandi l'Oberfeldwebel (sergente maggiore) Heinrich Danken, accompagnato da un meccanico/ mitragliere, il 1° gennaio 1944 decolla dal suolo italiano con destinazione Friedrichshafen sul lago di Costanza seguendo una rotta che costeggia il confine tra Francia e Svizzera.

Quel giorno il tempo sulla Francia non è buono costringendo il pilota a spingersi, forse inavvertitamente, sul territorio elvetico all'altezza del lago di Neuchâtel ad una quota di circa 1500 metri. Due pattuglie di due caccia Morane D-3801 ciascuna (il D-3801 era la versione prodotta su licenza in Svizzera del Morane Saulnier MS.406) decollano per intercettare l'intruso che viene prontamente raggiunto nella zona del Giura. I caccia si posizionano per mostrare le coccarde svizzere al pilota che dimostra di aver compreso e dichiara di volerli seguire. Malauguratamente il mitragliere apre il fuoco sui caccia svizzeri, mancandoli. Nel frattempo il pilota devia dalla sua rotta cercando di raggiungere il confine francese che si trova a pochi chilometri di distanza. Mossa fatale che costringe i cacciatori svizzeri ad aprire il fuoco. In totale vengono sparati 138 proiettili da 20 mm e 491 da 7,5 mm. Sotto questa pioggia di fuoco l'aereo si incendia e precipita. I due occupanti verranno trovati ai loro posti nell'abitacolo completamente carbonizzati. Mancavano solo una ventina di chilometri alla salvezza.

Simile sorte toccherà il 6 giugno 1944 ad un trimotore da trasporto Ju 52 (sigla BJ+YV) in volo verso il sud della Francia che, a causa della copertura nuvolosa sul territorio francese, si addentra troppo in territorio neutrale nella zona di Orbe, a sud del lago di Neuchâtel, dove viene intercettato.

Anche in questo caso la mossa del pilota tedesco è azzardata. Cerca di raggiungere una massa nuvolosa per trovare riparo senza contare che il suo velivolo da trasporto ha una velocità nettamente inferiore agli ottimi, anche se ormai un poco antiquati, caccia Morane in dotazione all'aeronautica Svizzera. Lo Ju 52 viene raggiunto dai colpi di tutti e quattro i caccia inviati ad intercettarlo e si schianterà, con il suo equipaggio di cinque persone, presso Baulmes, circa otto chilometri ad ovest di Yverdon. Sono stati sparati 90 colpi da 20 mm e 960 da 7,5 mm.

Tra i piloti della pattuglia Svizzera c'è il tenente Hans Rickenbacher, il cui fratello Rudolf è stato abbattuto da un Bf 110 tedesco nel combattimento del 4 giugno 1940. Purtroppo, tre giorni dopo la firma dell'armistizio nel maggio 1945 che pone fine alla guerra sul fronte europeo, Hans Rickenbacher rimarrà vittima di una collisione aerea.

Ripercorrendo a ritroso le vicende della Truppe d'Aviazione Elvetiche durante la seconda guerra mondiale abbiamo il primo combattimento aereo avvenuto la mattina del 10 maggio 1940 tra un Bf 109E svizzero, pilotato dal tenente Hans Thurnherr, ed un aeromobile tedesco identificato in seguito come un bombardiere bimotore Ju 88.

Questo scontro non avrà vincitori ed entrambi i contendenti rientrano alle loro basi. Nel pomeriggio del medesimo giorno altro scontro, questa volta tra una pattuglia di due Bf 109, decollati dalla base svizzera di Dübendorf e pilotati dal capitano Walo Hörning ed il primo ufficiale Albert Ahl. L'avversario è un He 111 del III / KG 51 che, in rientro da una missione nella zona di Dole in Francia, cerca di accorciare la rotta penetrando in territorio neutrale. Intercettato all'altezza del lago di Costanza, non rispetta i segnali dei caccia svizzeri che si trovano costretti ad abbatterlo.

Si schianterà in territorio austriaco, poco oltre il confine, prima vittoria delle forze aeree elvetiche. La seconda vittoria aerea svizzera sarà sempre ai danni di un He 111, abbattuto il 16 maggio dai sottotenenti Victor Streiff e Richard Kisling

È tra il 10 maggio e 8 giugno che gli aerei svizzeri abbattono dieci velivoli tedeschi (cinque He 111 e cinque Bf 110), tutto questo però non senza subire perdite. Nei primi otto giorni del mese di giugno gli svizzeri subiscono l'abbattimento di un caccia Bf 109 ed un biplano biposto da ricognizione EKW C-35 pilotato dal tenente Rodolfo Meuli con il suo osservatore, il sottotenente Emilio Gürtler.

Il 1° giugno 1940 un He 111 cade sotto le raffiche del capitano Jean Roubaty, causando la morte dell'intero equipaggio. Poco più tardi il tenente Paul Schenk ed il capitano Werner Lindecker colpiscono un He 111 che atterrerà in territorio francese. L'equipaggio, illeso, viene fatto prigioniero (la Francia non era ancora capitolata). Il 2 giugno un altro He 111 in missione di bombardamento sull'aeroporto di Lione viene colpito da un caccia bimotore Potez 630 francese, restando danneggiato al motore destro. Per rientrare più velocemente alla base, accorcia le distanze attraversando la Svizzera ma viene intercettato dai Bf 109 del capitano Lindecker e del tenente Erwin Aschwanden che lo colpiscono costringendolo ad atterrare in emergenza sul territorio elvetico. L'equipaggio viene internato eccetto il mitragliere che, ferito alla testa, morirà il giorno successivo.

Le schermaglie si intensificano, forse anche su ordine di Hermann Goering, per mettere alla prova la reattività elvetica. In questo periodo infatti nelle mire espansionistiche della Germania rientrava anche la Svizzera. Sui tavoli degli Alti Comandi Tedeschi c'erano le carte per quella che sarà chiamata *"Operazione Tannenbaum"* (traducibile come Operazione Abete), il cosiddetto piano di invasione della Confederazione Elvetica da parte delle truppe naziste, con l'eventuale aiuto dell'alleato italiano che sarebbe dovuto penetrare da sud, dal Canton Ticino. Il piano di invasione fu rivisto varie volte fino all'ottobre 1940 ma non ci fu mai un via libera da parte di Hitler, forse perché ora più interessato all'invasione della Gran Bretagna e dall'Unione Sovietica, ma i veri motivi non sono mai stati chiariti.

È proprio in uno scontro avvenuto il 4 giugno che, come detto precedentemente, abbiamo la prima perdita di un pilota svizzero nella figura del tenente Rudolf Rickenbacher. Questi, decollato con il tenente Rudolf Suter per intercettare dei Bf 110, non vedendo più il suo gregario, va all'attacco in solitaria della formazione nemica. Viene colpito ma riesce a lanciarsi. Purtroppo il paracadute è rimasto danneggiato nello scontro a fuoco e non si dispiega completamente, causando una caduta libera da una quota di 1800 metri con conseguente morte di Rickenbacher, pilota con all'attivo più di 1000 ore di volo. Verrà sepolto tre giorni dopo con tutti gli onori. Anche il Maresciallo del Reich Hermann Goering invia un corona di fiori per omaggiare il defunto, gesto cavalleresco ma che non verrà apprezzato dalla popolazione locale.

Gli svizzeri si battono con determinazione, è in gioco la loro neutralità e soprattutto la loro indipendenza.

Nonostante questo, i comandi elvetici sanno di non poter sostenere una guerra prolungata con la vicina Germania. Dal punto di vista aeronautico la Svizzera dispone, in questo periodo, di circa 230 aerei, contrapposti agli oltre 4000 dei nazisti. La battaglia si sposta quindi sul piano diplomatico e il 13 ed il 17 giugno vengono emanate nuove "regole di ingaggio" per i cacciatori elvetici. Non devono essere attaccati i velivoli che hanno intenzione solo di attraversare il territorio svizzero, e solo le pattuglie di almeno tre velivoli avversari possono essere oggetto di intercettazione. Ora basta poco per scatenare una guerra tra i due stati confinanti.

Questo periodo di tregua relativa verrà utilizzato dalle forze svizzere per incrementare la loro capacità aerea con la produzione di velivoli su scala nazionale (vedi il C-3603, variante del EKV C-36), modifiche a quelli esistenti ed aumentare le capacità dei suoi piloti con istituzione di nuovi corsi ed un miglior addestramento.

Con la capitolazione della Francia avvenuta il 25 giugno 1940, la Svizzera rimane completamente circondata da territori sotto il controllo dell'Asse. Gli sconfinamenti si fanno sporadici e subentra un periodo di relativa calma nei cieli. Da li a pochi mesi gli sconfinamenti non interesseranno solo i velivoli della Luftwaffe ma anche quelli Alleati, RAF e USAAF.

Ora la Svizzera viene vista da entrambi gli schieramenti come "zona rifugio". A partire dal 27 novembre 1939 quando l'equipaggio di un bombardiere Do 17 tedesco abbattuto in

Francia varca i suoi confini, saranno trecentocinquantasette gli aviatori che raggiungeranno la Svizzera via terra per scappare dagli orrori della guerra o semplicemente per sfuggire alla cattura da parte del nemico.

Per dovere di cronaca dobbiamo anche accennare ai bombardamenti subiti dalle città svizzere dovuti ad errori di navigazione o di identificazione dell'obbiettivo.

Abbiamo così un primo episodio il 10 maggio 1940 dove un attacco tedesco causa dei danni alla linea ferroviaria che corre nel Giura svizzero. Il 4 giugno delle bombe francesi causano lievi danni alla città di Tägerwilen posta dirimpetto alla città tedesca di Costanza, sull'omonimo lago.

Pochi giorni dopo, nella notte tra il 10 e 11 giugno è la volta degli inglesi a bombardare il territorio neutrale. Una formazione di tre bombardieri Armstrong-Whitworth AW.38 Whitley sganciano le loro bombe sulla città di Ginevra scambiandola, a causa delle avverse condizioni meteo e ad un grossolano errore di navigazione, per la città portuale italiana di Genova. Fortunatamente i danni sono minimi, con la morte di due persone ed il ferimento di altre venti.

Tra i velivoli che atterrarono su suolo neutrale svizzero dobbiamo annoverare anche un esemplare di caccia bimotore Bf 110G-4 (Nr. 740055) adibito alla caccia notturna ed equipaggiato con il nuovo radar da intercettazione in volo SN-2 "Lichtenstein" e due cannoni da 20 mm per il tiro obliquo montati sul dorso della fusoliera che sparavano in avanti ed in alto, il cosiddetto sistema "Schräge Musik". Entrambe le attrezzature erano per l'epoca ultra-segrete.

Il 28 aprile 1944 durante una missione di intercettazione notturna di bombardieri Lancaster della RAF nella zona del lago di Costanza, essendo stato colpito ed avendo probabilmente perso l'orientamento, l'equipaggio (costituito dal tenente Wilhelm Johnen, con ventiquattro vittorie al suo attivo, l'operatore radio tenente Kamprath ed il mitragliere Oberfeldwebel − sergente maggiore − Mahler), atterra sull'aeroporto di Dübendorf (nei pressi di Zurigo). Questo fatto fece riaccendere la miccia tra il governo tedesco e quello svizzero in quanto gli svizzeri non volevano, in accordo ai trattati internazionali, restituire l'aereo con tutto il suo arsenale segreto.

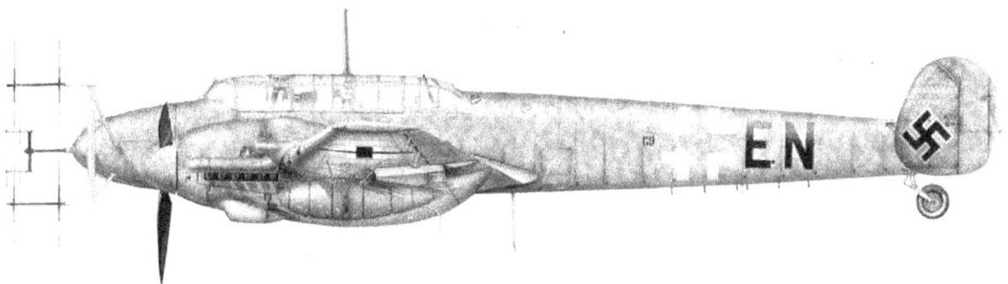

Bf 110 G-4 marche C9+EN del tenente Wilhelm Johnen. Si possono vedere le antenne del radar "Lichtenstein" sul muso, le canne dei cannoncini del sistema "Schräge Musik" posizionate in obliquo nell'abitacolo posteriore e i simboli delle vittorie dipinti sopra la svastica in coda

Tramite vie diplomatiche si giunse ad un accordo nel quale la Germania si impegnava a vendere dodici Bf 109G dietro l'impegno della Svizzera di distruggere il velivolo incriminato. Così sarà fatto alla presenza dell'ambasciatore tedesco. Anche l'equipaggio, in base all'accordo, verrà rimpatriato ed il tenente Johnen aggiungerà altre dieci vittorie al suo bottino. Pubblicherà le sue memorie nel libro intitolato "Duel under the Stars", uno dei primi libri in lingua inglese sulla Luftwaffe. Wilhelm Johnen muore il 7 febbraio 2002.

Adesso è l'ora degli Alleati "utilizzare" il suolo svizzero come via d'uscita in caso i loro apparecchi, colpiti dopo le missioni su suolo tedesco, siano danneggiati a tal punto da non poter rientrare alla base.

Il 17 febbraio 1943 arriva il primo bombardiere americano, un B-17F che atterra in avaria sull'aeroporto di Dübendorf, scortato dai caccia Morane. L'equipaggio esce indenne. In alcuni casi, se i danni sono troppo estesi, l'equipaggio preferisce lanciarsi con il paracadute. È quanto successo all'equipaggio del quadrimotore B-24H "Liberal Lady" (matricola 42-52148) che, il 25 febbraio 1944, dopo aver subito l'arresto di due motori a causa di un combattimento aereo, entra in territorio elvetico ed i nove uomini si lanciano non potendo più controllare il velivolo. Meno di un mese più tardi, il 18 marzo, sarà la data con il maggior numero di aerei americani (B-17 e B-24) penetrati in un solo giorno in territorio svizzero, ben sedici. Di questi, dodici atterrano a Dübendorf, uno sull'aeroporto civile di Althenrheim, sulle sponde del lago di Costanza e tre si schiantano al suolo dopo che l'equipaggio si è messo in salvo paracadutandosi. Anche l'aeroporto di Ginevra riceverà la sua "dose" di apparecchi americani. Il primo, un B-17G, atterra dopo essere stato colpito dalla Luftwaffe, con un ferito a bordo.

Purtroppo l'intercettazione da parte degli aerei svizzeri a volte porta ad errori di identificazione. Nelle file dell'Aeronautica Svizzera erano presenti, come abbiamo visto, dei caccia Messerschmitt Bf 109 di produzione tedesca. La vista di questi velivoli provocava ansia e diffidenza negli equipaggi americani che, a causa dello stress e della stanchezza, non esitavano a sparare a tutto quello che portava una croce sia essa bianca, come quella della Svizzera, o nera, come quella tedesca. Per evitare errori di questo genere, nel 1944 vennero applicate ai velivoli elvetici delle strisce identificative bianche e rosse disposte sulla fusoliera e sulle ali.

Come successo alla Germania, anche gli americani bombarderanno per errore la Svizzera. Il 1° aprile 1944 cinquantasette bombardieri B-24 divisi in tre ondate, sganciano sulla città di Sciaffusa il loro carico bellico uccidendo 40 civili e ferendone 270. Probabilmente la città posta sul confine con la Germania, collocata oltre il confine naturale del Reno, è stata scambiata dagli alleati per una città tedesca nemica.

La maggior parte dei bombardamenti furono attribuiti a degli errori di navigazione. Tuttavia, secondo diversi storici, in alcuni casi gli Alleati vollero presumibilmente lanciare un avvertimento alla Svizzera, per aver collaborato e simpatizzato con la Germania durante la guerra.

Nonostante tutto le forze elvetiche si sono dimostrate all'altezza della situazione. Grazie all'impegno dei suoi piloti, le truppe di aviazione hanno dimostrato, con coraggio e determinazione, la loro capacità di compiere la missione affidata e preservare la sovranità dello spazio aereo nazionale. Tutto questo purtroppo ha richiesto un prezzo da pagare. Furono persi 79 velivoli su 435 disponibili nel corso della guerra. Questo provocò la morte di cinquantacinque piloti e diciassette osservatori, la quasi totalità per cause accidentali o in addestramento. Solo tre velivoli svizzeri vennero abbattuti con la perdita di tre piloti ed un osservatore. Tra i vari piloti che furono coinvolti in combattimenti alcuni ottennero delle vittorie. I piloti accreditati di vittorie aeree, tra quelli già accennati nel testo, furono Werner Lindecker e Victor Streiff, entrambi con due abbattimenti a testa (Lindecker due He 111 e Streiff un He 111 ed un Bf 110)

Difendendo le Filippine

È il 12 dicembre 1941, da pochi giorni (il 7 dicembre) i giapponesi hanno attaccato con successo la base americana di Pearl Harbor e ora sono in procinto di invadere le Filippine nel loro piano espansionistico che comprende il sud-est asiatico e le isole del Pacifico.

Sulla verticale di Batangas Field, a sud-ovest dell'isola di Luzon, nei pressi di Manila, cinque piloti filippini si apprestano a contrastare una formazione di bombardieri Mitsubishi G3M "Nell" e la loro scorta costituita da caccia Mitsubishi A6M "Zero". A contrastarli c'è questo sparuto manipoli di piloti montati su vecchi e lenti caccia Boeing P-26 "Peashooter" (traducibile in 'sparapiselli' o 'cerbottana'), inquadrati nel 6°

Tactical Fighter Squadron. La disparità di numero è evidente, cinque filippini contro ventisette bombardieri e diciassette caccia. Guida lo Squadron filippino il capitano Jesus Villamor.

Il combattimento si svolge ad una quota di 3700 metri con vari 'dogfights' tra le forze contrapposte. Uno dei piloti, il tenente Cesar Fernando Basa, che era già in volo di perlustrazione da circa due ore, accetta il combattimento sapendo di avere solo quindici/venti minuti di autonomia. Viene inseguito da sette Mitsubishi "Zero". Basa riesce a tener testa agli avversari ma, nonostante la sua abilità, viene colpito ed è costretto a lanciarsi. Durante la discesa con il paracadute viene mitragliato da un caccia giapponese. Il suo corpo giunge a terra senza vita. È il primo pilota da caccia filippino caduto in combattimento. Cesar Basa, che era nato nel 1915, per questa azione verrà decorato postumo con la Silver Star statunitense. Gli verrà in seguito anche intitolata una base aerea delle Filippine.

Jesus Villamor, durante la seconda guerra mondiale

In questa stessa missione il capitano Villamor riesce ad abbattere un bombardiere Mitsubishi "Nell". Solo due giorni prima, il 10 dicembre 1941, in un analogo combattimento aereo in inferiorità numerica e qualitativa, Villamor abbatteva un caccia "Zero".

Nella stessa azione il 6° Tactical Fighter Squadron da lui comandato, nonostante lo svantaggio, si aggiudica un totale di quattro abbattimenti (un bombardiere Mitsubishi G3M e tre caccia Mitsubishi A6M).

Jesus Antonio Villamor nasce il 7 novembre 1914 nella provincia di Abra, nel nord dell'isola di Luzon. Studia presso il De la Salle College di Manila per intraprendere una carriera come uomo d'affari nell'ambito del commercio, ma il "tarlo" dell'aviazione si insinua in lui. Frequenta quindi un corso come pilota civile. Nel 1936 viene ammesso ai corsi della Philippine Army Air Corps (PAAC) ed inviato negli Stati Uniti dove vola sui Boeing B-17. Al suo rientro nelle Filippine nel dicembre 1941, poco prima dell'attacco giapponese, viene messo al comando del 6° Tactical Fighter Squadron che si distinguerà nei combattimenti contro gli invasori giapponesi. Per le sue azioni è stato citato due volte nei bollettini statunitensi, ricevendo anche la Distinguished Service Cross (DSC) per l'azione del 10 dicembre e le Oak Leaf Cluster al posto di una seconda DSC per l'azione del 12 dicembre 1941, unico filippino a ricevere due volte questa onorificenza statunitense.

In seguito alla distruzione del suo Squadron, continua la lotta come ufficiale dei sevizi segreti.

Viene addestrato in Australia alle tecniche della guerriglia, all'uso delle radio trasmittenti, al riconoscimento di navi ed aerei, alla lotta corpo a corpo e, la notte del 27 dicembre 1942 a bordo del sommergibile USS *Gudgeon* (SS-211), sbarca nuovamente nelle Filippine ed installa, insieme al suo team, un punto di contatto tra la resistenza ed il Quartier Generale del generale Douglas MacArthur in Australia, coordinando le azioni di guerriglia sulle isole di Luzon, Mindanao e Visayas.

I suoi rapporti sono utili al comando alleato per stabilire una strategia contro i giapponesi e permettere un ritorno nelle Filippine che avverrà con lo sbarco di MacArthur alla testa delle truppe americane sulla spiaggia di Leyte il 20 ottobre 1944. Le Filippine erano ritenute di vitale importanza dai vertici militari giapponesi. Questi infatti consideravano l'arcipelago filippino lo scudo che proteggeva il petrolio estratto in Indonesia e trasportato in Giappone. Se le Filippine cadevano, si sarebbe fermata la macchina da guerra nipponica. E così fu.

Jesus Villamor venne decorato il 21 gennaio 1954 con la Medaglia al Valore per la sua attività di pilota e di ufficiale dei servizi segreti. Ottenne anche la Distinguished Flying Cross

(DFC) e la Legione al Merito, oltre a numerose altre onorificenze per i servizi resi.

Rimase nelle forze aeree filippine fino a raggiungere il grado di colonnello. Jesus Antonio Villamor, che era stato soprannominato dai commilitoni "Jess", muore il 28 ottobre 1971. A lui è stata intitolata la base aerea di Manila.

I piloti danesi

Anche il piccolo stato della Danimarca offrì piloti di valore che combatterono sia per la RAF che per la Luftwaffe.

L'invasione della Danimarca (nome in codice: "Operazione Weserübung") da parte delle truppe naziste si svolse nell'arco di una giornata. Le truppe tedesche iniziarono l'invasione alle 4.20 (ora danese) del 9 aprile 1940. Il Re Cristiano X di Danimarca, informato di quanto stava accadendo, d'accordo con i suoi collaboratori, ritenne inutile una resistenza armata e, accettando l'offerta del ministro tedesco Joachim von Ribbentrop di una protezione della Germania che avrebbe garantito una sorta di indipendenza ed autonomia del suo Paese, alle 14.00 dello stesso giorno, firmò la capitolazione della Danimarca. Non ci furono quindi battaglie e spargimenti di sangue. Solo qualche isolata sparatoria che provocò qualche decina tra morti e feriti in entrambi gli schieramenti.

All'interno delle forze armate danesi alcuni ufficiali presero con rassegnazione la decisione del Sovrano, altri non riuscivano a sopportare l'idea di dover vivere in uno Stato sotto il controllo nazista. Alcuni invece passarono nelle file tedesche. Tra questi troviamo Peter Horn e Poul Sommer.

Peter Horn nasce il 15 ottobre 1915. Si arruola nell'esercito danese dove segue i corsi per pilota. Ottiene le sue "ali" ricevendo la nomina a sottotenente il 9 ottobre 1938. Al momento dell'invasione della Danimarca si trova nella posizione di tenente della riserva. Sembra che durante il periodo della "guerra d'Inverno" tra Finlandia ed Unione Sovietica, tra il novembre 1939 ed il marzo 1940, Horn abbia chiesto di servire nella FAF - Finnish Air Force

Peter Horn

(Forza Aerea Finlandese) come volontario, senza riuscirvi, ma di questo non risultano tracce ufficiali.

In seguito, l'8 luglio 1941, il Ministero della Guerra danese permetterà agli ufficiali del proprio esercito di far parte della Luftwaffe. Il personale che entra in servizio nella Luftwaffe sarà un numero esiguo rispetto alla quantità di soldati che entrarono a far parte delle Waffen-*SS*, la cui divisione denominata *SS* - Freiwilligen - Panzergrenadier - Division Nordland, è costituita in special modo da volontari danesi e norvegesi. Inizialmente la domanda di Horn viene scartata. All'inizio di ottobre 1941 dei quindici piloti selezionati, tre vengono inviati in Germania per addestramento ma vengono fermati da ordini superiori in quanto sembra che tutti i volontari danesi devono essere incorporati nelle file delle *SS*.

I piloti scrivono quindi una lettera di reclamo indirizzata al Maresciallo del Reich Herman Göring. In seguito a questa lettera dei nove piloti rimasti, sei vengono inviati nuovamente all'addestramento. Questi sono: tenente Wolfgang Rudolf Fabian, capitano Anker Tage Harild, capitano Knud Erik Ravnskov, tenente Poul Sommer, tenente Ove C. Terp, capitano Ejnar Thorup.

Oltre ai nomi sopra citati, un altro pilota riesce ad essere inserito nelle liste per l'invio ai corsi di addestramento, questo è proprio Peter Horn. Dopo il suo periodo addestrativo, viene integrato presso 1/JG 51 ed inviato sul fronte orientale.

Durante il suo servizio nella Luftwaffe si aggiudica un totale di dieci o, secondo altre fonti, undici vittorie ottenendo le decorazioni della Croce di Ferro di Seconda e Prima Classe. Horn sopravviverà al conflitto.

Dei piloti danesi incorporati nella Luftwaffe, tre non sopravviveranno alla guerra. Fabian, Ravnskov e Thorup persero infatti la vita nel corso del 1942 abbattuti sul fronte orientale mentre il tenente Terp dopo la guerra si recò negli Stati Uniti come rifugiato politico. Rientrerà in Germania nel 1950 dove presterà servizio nella Bundesluftwaffe raggiungendo il grado di tenente colonnello.

Anker e Sommer saranno dimessi con disonore dalle forze armate danesi, il 25 maggio 1945, a causa del servizio prestato nella Luftwaffe. Sommer verrà poi condannato a dodici anni di carcere. Fonte di grande controversia è stata la decisione presa nei confronti di questi ufficiali che si arruolarono nella forza aerea tedesca solo dopo un "invito" emanato dal Ministero della Guerra danese.

La decisione di incriminarli può essere scaturita dal fatto che una legge emanata il 1° giugno 1945, a guerra appena ultimata, aveva reso illegale la partecipazione al conflitto dei militari danesi sotto la bandiera nazista anche se all'epoca questo stato di fatto era accettato e favorito.

Poul Sommer nasce il 13 ottobre 1910 sull'isola danese di Bornholm. Si diploma nel 1928 per proseguire i suoi studi presso il Politecnico di Copenaghen. Nel 1930, ancora prima di ultimare gli studi universitari, si trasferisce in Germania, a Stoccarda per lavorare in fabbrica. Proprio questo periodo di permanenza lo porterà ad avvicinarsi alla nascente ideologia nazista. Nel 1932 si iscrive ad un corso di addestramento per

SS a Monaco di Baviera. Insieme ad amici con la stessa ideologia politica, fonderà il primo partito nazista danese pubblicando un opuscolo anti-marxista, scrivendo anche per il giornale di idee nazionalsocialiste "Kampen" (Lotta), giornale di cui ne diventerà, nell'arco di un paio di anni, il direttore. Rientrato in Danimarca nel 1934, si arruola nella Marina Militare. Nominato sottotenente nel dicembre 1936, viene accettato per svolgere l'addestramento come pilota.

Poul Sommer

Conseguirà il brevetto nel 1937. Nominato tenente il 1° gennaio 1939, entro la fine dell'anno si dimette dall'incarico di ufficiale di marina restando nella riserva. Cerca di farsi arruolare nell'aeronautica finlandese durante la "guerra d'Inverno" ma la sua domanda viene respinta.

Nel luglio 1941 riuscirà, come già fatto da altri suoi connazionali tra cui Peter Horn, ad entrare nell'esigua cerchia di piloti danesi pronti da essere avviati presso i campi di addestramento della Luftwaffe. Superato il periodo di addestramento, viene destinato al fronte africano con il II/JG27 presso il quale presterà servizio, con il grado di tenente, dal settembre 1942 al giugno 1943. Lo Jagdgeschwader 27 (stormo caccia 27), soprannominato *Afrika*, divenne subito sinonimo di Afrikakorps e della campagna in Nord Africa, fornendo copertura aerea alle truppe di Erwin Rommel per quasi tutte le operazioni nel deserto, dalla fine del 1941 al novembre 1942.

Di questa unità faceva parte anche Hans-Joachim Marseille, soprannominato la "Stella d'Africa" con 158 vittorie aeree. Marseille morirà in un incidente aereo il 30 settembre 1942.

Sommer ottiene la sua prima vittoria nel pomeriggio del 23 ottobre 1942 quando, nei pressi di El Daba, abbatte un Curtis Kittyhawk inglese. Solo cinque giorni più tardi, il 28 ottobre abbatte uno Spitfire a nord di El Alamein.

A causa dell'avanzata delle truppe inglesi, all'inizio del dicembre 1942 il II/JG27 lascia l'Africa per essere distaccato in Sicilia con il compito di proteggere i convogli di rifornimento che facevano la spola tra la Sicilia e la Tunisia. Qui, il 20 marzo 1943, ai comandi di un Bf 109G, Sommer ottiene la sua terza vittoria ai danni di uno Spitfire abbattuto durante un volo a bassa quota, sei chilometri a sud di Capo Scaramia. Lo Spitfire era in missione di protezione ad un idro Walrus che stava effettuando il salvataggio di un pilota inglese abbattuto precedentemente. Il suo avversario era il ventenne ufficiale pilota William John Locke, nato a Lockston, Trinity Bay, Newfoundland, Canada ed in servizio nel 249° Squadron della RAF di base a Malta.

Sommer viene trasferito nel maggio 1943 in una base nei pressi di Atene dove si occupa per lo più della pianificazione ed organizzazione degli aerodromi della penisola balcanica. Dopo questo breve periodo in Grecia viene trasferito al JG 54 sul fronte orientale dove, sembra, riesce ad ottenere altre tre vittorie (anche se questi abbattimenti non sono confermati). Quello che è invece appurato è che nel settembre 1943 rientra in Danimarca dove viene nominato comandante in seconda dello Schalburg-Korps, un reparto volontario paramilitare della Danimarca facente parte delle *SS*. Prenderà nel febbraio 1944 il comando di circa 800 uomini dello Sommerkorpset (Wachkorps der Luftwaffe in Dänemark). Scopo e funzione del corpo era quello di eseguire compiti di guardia sui campi di aviazione e impianti della Wehrmacht e negli stabilimenti che fornivano attrezzature per la Luftwaffe in Danimarca.

A causa della sua posizione militare, in un agguato nelle vicinanze della sua casa nei sobborghi di Copenhagen, Poul

Sommer subisce un attentato nel quale viene ferito alla schiena.

Il 25 maggio 1945, al termine della guerra, Sommer viene congedato con disonore dalla Marina. Insieme alla moglie acquista sotto falso nome un appezzamento di terreno vicino a Randers. Scoperto, viene arrestato nel luglio 1946 e condannato ad otto anni di carcere che diventeranno dodici in un successivo processo. Questo, come abbiamo visto, per aver preso parte attivamente alla guerra sotto la bandiera tedesca come pilota prima e ufficiale delle *SS* poi. Nel 1950 viene rilasciato e può tornare alla vita normale.

Morirà nel 1991. È stato accreditato di sei vittorie aeree e decorato con la Croce di Ferro di Prima e Seconda Classe.

Chi invece non poteva accettare l'idea di una Danimarca sotto il giogo nazista fu, tra gli altri, Kaj Birksted.

Kaj Birksted

Kaj Birksted nasce a Copenhagen il 2 marzo 1915 trasferendosi fin da subito con la famiglia negli Stati Uniti, a Boston, dove studia acquisendo una pronuncia inglese fluente, cosa che gli sarà utile per la sua futura carriera aviatoria.

Quando raggiunge l'età di dodici anni la famiglia di Kaj rientra in Danimarca. Qui prosegue gli studi per poi continuare il lavoro nell'azienda di legname a conduzione famigliare. Ma il sogno di Kaj è fare il pilota.

Si arruola nel 1935 nella Marina Militare danese dove frequenta i corsi per pilota ottenendo il brevetto nel 1937 (brevetto n° 81/37). Il 22 dicembre 1937 è nominato sottotenente ed il 1° gennaio 1940 promosso al grado di tenente. La guerra in Europa è già esplosa ed il 9 aprile 1940, giorno dell'invasione tedesca della Danimarca, lo troviamo in servizio presso la Naval Air Station di Slipshavn.

Kaj, come molti altri ufficiali, mal sopporta la decisione del Re Cristiano X di Danimarca di non intervenire militarmente e così, alcuni giorni dopo, nella notte tra il 16 ed il 17 aprile, insieme ad un collega, il tenente Charles Sundby, tenta la fuga verso la Svezia con il successivo intento di raggiungere la Norvegia ancora in lotta contro i tedeschi.

Impossessatosi di una piccola imbarcazione, attraversato i pochi chilometri che separano Copenhagen da Malmö, fuggono verso la vicina Svezia. Qui i due "fuggiaschi" rischiano di essere rispediti indietro come clandestini o internati come militari di una nazione straniera. Fortunatamente per i due questo non succede e, il 26 aprile, attraversano il confine norvegese.

Sebbene aiutati da un contingente inglese arrivato come rinforzo, la situazione militare era ormai disperata per la Norvegia. I due riescono a contattare le forze norvegesi che a loro volta li inviano su un cacciatorpediniere britannico. Qui Kaj, con il suo fluente inglese, può rendersi utile come traduttore.

Purtroppo la potenza militare tedesca è schiacciante. Gli inglesi lasciano la Norvegia il 3 giugno. Questa capitola pochi giorni dopo, il 10 giugno 1940. Fortunatamente Kaj ed il suo amico Charles non vengono sbarcati raggiungendo così l'Inghilterra. Qui Kaj pensa di aver partita facile per ottenere il suo arruolamento nella RAF ma, in questa fase della guerra, gli inglesi non hanno ancora bisogno di grandi quantità di piloti (la Battaglia d'Inghilterra inizierà un mese più tardi). Anche l'Ambasciata Danese a Londra non vede di "buon occhio" i due che si trovano così costretti ad imbarcarsi come equipaggio su una nave in servizio di trasporto attraverso l'Atlantico.

Durante il viaggio scoprono che in Canada è stata istituita una base per addestramento dei piloti norvegesi. Così a Cuba, primo scalo della loro nave, Kaj e Charles sbarcano e raggiungono Miami con un volo aereo. Da qui proseguono per Toronto dove è posto il campo di addestramento denominato "Little Norway".

Siamo nell'autunno del 1940 e, completato l'addestramento, Kaj viene inviato, il 12 maggio 1941, presso il 56° OTU sulla base RAF di Sutton Bridge dove, il mese successivo, ottiene l'abilitazione sugli Hawker Hurricane. Dopo alcuni trasferimenti in altre basi quali Tangmere, Catterick e Castletown, il 331° Squadron a cui è aggregato, viene inviato a Skeabrae, in Scozia, nelle isole Orcadi, a protezione della base navale di Scapa Flow. Qui non ha grandi possibilità di ingaggiare i nemici, effettuando comunque numerose missioni di scorta ai convogli e decolli su allarme. Lo Squadron viene convertito agli Spitfire Mk.II ed inviato il 15 maggio 1942 alla nuova base di North Weald, a nord-est di Londra.

Il 19 giugno, ai comandi di uno Spitfire Mk.Vb, ottiene la sua prima vittoria ai danni di un Fw 190 e il danneggiamento di un altro. In luglio viene promosso capitano e parteciperà il 19 agosto 1942 alla copertura aerea in supporto al fallito sbarco a Dieppe (*Operazione Jubilee*). In questa occasione si aggiudica due Fw 190 probabilmente distrutti.

Pochi giorni dopo, il 24 agosto, viene promosso Squadron Leader (equivalente a maggiore) e posto al comando del 331° Squadron fino al 21 aprile 1943.

La sua seconda vittoria la ottiene il 7 marzo 1943, nel corso di una missione di intercettazione, abbattendo un Bf 109F in un combattimento che si svolge tra i 28.000 ed i 23.000 piedi di quota, otto miglia a nord-est di Foreland. In questa occasione Kaj "cavalca" uno Spitfire Mk.IX (matricola BS471

FN-T). La conversione al modello Mk.IX è avvenuta il 14 ottobre 1942, mentre il 25 agosto Kaj aveva ricevuto la DFC.

Tra il 21 aprile ed il 30 giugno 1943 gli viene assegnato un periodo di riposo e verrà impiegato come istruttore. Promosso Wing Commander (tenente colonnello), rientra al comando del 132° Squadron. Viene decorato con la DSO il 26 novembre 1943.

La sua ultima vittoria aerea la ottiene il 23 gennaio 1944 durante la missione "Ramrod 472" dove, nei pressi di Breteuil, a sud di Amiens, abbatte un Focke-Wulf Fw 190

L'11 marzo 1944 viene distaccato presso 11° Group Combined Control Center ad Uxbridge per la pianificazione operativa dello sbarco in Normandia. Il 16 marzo 1945 è promosso comandante della base di Bentwaters, nel Suffolk, equipaggiata con i P-51 Mustang.

Terminata la guerra, il 9 giugno 1945 si sposa a Londra con Sonia Elisabeth Irgens e rientra in Danimarca dove prende parte alla formazione della nuova Forza Aerea Danese ma viene osteggiato dagli "alti gradi" che vedono in questo giovane ufficiale appena trentenne un ostacolo alla loro carriera. Il suo stato di servizio presso la RAF e le sue decorazioni nulla valgono nei confronti del sistema burocratico. Verrà in seguito inviato a Parigi presso il Quartier Generale della NATO. Si dimetterà nel 1960 con il grado di colonnello.

Deluso dal trattamento ricevuto in patria, non rientra in Danimarca ma si trasferisce in Inghilterra dove muore a Londra il 21 gennaio 1996. Solo un decennio dopo, nel 2009, verrà dedicato in suo onore un busto preso il Frihedsmuseet (Museo della Libertà) a Copenhagen.

Kaj Birksted terminò la guerra con un bottino di dieci vittorie aeree confermate, una in collaborazione e cinque velivoli nemici danneggiati.

I fratelli Talalla: i malesiani

Allo scoppio del secondo conflitto mondiale le colonie inglesi sparse per il mondo contribuirono, con il loro personale, ad incrementare le file dell'esercito, marina ed aeronautica inglese che dal 1939 erano alle prese con la Germania nazista e dal 1941 anche contro l'impero nipponico.

La Malesia non fece eccezione e tra i vari cittadini che aderirono alla chiamata alle armi figurano i fratelli Talalla: Cyril Lionel Francis e Henry Conrad Benjamin Talalla.

La loro storia ha inizio a Ceylon, oggi Sri Lanka, all'epoca facente parte dell'impero britannico.

Il padre, Hewage Benjamin Talalla emigrò da Ceylon verso la Malesia (anche questa sotto dominio inglese) dove giunse con qualche spicciolo in tasca e la classica valigia dell'emigrante. Qui, con grande coraggio, forza di volontà e duro lavoro divenne, nella Kuala Lumpur di inizio secolo, un imprenditore di successo riuscendo a ricoprire anche delle

I Fratelli Tallala: Henry "Sonny" Talalla e Cyril "Jimmy" Talalla

cariche pubbliche all'interno della municipalità della città. La sua posizione e l'autonomia economica che aveva raggiunto permisero a Hewage Benjamin di prendere lezioni di volo ed imparare a pilotare un velivolo, cosa assai rara nella Malesia dell'epoca.

Fu tra l'altro protagonista del volo in solitaria svoltosi nel 1932, nell'arco di ventotto giorni, dalla Malesia a Croydon, un sobborgo a sud di Londra. Al ritorno in patria dopo una simile impresa venne accolto come un eroe. Tra impegni politici, lavorativi ed imprese aviatorie, aveva trovato anche il tempo di sposarsi con Lily Olga Fernando che gli diede sei figli, una femmina e cinque maschi. Di questi, due presteranno servizio nelle file della RAF.

Henry, soprannominato "Sonny", ed il fratello Cyril di un anno più giovane, soprannominato "Jimmy", frequentano le migliori scuole di Kuala Lumpur praticando anche vari sport. Seguendo le orme del padre si interessano al mondo del volo e ottengono anche loro la licenza di pilota volando sul biplano Tiger Moth. Entrano entrambi nell'azienda di famiglia e nonostante siano i figli del proprietario non ottengono nessun trattamento di favore, la loro paga è quella di tutti gli altri impiegati. Siamo nel 1938 e la loro permanenza presso l'azienda durerà solo un anno.

Nel settembre del 1939 scoppia la guerra in Europa e come cittadini di una colonia inglese contribuiscono allo sforzo bellico arruolandosi nell'aviazione britannica, con Cyril che sarà il primo asiatico a superare i rigidi test di ammissione della RAF. Cyril viene quindi inviato presso la base RAF di Singapore mentre il fratello Henry lo raggiunge sei mesi dopo. Da qui le strade dei due fratelli si dividono. Cyril, ora con il grado di sergente pilota, transita per l'Australia prima di essere inviato in Canada e da qui in Inghilterra che raggiungerà nell'ottobre del 1941.

Anche Henry, inviato successivamente presso la Empire Flying School ad Alberta, in Canada, raggiungerà l'Inghilterra nell'estate del 1943 con il grado di sergente. Nel novembre dello stesso anno verrà aggregato al 182° Squadron, una unità di caccia-bombardieri equipaggiato con gli Hawker Typhoon.

Nel frattempo Cyril "Jimmy", abilitato al volo sugli Hawker Hurricane, nel maggio 1942 transita al 118° Squadron dove effettua la conversione sullo Spitfire che lo vedrà protagonista in missioni di protezione del suolo inglese, sulla Francia occupata, sul Canale della Manica ed il Mare del Nord. È con questo Squadron che il 11 marzo 1943, pilotando uno Spitfire Mk.V (matricola AR450), abbatte un Fw 190 in volo a 100 piedi sull'acqua, quindici miglia ad ovest di Ijmuiden, in Olanda. In giugno riceve la DFC per aver partecipato a numerose missioni di guerra ed aver abbattuto un velivolo nemico. Il 27 luglio, sempre nella zona di Ijmuiden, ottiene una vittoria in collaborazione abbattendo un Bf 109G.

Rimane con questa unità fino al novembre 1943 e successivamente, terminato il suo tour operativo, viene inviato a riposo per i sei mesi successivi ed impiegato come istruttore.

Nello stesso periodo i genitori ed i fratelli (la sorella era morta durante l'infanzia) subiscono il rigore dell'invasione giapponese della penisola malese. Verranno infatti incarcerati il 15 ottobre 1943 con l'accusa di spionaggio in seguito ad alcune esplosioni avvenute nel porto di Singapore dove diverse navi giapponesi rimasero danneggiate. Resteranno in carcere per sedici mesi.

Siamo nel 1944 ed in giugno inizia lo sbarco alleato in Normandia con la successiva avanzata verso Berlino.

È in questo contesto che troviamo Henry "Sonny" Talalla in volo sopra la Francia in operazioni di appoggio alle truppe con il suo Typhoon equipaggiato con quattro cannoncini Hispano Mk. II da 20 mm, otto razzi RP-3 subalari ed un totale di 2000 libbre di bombe. Il 25 luglio 1944 in missione con altri tre velivoli, impegna in combattimento un gruppo di panzer tedeschi nella zona di Fontenay-le-Marmion, a sud di Caen in Francia. Talalla viene colpito dal fuoco contraereo e cade nei campi tra la cittadina di Airan e Moult. Il proprietario del campo, il contadino Louis Brée, evacuato dalla zona come tutti i civili, rientrerà sulla sua proprietà solo il 15 agosto e vi trova il velivolo Typhoon con accanto una tomba. Pensa che il corpo senza vita del pilota sia stato estratto dall'abitacolo del suo aereo dalle truppe tedesche e li sepolto. In realtà venne trovato dai Maquis, la resistenza francese, e sepolto nelle vicinanze.

Cyril, che ora è aggregato al 122° Squadron montato sui P-51 Mustang, venuto a conoscenza dell'accaduto, ottiene il permesso di sorvolare la zona dove il fratello è stato abbattuto nella speranza di rintracciarlo, ma senza successo.

Il 24 giugno Cyril aveva abbattuto un altro velivolo, un Bf 109 a sud-est di Dreux ed uno in collaborazione il 5 luglio vicino a Bernay. Il 5 agosto invece danneggia un Fw 190 sempre nei pressi di Dreux. Il 122° Squadron viene ora incaricato di svolgere missioni di scorta ai bombardieri che effettuano incursioni sulla Germania ed i territori occupati.

La sua ultima vittoria "Jimmy" la ottiene abbattendo un Bf 109 sopra Nijmegen, in Olanda. Entro la fine del 1944 compie la sua 250ª ed ultima missione di guerra. Viene posto a riposo ed impiegato come istruttore ricevendo nel marzo del 1945 un'altra barra sulla sua DFC.

Cyril Talalla rientra in Malesia nell'ottobre 1945 con il grado di tenente. Qui lavora presso il Dipartimento dell'Aviazione Civile come controllore del traffico aereo ed in seguito nell'azienda di famiglia. Nel 1953 entra nella Forza Aerea Malese come Comandante della sezione addestrativa ed in seguito piloterà velivoli da trasporto dell'aeronautica malese. Entra poi nella Malayan Airways come pilota e successivamente come dirigente. Si dimette nel 1963 per trasferirsi in Inghilterra dove aprirà un pub di successo nel Galles.

Cyril "Jimmy" Talalla muore il 18 agosto 1973. Ha al suo attivo tre vittorie individuali, due in collaborazione ed un aereo danneggiato (anche se altre fonti parlano di cinque aerei abbattuti).

Per quanto riguarda il fratello Henry, il padre saprà della sua morte solo nel settembre 1945, alla resa delle truppe giapponesi. Si reca quindi in Inghilterra per chiedere al governo inglese di rintracciare il corpo del figlio deceduto. Viene così messo in contatto con le autorità francesi che collaborano attivamente alla ricerca dei combattenti dispersi. Il corpo di Henry "Sonny" Talalla viene ritrovato nel luogo dove era stato abbattuto. I resti sono stati poi traslati presso il cimitero britannico di Banneville-la-Campagne.

In ricordo del luogo dell'abbattimento è stato posto un cippo di marmo e nel 1996, in suo onore, la strada che collega i paesi di Airan e Moult è stata chiamata "Route Henry Talalla".

Un piccolo gesto da parte dei francesi che non hanno dimenticato i soldati stranieri che hanno combattuto per renderli liberi dal giogo nazista.

Il pilota che bombardò gli Stati Uniti

Nel 1962 la piccola cittadina di Brookings, nello stato dell'Oregon, situata a pochi chilometri dal confine con la California invitò un, fino a quel momento, oscuro e semplice cittadino giapponese proprietario di una ferramenta. Il governo del Giappone si assicurò prima della partenza che il suo cittadino, una volta sul suolo americano, non venisse processato per crimini di guerra. Ma chi era questo personaggio da ricevere così tante attenzioni?

Il suo nome: Nobuo Fujita, ex-ufficiale della marina nipponica durante il secondo conflitto mondiale e soprattutto, unico pilota che bombardò gli Stati Uniti continentali con un aereo, proprio nella zona di Brookings.

Sono passati esattamente venti anni da quando effettuò quella sua azione solitaria ed ora ha la possibilità di tornare sui luoghi che lo videro protagonista suo malgrado. Portava con se la sua spada katana, cimelio di famiglia da oltre quattrocento anni. Vergognandosi ancora, a distanze di due decenni, per quanto fatto durante il conflitto, intendeva usarla contro di se praticando il rituale del "seppuko", il suicidio, se avesse avuto una accoglienza non benevola da parte della popolazione. Pensava di venire accolto con insulti, con il lancio di uova o addirittura picchiato. Dopo tutto aveva cercato di incendiare la città e la zona circostante con il suo bombardamento.

Nulla di tutto questo accadde. Venne accolto con rispetto ed entusiasmo. Trovò anche una lettera di benvenuto inviata dall'allora presidente John Fitzgerald Kennedy. La sua katana venne così donata alla cittadinanza come segno di riconciliazione. In cambi gli venne data una targa con inciso le parole: *"Per Nobuo Fujita, Ambasciatore di Buona Volontà e di Pace"*.

Tutta questa storia poteva passare tranquillamente nel dimenticatoio se, una sera del 1961, tre membri della Camera di Commercio di Brookings, mentre tornavano a casa dopo una riunione per la pianificazione del Festival dell'Azalea che si sarebbe tenuto in città, si fermarono per bere una birra in un pub. In questa atmosfera rilassata uno dei tre racconta che durante la guerra sentì volare sopra la zona un aereo giapponese in procinto di sganciare le sue bombe. Gli altri due rimangono allibiti. Non avevano mai sentito parlare di un bombardamento giapponese sulla loro città. Nasce così l'idea di rintracciare, se ancora vivo, il pilota ed invitarlo come ospite d'onore alla manifestazione. Inizialmente i cittadini furono scettici riguardo questo invito. Le persone più anziane, alcune delle quali avevano anche combattuto una dura guerra sul fronte del Pacifico contro i giapponesi, ricordavano le brutalità e atrocità che avevano visto e vissuto. Prevalse però lo spirito di pace, invitando il nemico sconfitto e tendendo la mano in

Nobuo Fujita

segno di amicizia. Sia Nobuo che la sua famiglia furono trattati con tutti gli onori. Gli venne anche messo a disposizione un aereo da turismo con il pilota per permettergli di sorvolare la zona che, durante la guerra, aveva preso come obbiettivo della sua missione.

Questa fu una delle varie visite che Fujita portò a termine a Brookings. Le altre, anche se in veste non ufficiale, le effettuò nel 1990, 1992 e 1995. In occasione della sua visita del 1992 piantò anche una sequoia nel luogo dove lanciò le sue bombe. Purtroppo questo albero morì a causa della poca luce solare presente nel sottobosco. Quella originale venne in seguito sostituita con una nuova.

Anche il nipote del suo osservatore, Shoji Okuda morto in una azione kamikaze nel 1944, venne a fare visita alla città. Nel 1997 le condizioni di salute di Fujita erano tali da non consentirgli di poter più partecipare ad alcuna manifestazione negli USA così il consiglio Comunale di Brookings decise di farlo cittadino onorario. Questa decisione raggiunse Nobuo Fujita poco prima della sua morte avvenuta il 30 settembre 1997. Ma come si svolse la carriera militare e soprattutto la sua azione più celebre?

Nobuo Fujita nasce nel 1911 e dopo gli studi, nel 1932, si arruola nella Marina Imperiale Giapponese dove l'anno successivo si brevetta pilota da ricognizione su aerei idrovolanti. Durante l'attacco a Pearl Harbor è imbarcato sul sommergibile oceanico I-25 attrezzato per il trasporto di un aero idro adibito alla ricognizione. In quella data il sommergibile si trova a pattugliare una zona a nord dell'isola di Oahu ma l'aereo di Fujita, a causa di un guasto meccanico, non prese parte alla ricognizione prevista. L'I-25 rientra alla sua base di Kwajalein, nelle Isole Marshall, l'11 gennaio 1942 dopo aver effettuato, insieme ad altri otto sommergibili, delle missioni di interdizione al naviglio nemico lungo la costa degli Stati Uniti occidentali. Nella successiva missione il sommergibile viene inviato lungo le coste dell'Australia e della Nuova Zelanda per un pattugliamento ed una ricognizione sulle città portuali di Melbourne, Sydney e Hobart e nei porti neozelandesi di Wellington e Auckland.

Durante questa missione Fujita volò, il 17 febbraio 1942, con il suo piccolo monomotore idro Yokosuka E14Y1 "Glen" per l'individuazione delle basi aeree di Sydney. Nei giorni seguenti effettuò simili missioni anche su Melbourne il 26 febbraio, Hobart in Tasmania il 1° marzo, Wellington e Auckland in Nuova Zelanda l'8 ed il 13 marzo con un ultimo

L'idro da ricognizione Yokosuka E14Y1 "Glen" come quello utilizzato da Fujita per la sue missioni sopra lo stato dell'Oregon (United States)

volo di ricognizione sulle isole Fiji del 17 marzo prima che il sommergibile rientrasse a Kwajalein il 31 dello stesso mese. In tutte questi voli non fu mai intercettato.

Nella missione del 28 maggio l'I-25 verrà inviato lungo le coste dell'Alaska in ricognizione per la futura invasione delle isole Aleutine. Tra le sue "gesta" anche il cannoneggiamento il 21 giugno della base statunitense di Fort Stavens nella zona nord dell'Oregon, unica installazione militare continentale americana a finire sotto il fuoco dei giapponesi nella seconda guerra mondiale (e la prima ad essere attaccata da forze nemiche dai tempi della guerra del 1812 tra gli Stati Uniti e la Gran Bretagna). In questa occasione l'idrovolante non entrò in azione ma Fujita era sul ponte del sommergibile durante il cannoneggiamento. Vennero sparati diciassette colpi che fecero danni lievi. I cannoni del forte non risposero al fuoco o perché la distanza era troppo grande o perché, come valutato correttamente dal comandante della guarnigione, il sommergibile era in missione di ricognizione e non si voleva confermare l'esatta posizione del forte.

Per dovere di cronaca citiamo anche il cannoneggiamento da parte del sommergibile I-17 eseguito il 23 febbraio 1942 ai danni di un campo petrolifero nei pressi di Santa Barbara in California ma anche in quel caso i danni furono di lieve entità.

Successivamente a queste missioni, Fujita suggerì ai propri superiori la possibilità di utilizzare gli idro imbarcati sui sommergibili per attaccare bersagli militari su territorio nemico, zone metropolitane, navi ed anche il Canale di Panama, obbiettivo strategico controllato dagli americani. Per questo preciso scopo vennero studiati e realizzati i sommergibili classe I-400, i più grandi dell'epoca.

Siamo ora alla fatidica missione di Fujita. Alle 6.00 del 9 settembre 1942 venne dato l'ordine di emersione ed il piccolo idro fatto uscire dal suo hangar stagno e installato sulla catapulta. Al posto di pilotaggio troviamo Nobuo Fujita con Shoji Okuda seduto nel posto dell'osservatore/navigatore. La giornata è limpida ed il mare calmo. L'aereo è equipaggiato con un carico di 154 chilogrammi di esplosivo diviso in due bombe contenenti 520 elementi incendiari. L'idea è quella di creare dei focolai nei boschi del Nord America che, con l'autunno alle porte ed il vento favorevole, avrebbero potuto propagarsi e creare enormi incendi. Se il piano avesse avuto successo poteva essere ripetuto in altre zone e soprattutto utilizzato per un eventuale attacco al Canale di Panama.

La sua missione prevedeva il sorvolo della zona a circa 500 piedi di quota, lo sgancio delle bombe ed una veloce ricognizione per verificare l'effettiva esplosione ed il successivo incendio. E così fece. Fujita attraversò la linea di costa superandola e dirigendosi verso l'interno, verso le foreste. Qui lanciò la prima bomba sulla cresta Wheeler del monte Emily, la seconda dieci chilometri più a est della prima. Il velivolo venne rilevato e visto, nonostante uno strato di nebbia, da alcuni abitanti della zona e dai posti di osservazione antincendio della Guardia Forestale ma il rilevamento non venne comunicato o non preso in considerazione. Solo verso mezzogiorno vennero individuati gli incendi presto domati. La notte precedente aveva piovuto, la foresta era umida cosicché la missione si rivelò senza efficacia. Poco dopo il rientro di Fujita sul sommergibile, quest'ultimo viene individuato da un aereo da ricognizione Lockheed Hudson ed attaccato con bombe di profondità che costrinsero l'I-25 ad immergersi. I danni furono lievi e riparati durante la notte.

Tre settimane dopo viene pianificato un altro attacco, questa volta notturno. Verso mezzanotte del 29 settembre Fujita decolla tenendo come riferimento il faro di Cape Blanco, posto a circa cinquanta miglia di distanza e dopo novanta minuti di volo verso est, sgancia le sue bombe nella zona di Grassy Knobs, a qualche chilometro ad est di Port Orford sempre in Oregon. Rientra riferendo di aver visto degli incendi anche se le autorità americane non trovarono neppure i crateri lasciati dalle bombe. Questi, come abbiamo detto, sono gli unici due attacchi aerei subiti dal territorio continentale statunitense nel corso della guerra.

L'I-25 proseguì la sua missione attaccando il naviglio di superficie silurando ed affondando le navi cisterna SS *Camden* e SS *Larrey Doheny* rispettivamente il 4 e 6 ottobre ed affondando l'11 ottobre, per errore, il sommergibile russo L-16 in trasferimento fra Dutch Harbor e San Francisco e diretto verso il canale di Panama, che naviga in superficie ad ottanta miglia dalle coste dello stato di Washington, confondendolo con un sommergibile statunitense (in questo periodo Giappone e Russia non erano ancora in guerra tra loro). Fujita rientrato alla base di Yokosuka venne trattato come un eroe nazionale che aveva "vendicato" il bombardamento di Tokio da parte degli americani in seguito alla missione di Doolittle il 18 aprile 1942.

Fujita effettuerà altre missioni di ricognizione per conto della Marina Imperiale fino al 1944 quando verrà trasferito in qualità di istruttore ad un gruppo di addestramento per kamikaze. Al termine della guerra aprirà un negozio di ferramenta. Il suo nome torna alla ribalta nel 1962 quando, come abbiamo visto, verrà invitato dagli abitanti della città che avrebbe dovuto incendiare, come ospite d'onore.

Nobuo Fujita si spegne il 30 settembre 1997.

La sorte del sommergibile che lo ha visto protagonista in queste missioni sarà più tragica. Il 25 agosto 1943 l'I-25 viene rilevato, attaccato e distrutto con cariche di profondità dal cacciatorpediniere statunitense USS *Patterson*, nei pressi delle Nuove Ebridi, nell'oceano Pacifico anche se alcune fonti riportano che in quella occasione ad affondare fu un sommergibile costiero della classe RO-35, che si trovava nella stessa zona e nello stesso giorno. L'I-25 sarebbe probabilmente affondato a causa di una mina navale.

Anche Nobuo Fujita merita di essere ricordato non come "asso" della caccia ma sicuramente come ufficiale, pilota ma soprattutto come uomo che seppe ottenere la stima dei suoi connazionale e successivamente dei suoi vecchi nemici.

I palloni bomba giapponesi (Fu-Go)

Nel contesto delle iniziative giapponesi atte a bombardare il suolo americano rientra quella basata sull'utilizzo dei palloni bomba.

Per completezza accenniamo a questi strumenti ideati ed utilizzati dall'Impero del Sol Levante, anche se trattasi di mezzi non pilotati, in quanto rappresentano un lato quasi dimenticato e poco conosciuto della azioni belliche condotte durante l'ultimo conflitto mondiale.

Gli alti gradi delle forze armate giapponesi ritenevano il bombardamento del suolo nipponico da parte statunitense una ipotesi alquanto remota. Non fu così quando il 18 aprile 1942 il raid di Doolittle alla guida di sedici bombardieri bimotori B-25 decollati dalla portaerei USS *Hornet*, raggiunse la capitale Tokio. I danni furono limitati ma questo fece scaturire nelle file dell'esercito giapponese una volontà di rappresaglia. Venne quindi "ripescato" un progetto precedentemente accantonato, quello dei palloni bomba fusen-bakudan, i cosiddetti Fu-Go. Questi palloni, secondo le intenzioni, avrebbero dovuto percorrere i 10.000 chilometri che separano il Giappone dagli Stati Uniti continentali sfruttando le correnti d'aria a getto che si sviluppano in quota e che soffiano verso est.

Il pallone, dal diametro di dieci metri, era costruito con fogli di carta ottenuti dalle fibre del gelso incollati tra loro e veniva gonfiato con idrogeno. Nella parte sottostante era agganciata una navicella che trasportava la zavorra e la parte di carico bellico vero e proprio.

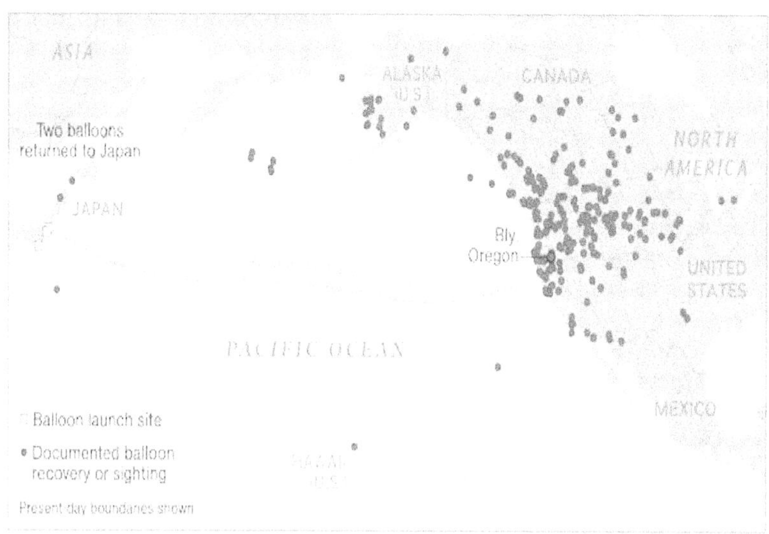

Nella figura sono rappresentati i punti di lancio in Giappone, la rotta seguita ed il punto di impatto documentato (marcato dai punti) dei palloni bomba giapponesi

La zavorra era costituita da sacchetti di sabbia che venivano sganciati tramite piccole cariche esplosive se il pallone scendeva sotto i 9000 metri di quota mentre, se il pallone saliva oltre gli 11.600 metri, si aprivano le valvole di scarico dell'idrogeno. Questo per mantenere la corsa del pallone all'interno della corrente a getto. Il tutto era regolato da una centralina elettrica che comprendeva tra l'altro un barometro ed un timer. Era stato calcolato che dopo tre giorni di volo i palloni si sarebbero trovati sopra il territorio americano. Entrava così in azione una miccia che incendiava l'involucro facendo cadere a terra il carico bellico che era costituito da una bomba a frammentazione da quindici chili e due bombe incendiarie. Il peso di tutto il complesso era di circa 450 chilogrammi. L'idea era, come per il bombardamento di Fujita, di creare vasti incendi boschivi lungo le coste americane dal confine con il Canada giù fino al Messico.

I primi lanci avvennero il 3 novembre 1944 e sembra siano stati costruiti almeno 9000 palloni mentre quelli realmente lanciati furono 6000. Le autorità americane, dopo aver compreso da dove arrivava la minaccia, per non creare allarmismi nella popolazione ma soprattutto per non dare riferimenti e conferma ai giapponesi della riuscita del loro piano, tennero nel massimo riserbo tutto quello che era relativo ai palloni bomba.

Comunque in un solo caso accertato si ebbero vittime civili quando un gruppo di ragazzi, il 5 maggio 1945, durante una gita nei boschi dell'Oregon, rinvennero la navicella di un pallone con gli ordigni ancora inesplosi. Incuriositi si avvicinarono causandone l'esplosione. Nell'incidente morirono cinque ragazzi e la moglie del pastore protestante che era di accompagnamento alla comitiva.

I giapponesi avevano previsto che solo il 10% dei palloni avrebbe raggiunto l'obbiettivo. Questi, in base alle correnti ed ai venti, si dispersero lungo una fascia costiera che andava dall'Alaska a nord, il Canada, gli Stati Uniti fino al confine con il Messico a sud. Alcuni arrivarono a colpire anche il Texas, gli stati centrali, il Michigan ed i grandi Laghi. Grazie comunque al silenzio degli organi di stampa statunitensi, i giapponesi non ebbero riscontri sull'effettivo esito del loro esperimento e nel maggio 1945 decisero di sospendere i lanci, proprio nel periodo in cui gli Stati Uniti stavano per rendere pubblica la minaccia. Nonostante la genialità dell'arma, i danni furono limitati.

Dal dopoguerra ad oggi

In volo verso la libertà…

La mattina di lunedì 21 settembre 1953 i piloti, gli avieri ed il personale di base sull'aeroporto di Kimpo a pochi chilometri da Seoul, nella Corea del Sud, non credettero ai loro occhi. Senza che nessuno se ne accorgesse un MiG-15 nord coreano era atterrato sulla pista, aveva rullato fino al primo spazio libero e il pilota, aperto il tettuccio, si presenta in tenuta di volo con le mani alzate in segno di resa. La guerra di Corea era terminata solo da poche settimane, il 27 luglio 1953, dopo tre anni di terribili scontri tra le truppe americane e sud coreane da una parte, e quelle nord coreane aiutati dai cinesi e dai sovietici, dall'altra.

Sembrava quasi impossibile che a guerra finita qualche pilota potesse defezionare le sue linee per passare dalla parte americana ed intascare la ricompensa di 100.000US$ dell'epoca (50.000US$ per la consegna del caccia e altri 50.000US$ al primo che compiva l'impresa) che gli Stati Uniti offrivano al pilota che consegnasse un caccia Mikoyan-Gurevich MiG-15 integro nell'ambito dell'operazione denominata "Moolah".

Questa operazione ottenne il via libera nell'aprile 1953 e tramite trasmissioni radio e volantini (scritti in coreano, cinese e russo) lanciati nella zona delle basi aeree nord coreane a partire dal 26 aprile 1953, cercava di ottenere, in cambio di denaro e ovviamente di una nuova vita per i piloti che disertavano, il caccia che a detta dei piloti americani, in quel momento, era il migliore in campo quanto a prestazioni. Migliore anche del più moderno caccia statunitense all'ora impiegato nel conflitto, il F-86 Sabre.

Sui volantini era riportata, a titolo di esempio, la foto del pilota polacco tenente Franciszek Jarecki che nel marzo 1953, ai comandi di un MiG-15, aveva disertato per chiedere asilo politico in Danimarca. L'aereo di Jarecki, secondo gli accordi internazionali, venne restituito via nave alla Polonia.

Ma chi era il pilota nord coreano che compì un simile gesto? Il suo nome è No Kum-Sok.

No Kum-Sok in tenuta di volo di pilota da caccia nord coreano

No Kum-Sok nasce il 10 gennaio 1932 a Sinhung nell'attuale Corea del Nord quando questa era sotto il dominio giapponese. Fin da giovane dovette cambiare il suo nome in Okamura Kyoshi in quanto i dominatori imposero che tutti i coreani avessero nomi con suono giapponese. A scuola fu costretto ad imparare la lingua giapponese mentre il coreano veniva bandito. No Kum-Sok, nonostante la seconda guerra mondiale in corso, ebbe una infanzia abbastanza felice ed agiata in quanto il padre lavorava per una ditta giapponese in Corea che produceva conglomerato di cemento.

Quando il Giappone iniziò la propaganda per il reclutamento di piloti kamikaze, il dodicenne No Kum-Sok pensò di arruolarsi ma venne fortunatamente fatto desistere dal padre. Perse infine la fiducia nell'Impero del Sol Levante quando capì che gli Stati Uniti avrebbero vinto la guerra e divenne così un fervente ragazzo dalle idee filoamericane.

Purtroppo, finita la guerra, la Corea venne divisa lungo il 38° parallelo in due distinte nazioni ed ora, sotto il dominio del nuovo leader coreano Kim Il Sung, fare propaganda occidentale non era certo salutare. Per poter continuare a vivere No Kum-Sok dovette giocoforza aderire alle idee comuniste, dimostrando la fedeltà al dittatore Kim Il Sung ed al partito anche se dentro di lui c'era sempre la volontà di diventare cittadino statunitense. Il suo credo esteriore lo portò anche ad entrare nelle forze armate coreane, arruolandosi come volontario nelle forze aeree dove venne addestrato come pilota da caccia in Cina, sugli Yakovlev Yak-11, Yak-18 e sull'aereo a jet Yak-17 per volare poi sui nuovi MiG-15, uno dei più giovani piloti abilitati su questo velivolo.

Volò decine di missioni di guerra cercando però, in base alla sua testimonianza, di evitare lo scontro con gli aerei americani.

L'occasione di fuggire si presento quindi proprio quel giorno di settembre del 1953, durante una missione di addestramento lungo il confine tra le due nazioni.

Il tenente No Kum-Sok, che conosce bene la zona, si separa dal resto della formazione e si dirige a tutta velocità verso il campo di aviazione di Kimpo. Sapeva che la sua era una missione senza ritorno. Poteva essere colpito dai suoi stessi compagni o dalla contraerea o dai caccia statunitensi, ma quella mattina ebbe fortuna. Il radar americano che copriva la zona era spento per manutenzione e così potè arrivare indisturbato sulla base, atterrando nel senso sbagliato, costringendo un F-86 Sabre pilotato dal capitano Dave William che atterrava in senso opposto ad uscire di pista per evitare la collisione. Il suo volo, dal decollo in Corea del Nord all'atterraggio a Kimpo durò 17 minuti. Una volta atterrato strappò la fotografia del leader Kim Il Sung che aveva con se e si consegna ai militari americani che, invece di arrestarlo, con sua grande sorpresa, gli strinsero la mano e lo fotografarono.

Il velivolo venne subito portato in un hangar per evitare che venisse avvistato dalla ricognizione e colpito dai nord coreani. No Kum-Sok venne interrogato per giorni interi, per sette mesi consecutivi. Da questi interrogatori emerse che non era al corrente del premio di 100.000US$ messo a disposizione per il primo MiG-15 intatto consegnato. Probabilmente nessuno o pochissimi piloti erano venuti a conoscenza di questa eventualità anche perché era proibito ascoltare i programmi radio occidentali e, a quanto sembra, i volantini non ebbro l'effetto desiderato anche perché non vennero sganciati in Manciuria, dove erano di base i MiG.

Il caccia MiG-15 di No Kum-Sok nell'hangar di Kimpo (Corea del Sud)

No Kum-Sok fece anche notare che forse se sui volantini fosse stato scritto che si offriva protezione, lavoro ed ospitalità negli Stati Uniti, il messaggio sarebbe stato senz'altro più incisivo. Infatti in Nord Corea non si aveva la più pallida idea di quanto potessero valere 100.000US$ dell'epoca cifra che, al cambio attuale, equivale a circa 900.000US$.

La sua fuga era dettata non dai soldi ma da un cambio radicale di vita. Nonostante questo, il governo americano pagò il suo debito.

Purtroppo la fuga di No Kum-Sok non fu senza conseguenze in patria. Il generale Wang Yong, il comandante in capo delle forze aeree della Corea del Nord, venne retrocesso mentre cinque compagni di squadriglia di Kum-Sok vennero fucilati. Per quanto riguarda la famiglia di Kum-Sok il padre era già morto mentre la madre era al sicuro nella Corea del Sud. Di un suo zio e della sua famiglia non si seppe più nulla.

L'aereo di Kum-Sok venne inviato subito ad Okinawa per le prove in volo eseguite tra gli altri anche da "Chuck" Yeager, il primo uomo a infrangere la barriera del suono, pilota collaudatore leggendario, nonché asso della seconda guerra mondiale. Effettuati tutti i collaudi e le prove necessarie, vennero fatti tentativi per restituire il velivolo alla Corea del Nord ma quest'ultima non reclamò mai l'aereo. Ora è esposto al National Museum of the United States Air Force presso la Wright-Patterson Air Force Base in Ohio.

Dopo questa vicenda Kum-Sok cambiò il proprio nome in Kenneth Rowe trasferendosi negli Stati Uniti nel 1954 dove si sposa, diventa padre di tre figli, si laurea in ingegneria meccanica ed elettrica lavorando poi per grandi aziende aeronautiche americane come la Grumman, Boeing, General Dynamics oltre che come professore di ingegneria aeronautica, ritirandosi in pensione nel 2000.

In una intervista e nel libro che scrisse e pubblicò nel 1996, "A MiG-15 to Freedom" narra che, in una occasione, durante la visita di Kim Il Sung alla base aerea dove prestava servizio, No Kum-Sok pensò di estrarre la sua pistola e sparare al leader coreano. Non attuò questo piano in quanto avrebbe passato il resto dei suoi giorni in carcere se non giustiziato per il gesto compiuto, vanificando così le sue speranze di poter "disertare" in occidente.

Kenneth Rowe – No Kum-Sok, non ottenne vittorie aeree durante la guerra di Corea ma, probabilmente, la sua più grande vittoria fu quella di ottenere la libertà volando verso una nuova vita nel paese in cui aveva sempre sognato di vivere.

La guerra Fredda

Siamo nel 1955. Molti stati europei si stanno ancora "leccando le ferite" inferte dalla seconda guerra mondiale. La guerra di Corea, da poco terminata, ha evidenziato ancora di più la frattura tra le due superpotenze, l'Unione Sovietica con i suoi alleati del Patto di Varsavia da un lato e gli Stati Uniti d'America con gli stati aderenti alla NATO dall'altro. È in questo scenario di tensione politica e militare che si delinea una delle fasi più critiche della "guerra fredda" che avrà il suo culmine con il tentativo americano di invasione di Cuba del 1961 e la successiva crisi dei missili del 1962.

È il 27 luglio 1955 ed il volo 402 della compagnia israeliana El Al, con marche di registrazione 4X-AKC, pilotato dal comandante Stanley Hinks e dal primo ufficiale Pinchas Ben-Pora, decolla regolarmente dall'aeroporto di Vienna alle 2.53, tappa del suo volo da Londra a Tel Aviv via Istanbul con a bordo cinquantotto persone tra passeggeri e membri dell'equipaggio. Dopo il decollo, in rotta per Istanbul, vengono rilevate diverse cellule temporalesche. Forse proprio a causa delle interferenze ai segnali radio ricevuti dal NDB

(Non-Directional Beacon), radiofaro utilizzato per la navigazione strumentale, dovute ai temporali presenti in zona ed al forte vento, l'equipaggio devia dalla rotta prevista ed esce dall'aerovia *Amber 10*, entrando così inavvertitamente nello

Lockheed Constellation della compagnia El Al come quello abbattuto nel luglio 1955 dai caccia bulgari

spazio aereo bulgaro. Questa deviazione è probabilmente dovuta al cosiddetto "effetto temporale" che si verifica quando una cellula temporalesca è vicina e l'ago dell'ADF (Automatic Direction Finder, lo strumento montato in cabina che riceve i segnali del NDB posto a terra) punta verso la fonte dei lampi piuttosto che la stazione selezionata, in quanto il temporale invia anch'esso onde elettromagnetiche.

Stanno per sorgere le prime luci dell'alba ed il quadrimotore Lockheed Constellation, questo è il modello del velivolo del volo El Al 402, che vola al livello di volo 180 (18.000 piedi, circa 6000 metri), viene rilevato dal posto di osservazione vicino alla città bulgara di Tran, al confine con l'attuale Serbia (allora Jugoslavia).

Subito parte l'allarme ed una coppia di caccia MiG-15 "Fagot" in codice NATO, pilotati da Boris Vasilev Petrov (capo-pattuglia) e Konstantin Krumov Sankiyski, vengono fatti decollare, su ordine del Vice Capo della Difesa Aerea generale Georgiev Velitchko, dalla base aerea di Dobroslavtsi a nord di Sofia, responsabile per la difesa della zona della capitale.

I due piloti raggiungono il Constellation (forse scambiandolo in un primo momento per un aereo da ricognizione elettronica RC-121 dell'USAF) e fanno segno di seguirli, sparando anche dei colpi di avvertimento davanti al muso del velivolo. I piloti del velivolo intercettato, da quanto riferito dai bulgari, sembrano inizialmente aver compreso i segnali. Abbassano infatti i flap ed il carrello ma poi improvvisamente li retraggono dirigendosi verso il confine greco che si trova a pochi chilometri. Il velivolo israeliano a questo punto aveva percorso circa duecento chilometri in territorio bulgaro ed è, a quanto ricostruito nelle indagini, stato scortato per buona parte del suo percorso. I piloti dei MiG ricevono quindi l'ordine da parte del generale Velitchko di abbatterlo con il presupposto che: *«Se il velivolo sta per lasciare il nostro territorio ed i piloti non obbediscono agli ordini, se non c'è più tempo per altri avvertimenti, allora potete abbatterlo».*

I due MiG si mettono in coda e sparano con le mitragliatrici ed il cannoncino in direzione del velivolo israeliano colpendolo alle ali e nella parte posteriore della fusoliera. Questo, colpito in parti vitali, probabilmente con una perdita di pressurizzazione ed un incendio a bordo, scende repentinamente fino a circa 2000 piedi dove si spezza ed esplode schiantandosi vicino alla cittadina di Petrich, nei pressi del confine tra Bulgaria, Grecia ed Ex-Jugoslavia. Nel disastro periscono tutti i cinquantuno passeggeri (tra cui tre bambini) ed i sette membri dell'equipaggio.

Subito dopo l'incidente le autorità bulgare rilasciano dichiarazioni in cui viene confermata la responsabilità dell'abbattimento da parte della contraerea e non da caccia in volo, esprimendo rammarico per l'accaduto. Questa tesi viene inizialmente avvalorata anche dalle autorità greche in quanto un distaccamento di soldati greci presente al confine con la

Bulgaria, vicino alla cittadina di Petrich, confermano che alcuni colpi furono sparati proprio in direzione dell'aereo dai cannoni contraerei. Viene avviata una inchiesta ufficiale da parte delle autorità bulgare alla quale però non vengono ammessi i sei periti inviati da parte israeliana, che si vedono rifiutato il permesso di entrare in Bulgaria. Solo il 30 luglio tre ispettori israeliani sono ammessi sul luogo dell'incidente per pochissime ore e questi rilevano che l'aereo è stato abbattuto dai caccia e non dalla contraerea, come le autorità bulgare volevano inizialmente far credere. Solo il 3 agosto 1955, una settimana dopo l'incidente, viene ammesso anche da parte bulgara l'abbattimento con i caccia.

Inizialmente i piloti dei MiG vengono considerati responsabili e chiesta la loro carcerazione, detenzione che non verrà imposta in quanto agirono in base agli ordini ricevuti. Anche se inizialmente le autorità bulgare scaricarono la colpa sui piloti dell'aereo israeliano che avevano violato lo spazio aereo bulgaro, successivamente hanno presentato scuse formali per l'accaduto, ammettendo che la decisone di abbattere il velivolo è stata presa frettolosamente. Hanno accettato anche di pagare un risarcimento alla famiglie delle vittime.

Purtroppo dei piloti bulgari interessati dalla vicenda non si hanno ulteriori notizie anche a causa della impenetrabile "cortina di ferro" che circondava i paesi del Patto di Varsavia in quel periodo.

L'equipaggio di condotta del volo El Al 402 invece era costituito dal comandante, Stanley Hinks, di origine britannica, ex-pilota della RAF che terminò la guerra con il grado di Wing Commander (tenente colonnello) e fu anche pilota personale di Winston Churchill, del Re Giorgio VI e di Eva Peron. All'arrivo a Tel Aviv avrebbe sposato la sua compagna di origine svedese che viaggiava anche lei sul velivolo precipitato.

Il primo ufficiale Pinchas "Pini" Ben-Porat invece, nato il 10 ottobre 1914, si brevetta pilota e nel gennaio 1944 diventa comandante del Palavir, la forza aerea israeliana prima della costituzione dello stato di Israele. In seguito è inviato in Inghilterra per continuare l'addestramento ed ottenere la licenza di pilota commerciale.

Dopo il suo rientro in patria nel 1947 prende parte, ai comandi di un Taylorcraft Auster a cui aveva rimosso il portello ed installato una mitragliatrice, alla guerra di indipendenza israeliana. L'anno successivo viene inviato con altri nove piloti in Cecoslovacchia per un corso di addestramento su Avia S-199 (modello cecoslovacco del Bf 109G costruito su licenza con motore Jumo anziché Daimler-Benz) di cui la forza aerea israeliana si era appena dotata. Velivolo che non poté pilotare durante la guerra in quanto si ruppe un braccio in addestramento nel corso di un atterraggio di emergenza. Piloterà in seguito i B-17 (anch'essi nell'arsenale israeliano dell'epoca).

Diventa istruttore e si congeda nel 1950 entrando a far parte della compagnia di bandiera israeliana dove troverà la morte ai comandi del Lockheed Constellation il 27 luglio 1955. In cabina di pilotaggio, oltre al comandante Hinks ed il co-pilota Ben-Porat, perirono nell'incidente anche l'ingegnere di volo Sidney Chalmers ed il radio operatore Raphael Goldman (nei voli europei non veniva imbarcato il quinto membro dell'equipaggio di condotta, il navigatore)

Quanto descritto è uno dei tanti episodi verificatosi durante gli anni della guerra fredda tra le forze del blocco comunista e le forze del blocco occidentale.

Ignatius Dewanto, l'eroe indonesiano

Terminata la seconda guerra mondiale con la sconfitta del Giappone tutte le colonie europee nel sud-est asiatico, che per tutta la durata del conflitto erano rimaste sotto l'egemonia nipponica, tornarono ai rispettivi stati colonizzatori. Il Siam, attuale Thailandia, con il Laos e la Cambogia tornarono alla Francia, la Malesia all'Inghilterra, l'Indonesia all'Olanda.

Nonostante questo, i moti rivoluzionari indipendentisti in parte già avviati ancora prima dell'occupazione dell'esercito del Sol Levante, iniziarono a svilupparsi e crescere sempre più, sfociando in rivolte e combattimenti tra i colonizzati ed i loro colonizzatori, che riuscirono, in percorsi più o meno traumatici e lunghi, a staccarsi dalle potenze europee e procedere con le loro forze.

Questo è quanto successe anche in Indonesia, colonia olandese delle Indie Orientali dove, il 17 agosto 1945 Kusno Sosrodihardjo detto Sukarno, leader indipendentista indonesiano, proclamò l'indipendenza. L'effettiva indipendenza sarà però riconosciuta solo dopo quattro anni di guerra e trattative con il governo olandese. Il 17 dicembre 1949 la regina Giuliana d'Olanda riconobbe infine l'indipendenza della colonia. Il suo primo Presidente fu proprio Sukarno.

Il nuovo Presidente però aveva idee comuniste. Negli anni cinquanta aumentò i legami con la Repubblica Popolare Cinese ed accettò aiuti militari dai sovietici. Questo ovviamente interferiva con le idee americane che temevano un dilagare in tutto il sud-est asiatico di una politica filo-comunista.

La CIA (Central Intelligence Agency) decise quindi di intraprendere delle missioni sotto copertura per "infastidire" la politica di Sukarno e contrastare l'influenza comunista in Indonesia. Per attuare il loro piano gli Stati Uniti si devono "alleare" con il movimento denominato PERMESTA, un'organizzazione anti-comunista fondata nel 1957 e comandata da due colonnelli dell'esercito che dichiarano di avere sotto il loro controllo diverse zone delle isole Sulawesi.

Il PERMESTA si fonde, nel febbraio del 1958, con un altro gruppo anti-comunista, il PRRI (*Pemerintah Revolusioner Republik Indonesia* – Revolutionary Government of the Republic of Indonesia) che controlla buona parte dell'isola di Sumatra (il governo centrale di Sukarno è a Jakarta, sull'isola di Giava).

La base operativa del PERMESTA/PRRI si trova a Manado, sull'isola di Sulawesi. La CIA invia quindi aiuti militari ed economici a queste organizzazioni. Aiuti che si concretizzano anche con l'invio di alcuni velivoli da utilizzare contro le forze governative indonesiane. Il 18 marzo 1958 viene così creata l'AUREV (Angkatan Udara Revolusioner), la componente aerea rivoluzionaria, comandata ufficialmente dal colonnello Petit Muharto ma in realtà sotto il controllo del CAT (Civil Air Transport) una società di copertura della CIA. Il CAT sarà successivamente riorganizzato sotto il nome di Air America prendendo parte alla operazioni sotto copertura durante la guerra del Vietnam con missioni in tutta l'Indocina, specialmente sul Laos. Circa una ventina di aerei vengono così utilizzati dal CAT in Indonesia.

Per l'operazione "Haik", questo il nome utilizzato ma mai confermato dalle autorità americane, oltre ad aerei da trasporto come i C-46 Commando e alcuni caccia F-51 Mustang, vengono inviati almeno otto Douglas B-26 Invader mentre altri sono tenuti di riserva presso la base di Clark Field nelle Filippine. Tutti ovviamente senza insegne o marche di nazionalità.

La controparte, l'Indonesian Air Force o AURI (Angkatan Udara Republik Indonesia), non è sicuramente meglio equipaggiata. Ha solo un piccolo contingente dotato di tredici North American B-25J Mitchell per i quali dispone di solo cinque equipaggi qualificati ed altri tredici F-51D Mustang con dieci piloti qualificati sul velivolo di cui solo tre hanno avuto un addestramento al combattimento aereo.

In questo contesto iniziano le prime schermaglie tra le due forze opposte. Il 21 marzo 1958 Sukarno ordina all'AURI di attaccare le stazioni radio ribelli a Padang e Bukittiniggi sull'isola di Sumatra. Questo spinge la CIA ad intervenire con i suoi velivoli attaccando la base aerea di Makassar nel sud Sulawesi. Alcune settimane dopo, il 17 aprile 1958, viene attaccata ed affondata da parte dell'AUREV una petroliera vicino a Balikpapan, nella zona indonesiana del Borneo. Colpire il naviglio mercantile di nazioni estranee al conflitto era un modo per rendere poco sicura la navigazione in acque indonesiane, colpirne l'economia e minare così il governo Sukarno, agevolandone la sua destituzione.

Iniziano dei successivi "botta e risposta" da entrambe le parti con incursioni aeree sulle rispettive basi militari. L'AUREV prende di mira la base di Halmahera della forza aerea indonesiana sull'isola di Maluku mentre gli indonesiani di contro si accaniscono sul campo di aviazione di Manado.

La CIA cerca di diminuire la capacità aerea indonesiana anche in vista di un prossimo riarmo della linea di volo con materiale sovietico costituito da caccia MiG-17, MiG-19 e Tupolev Tu-16 bimotore da bombardamento (successivamente saranno ordinati anche i MiG-21).

Tra i piloti AUREV incaricati di queste missioni troviamo Allen Lawrence Pope, nato a Miami, trentenne, ex-tenente pilota dell'USAF, per la quale a volato diverse missioni di bombardamento durante la guerra di Corea e dal 1954 alle dipendenze della CIA dove inizia a volare missioni nel sud-est asiatico con i Fairchild C-119 Boxcar. Tra queste anche parecchie missioni di rifornimento alla guarnigione francese di Dien Bien Phu, in Vietnam.

Il 27 aprile 1958 raggiunge la sua base in Indonesia, Mapanget, nei pressi di Manado, nel nord Sulawesi e già lo stesso giorno partecipa ad una azione di bombardamento su

Morotai, ad est di Manado, per appoggiare le truppe del PERMESTA in procinto di sbarcare per impossessarsi dell'isola.

Il giorno seguente attacca ed affonda tre navi mercantili straniere, la SS *Aquila* (italiana), la SS *Armonia* (greca) e la SS *Flying Lark* battente bandiera panamense, ancorate fuori dal porto di Donggala, vicino a Palu, nella zona centrale di Sulawesi. In anni recenti, dopo varie ricerche, è stato ritrovato ed identificato il relitto della SS *Aquila* nella baia di Ambon, a circa 800 chilometri ad est del presunto luogo dell'affondamento, adagiata su un fondale tra i quindici ed i trentacinque metri di profondità. Come abbiamo visto, questa operazione di attacco alle navi civili straniere è stata autorizzata dalla CIA per minare l'economia indonesiana rendendo poco sicura la navigazione nelle sue acque. Nella stessa missione Pope attacca un parco automezzi nella città di Palu, distruggendo ventidue veicoli, tra jeep e camion.

Le missioni di Allen Pope diventano quasi giornaliere. Il 29 aprile colpisce la base aerea di Kendari, mitragliando anche la motovedetta *KRI Intana*, ferendo ventitré membri dell'equipaggio ed uccidendone cinque. Il giorno successivo attacca nuovamente Palu e il 1° di maggio la città di Ambon dove però subisce una avaria al motore che lo costringe a rientrare alla base.

Tra il 1 e il 5 maggio non vengono volate missioni da parte dell'AUREV in quanto uno dei due B-26 disponibili è rientrato momentaneamente

Ignatius Dewanto

nelle Filippine e l'altro, quello di Pope, è in manutenzione per sostituire un motore. I caccia F-51 sono anch'essi a terra per riparare i danni subiti. Le missioni dei B-26 riprendono il 7 maggio quando Pope attacca Ambon danneggiando al suolo un C-47 Dakota ed un caccia F-51. Dopo questa missione Pope viene inviato per alcuni giorni di riposo a Clark Field. Dopo il suo rientro, il giorno 15, attacca nuovamente la zona di Ambon dove colpisce una nave mercantile che il governo indonesiano ha trasformato in trasporto truppe. In questa occasione rimangono uccisi sedici fanti ed un membro dell'equipaggio. Durante la sua missione le forze aeree indonesiane dell'AURI non restano a guardare. Attaccano la base di Mapanget, distruggendo un caccia F-51 ed un PBY Catalina

Il 18 maggio Pope è incaricato di una nuova missione. È in questa data che il destino di due piloti si intrecciano, uno sarà vincitore mentre l'altro diventerà un prigioniero "scomodo" in quanto agente CIA.

La mattina di domenica 18 maggio 1958 anche al capitano dell'aeronautica indonesiana Ignatius Dewanto, di base a Liang, è stata assegnata una missione: attaccare la base aerea AUREV di Manado, nel nord dell'isola di Sulawesi. Una volta in volo Dewanto viene però dirottato dai controllori a terra ed incaricato di intercettare dei bombardieri che stanno attaccando la città di Ambon. A bordo del suo F-51D Mustang (codice F-338 matricola 44-84401) cambia prontamente rotta e si dirige verso il nuovo obbiettivo. Raggiunta Ambon, da cui si sollevano ampie volute di fumo segno di un recente attacco, scorge il responsabile di tale devastazione: un B-26 Invader. Questi, senza marche di identificazione, interamente dipinto in metallo naturale ad esclusione della colorazione nera antiriflesso davanti alla cabina di pilotaggio, si sta dirigendo ad ovest ed è in procinto di attaccare unità della Marina indonesiana.

Sganciati i serbatoi subalari per avere maggior velocità e maneggevolezza, Dewanto si mette all'inseguimento volando basso sull'acqua. Raggiunge rapidamente il nemico che attacca utilizzando i razzi di cui è dotato il suo F-51, senza però ottenere risultati. Stringe le distanze e riprova quindi con le mitragliatrici da 12,7 mm. L'avversario ora è preso di mira anche da una nave della Marina Indonesiana, la *KRI Sawega*, che spara con i suoi cannoni Bofors. In pochi istanti il B-26 prende fuoco colpito dalle raffiche di Dewanto (anche se successivamente la Marina si aggiudicherà parte del merito). L'equipaggio, costituito in questa occasione da due persone, pilota e operatore radio/traduttore si mettono in salvo con il paracadute. L'operatore radio Harry Rantung cade in acqua e nuota fino alla riva dove viene fatto prigioniero. Il pilota che altri non è se non Allen Pope, sarà meno fortunato. Durante il lancio, colpendo i piani di coda, si frattura la gamba destra ed atterrerà sulla spiaggia di Pulau Hatala, una piccolissima isola a ovest di Ambon dove viene catturato da una squadra da sbarco della Marina.

Contrariamente a quanto stabilito per gli equipaggi della CIA che prendono parte ad operazioni clandestine a cui viene ordinato di non portare nulla che aiuti la loro identificazione e li colleghi ad operazioni sotto copertura, Allen Pope aveva con se una tessera del circolo ufficiali di Clark Field e sembrerebbe, addirittura il suo libretto di volo con riportate le missioni effettuate. Questo non poté aiutare il governo degli Stati Uniti nel rigettare le accuse di un suo coinvolgimento negli eventi ed additare Pope come un "soldato di ventura" che non aveva nulla a che fare con la CIA, mettendo così in imbarazzo l'allora amministrazione Eisenhower.

Allen Pope trascorse il suo periodo di detenzione non in carcere ma agli arresti domiciliari presso la località montana di Kaliurang, sull'isola di Giava. Il tribunale militare che giudicherà Pope respinse la richiesta di considerarlo come prigioniero di guerra e la sentenza del 29 aprile 1960 dichiarerà

Pope colpevole dell'uccisione di diciassette militari e sei civili, condannandolo a morte. La sentenza non verrà eseguita e, grazie all'intervento delle autorità americane, ora guidate dal presidente Kennedy, che intercedono presso Sukarno, permette a Pope, il 2 luglio 1962, di tornare in libertà. Rientrato a Miami si unisce alla SAT (Southern Air Transport), altra compagnia di facciata dietro cui si cela ovviamente la CIA. Con la SAT volerà ancora numerose missioni sempre nel sud-est asiatico. Nel 2005 Pope è stato decorato dall'ambasciatore francese della Legione d'Onore per i servizi resi in Indocina e particolarmente durante l'assedio di Dien Bien Phu.

La mattina del 18 maggio però per Dewanto non è terminata con l'abbattimento di Pope. Un altro B-26, pilotato da Connie Seigrist si trova in zona ed è in procinto di attaccare la base di Ambon. Dewanto ha uno scontro "testa a testa" con il B-26 nel quale entrambi i velivoli restano danneggiati. Lo scontro si conclude con i singoli velivoli che rientrano alle rispettive basi anche a causa delle scarsità di carburante.

L'abbattimento e la successiva cattura di Allen Pope avranno notevoli ripercussioni sull'operazione "Haik". Infatti il giorno 20 maggio dal Quartier Generale della CIA arriva l'ordine di cessare tutte le operazioni e di rientrare nelle Filippine.

Il conflitto tra le forze governative ed il PRRI si trascinerà per altri tre anni e l'esercito regolare riesce a respingere le truppe del PRRI sempre più all'interno della giungla conquistando le loro roccaforti. Un gruppo di soldati del PRRI si arrese nel corso del 1961 mentre gli ultimi ribelli si arresero alcuni mesi dopo, nel settembre dello steso anno. La ribellione era così terminata.

La carriera di Dewanto, nato a Yogyakarta sull'isola di Giava il 9 agosto 1929, era cominciata con l'arruolamento nelle file dell'esercito fino a che, nel 1950, il Ministero della Difesa dichiarò che aveva bisogno di piloti. Dewanto risponde alla chiamata ed è quindi inviato in California per l'addestramento. Nel 1954, rientrato in patria, viene assegnato ad uno Squadron di F-51 come istruttore fino al fatidico 18 maggio che lo vedrà protagonista.

Successivamente a questa azione la carriera di Ignatius Dewanto, considerato uno dei migliori piloti della Forza Aerea Indonesiana, prosegue diventando nel 1965 Vice Ministro/Comandante della Forza Aerea Indonesiana, Addetto Aeronautico presso l'ambasciata indonesiana a Mosca nel 1966 e congedato con tutti gli onori il 31 marzo 1967. Ignatius Dewanto muore nel 1970 in un incidente aereo precipitando con un bimotore Piper PA-23 Aztec nella giungla. Il suo corpo viene ritrovato otto anni dopo l'incidente. Il suo scheletro è stato recuperato ad alcuni metri

Dewanto con il suo caccia F-51 "Mustang"

di distanza dal relitto, indice che era ancora vivo, sebbene molto probabilmente ferito, quando l'aereo è precipitato. Il Presidente Suharto, dal 1967 successore di Sukarno, ha concesso a Dewanto il titolo di eroe e asso indonesiano.

Alla fine di tutto è comunque interessante notare come l'aeronautica indonesiana sia rimasta impressionata favorevolmente dalle prestazioni del B-26 Invader di cui chiese un lotto agli Stati Uniti in cambio della liberazione di Pope, nonostante fossero in attesa di ricevere mezzi più moderni (MiG-17, MiG-19, Tu-16) dall'Unione Sovietica. Questi B-26 rimasero in servizio fino al 1974, molto più a lungo di qualsiasi altro aereo a jet di fabbricazione sovietica acquisito nel medesimo periodo.

Il presidente/tiranno – Operazioni aeree in Congo

I movimenti indipendentisti iniziarono a svilupparsi anche in un altro continente simbolo del colonialismo europeo: l'Africa. Qui purtroppo l'affrancarsi da una dominazione europea per raggiungere l'indipendenza porterà, in molti casi, alla creazione di stati sotto l'influenza americana o sovietica, retti da un presidente che era tale solo di nome, una carica di facciata che nascondeva l'altra faccia della medaglia, quella della tirannia.

È quanto successo nel Congo Belga negli anni tra il 1960 ed il 1965.

Il territorio dell'attuale Repubblica Democratica del Congo, conosciuto anche come Congo Belga o Zaire, è stato fin dal 1885 possedimento belga diventando una colonia nel 1908. Le autorità del Belgio mantennero sempre un controllo ferreo su questa colonia cercando di respingere, anche con la forza, i movimenti indipendentisti che si svilupparono dopo la fine del secondo conflitto mondiale. Oltretutto il Belgio gestiva con poco interesse quanto accadeva nella sua colonia.

Con questi presupposti fu facile, a partire dai primi anni Cinquanta, la creazione di alcuni partiti politici che auspicavano l'indipendenza del Congo. Tra i partiti fondati dai cosiddetti *évolué*, evoluti, cittadini congolesi che, avendo ricevuto una istruzione di stampo europeo, avevano acquisito, almeno sulla carta, diritti legali identici a quelli della popolazione bianca, spicca il partito di Joseph Kasa-Vubu che diverrà, successivamente, primo presidente della Repubblica Democratica del Congo.

Un altro partito che si affaccia sulla scena politica è il Mouvement National Congolais (MNC), fondato nel 1958 da Patrice Lumumba, futuro primo ministro. Sull'onda di quanto accadeva in altri stati africani che erano riusciti od erano in procinto di ottenere l'indipendenza (vedi ad esempio il Ghana od il vicino Congo Francese), nella capitale Leopoldville (successivamente ribattezzata Kinshasa), nel gennaio 1959 scoppiano violenti scontri con le forze di polizia coloniali in cui restano uccisi trentaquattro congolesi. Questo convinse il Re Baldovino del Belgio a concedere maggiore autonomia ai partiti locali predisponendo un piano che prevedeva, nell'arco dei successivi quindici anni, il graduale trasferimento di poteri fino ad arrivare all'indipendenza.

Questo stato di cose non era ben visto dalle autorità coloniali e tanto meno dai residenti belgi in Congo che nel 1959 erano ancora stimati in circa 89.000 unità. Il 31 ottobre dello stesso anno nuovi scontri, causati dall'arresto del leader Lumumba, portarono ad altri ventiquattro morti tra i congolesi.

Il Belgio ora teme che gli scontri degenerino in una vera e propria guerriglia, così come era già successo per la Francia in Indocina e Algeria e all'Olanda in Indonesia. I leader politici, tra cui Lumumba, vengono convocati a Bruxelles ma questi rigettano le proposte belghe di arrivare ad una indipendenza del Congo entro i successivi quattro anni. Vennero indette così le prime elezioni che si svolsero il 22 maggio 1960, con la proclamazione di indipendenza il 30 giugno successivo alla presenza del Re Baldovino.

Il cambio di potere si rivelerà difficile e complicato soprattutto nell'ambito delle forze armate. Tutti gli ufficiali e buona parte dei sottufficiali erano di origine bianca. Ai congolesi era permesso di accedere al massimo al grado di sergente e nulla fu fatto dalle autorità belghe per creare una futura classe dirigente addestrando adeguatamente i soldati.

Pochi giorni dopo l'indipendenza il comandante della forza di gendarmeria fece intendere che nulla sarebbe cambiato rispetto alla precedente gestione dei ranghi. Questo scatenò una rivolta nelle truppe congolesi. Per sedare gli animi gli ufficiali belgi vennero destituiti dai loro incarichi, diventando solo dei consiglieri e le nuove forze armate congolesi affidate a Joseph-Désiré Mobutu che, essendo uno dei pochi congolesi con qualche cognizione in campo militare, si ritrovò catapultato dal grado di sergente a quello di colonnello - Capo di Stato Maggiore dell'Esercito. Purtroppo la partenza nel luglio 1960 degli ufficiali belgi creò un vuoto di potere con ammutinamenti e saccheggi da parte delle forze locali con uccisione anche di alcuni europei. Questo costrinse il Belgio all'invio di unità di paracadutisti sul suolo congolese per proteggere i cittadini europei.

Questo atto di forza venne vissuto da Lumumba come una volontà del governo belga di ritornare a prendere in mano il potere. Tutto ciò fece sì che Lumumba chiedesse l'intervento delle Nazioni Unite per ripristinare l'ordine. Purtroppo da questa situazione si vennero a creare dei vuoti di potere che portarono alla separazione di alcune provincie del Congo, in special modo le provincie del Kasai e del Katanga, le più ricche in fatto di risorse minerarie.

Queste nuove provincie ebbero subito l'appoggio del Belgio e delle compagnie private che gestivano le miniere, che crearono così una forza di mercenari al soldo dei potenti locali.

Dato lo scarso esito dell'intervento dei caschi blu, Lumumba si rivolse ai sovietici per ottenere assistenza militare i quali accettarono inviando aerei, mezzi di trasporto ed armi. Questo ovviamente preoccupò non poco gli Stati Uniti. Ormai la situazione era allo sbando con il presidente Kasa-Vubo ed il primo ministro Lumumba su posizioni differenti.

In questo marasma politico ebbe la meglio il colonnello Mobuto che il 17 settembre, con un colpo di stato, prese il potere. Questo causerà una ulteriore scissione del territorio congolese con la formazione di un governo parallelo con sede a Stanleyville nella regione orientale del paese. In questo stato di cose anche i caschi blu faticavano a mantenere l'ordine.

I fedeli al governo di Stanleyville, il 12 novembre 1961 trucidarono, in quello che è ricordato come l'eccidio di Kindu, tredici aviatori italiani della 46° Brigata Aerea (brigata da trasporto) che erano in missioni per l'ONU, scambiandoli per mercenari al soldo dei katanghesi. Venne così predisposta una componente aerea dell'ONU costituita da cinque caccia F-86 Sabre forniti dagli etiopi, cinque caccia Saab 29 Tunnan svedesi e sei English Electric Canberra indiani. Saranno proprio questi ultimi velivoli ad aggiudicarsi i maggiori successi su suolo congolese.

L'invio dei Canberra nacque da alcune considerazioni. Oltre ad un carico di bombe (che l'ONU voleva evitare di utilizzare) possedeva anche quattro cannoni da 20 mm, una buona autonomia di volo e, non ultimo, era dotato di strumentazione adatta al volo notturno e su zone prive di assistenza alla navigazione, con un navigatore che si occupava della rotta. Era il candidato ideale da inviare in un luogo come il Congo.

Il 9 ottobre 1961 i primi aerei del 5° Squadron "Tuskers", sotto il comando del comandante di stormo A.I.K. Suares, lasciano la loro base di Agra, in India, e dopo una sosta a Jamnagar, Aden e Nairobi arrivano in Congo dove vengono dispiegati sugli aeroporti di Leopoldville e Kamina, seguiti da quattro C-124 Globmaster forniti dall'USAF con a bordo i 150 addetti ai servizi a terra.

Dopo alcuni voli di ambientamento la forza indiana, nell'ambito dell'operazione "Unokat", riceve l'ordine di attacco. Il 5 dicembre 1961 il 5° Squadron, diviso in tre pattuglie di due velivoli ciascuna, attacca le postazioni katanghesi. La prima coppia di velivoli colpisce il campo volo di Kolwezi mentre alle altre due vengono assegnati obiettivi al suolo dove sono state segnalati concentramenti di truppe e veicoli del Katanga. Il compito era arduo in quanto l'aeroporto di Kolwezi è a circa 1300 chilometri dalla base di Leopoldville, da volare in una coltre nuvolosa e con pochi riferimenti al suolo. La pianificazione prevede di arrivare su un lago posto nelle vicinanze del campo e successivamente procedere a filo alberi fino all'obiettivo.

La navigazione riesce, bucando le nuvole esattamente sul lago e procedendo poi ad una quota di appena 100 metri fino alla base ribelle. Sul campo erano disposti alcuni velivoli da trasporto ed un caccia da addestramento Fouga Magister di fabbricazione francese. Suares punta subito gli aerei da trasporto ed al primo passaggio distrugge due Dornier Do 28 mentre il tenente Gautam sul secondo Camberra prende di mira il Fouga. Al secondo passaggio Suares colpisce un DC-3, un DC-4, un bimotore de Havilland Dove, tutti appartenenti alle forze aeree del Katanga, colpendo anche la torre di controllo. In un terzo passaggio i due Canberra si concentrano sui barili contenente il carburante, che colpiscono mandando tutto in fiamme. Rientrano quindi alla base di Kamina, il loro nuovo acquartieramento.

Anche gli altri quattro velivoli hanno trovato e colpito gli obiettivi. La missione è stata un completo successo.

Il giorno successivo un secondo raid viene pianificato nuovamente su Kolwezi. Con un basso passaggio Suares spara ai depositi di carburante e, in uno successivo, a tutto quello che ancora non era stato colpito. Durante il volo a bassa quota viene preso di mira dalle armi leggere che colpiscono il suo velivolo ferendo alla coscia il navigatore, tenente Takle. Suares si disimpegna immediatamente cercando protezione nella coltre nuvolosa, facendo rotta sulla base di Kamina. Inserito il pilota automatico può assistere il navigatore portando i primi soccorsi. All'atterraggio il ferito verrà portato prontamente in ospedale.

Successivamente, fino al gennaio 1962, i Canberra indiani vennero utilizzati anche per la ricognizione armata alla ricerca di obiettivi lungo le vie di comunicazione in condizioni meteo a volte proibitive, in mezzo a temporali e piogge battenti, con copertura nuvolosa totale che andava da poche decine di metri dal suolo fino alla quota di oltre 12.000 metri. All'inizio di gennaio 1962 il comandante A.I.K. Suares viene richiamato in patria e lascia il posto al suo collega comandante S. Jena.

Le operazioni dei caschi blu proseguirono per tutto il 1962 fino a quando all'inizio del 1963, una vasta operazione porta alla conquista delle roccaforti katanghesi. Entro febbraio la secessione del Katanga ha termine, tornando così sotto il controllo del governo di Leopoldville.

I caschi blu dell'ONU lasceranno il Congo per la fine del 1963 anche se piccoli contingenti resteranno fino al 30 giugno 1964.

Purtroppo questo non porterà la pace in Congo. I moti di ribellione continuarono. Nel 1965 la rivolta contro il governo centrale ottiene il favore di Fidel Castro e nell'aprile del 1965 un drappello di dodici cubani sotto il comando di Che Guevara, seguiti poi da un altro gruppo di un centinaio di afro-cubani, prese parte alla rivolta senza però conseguire grandi risultati. La missione infatti si concluderà nel dicembre dello stesso anno.

L'interesse dei sovietici, della Cina e dei cubani in questa parte dell'Africa mette in moto il governo statunitense che aiuta il governo di Leopoldville con invio di denaro, uomini, veicoli ed aerei.

La rivolta viene alla fine repressa. Nell'aprile 1965 furono indette nuove elezioni ma nonostante questo, si cadde in uno stallo politico. Così il 25 novembre 1965 Mobuto, ora Generale, condusse un nuovo colpo di stato, cacciando i consiglieri sovietici ed instaurando di fatto un regime dittatoriale. Il Congo venne ribattezzato Zaire e molte città cambiarono nome a partire da Leopoldville, che diverrà Kinshasa.

Il governo di Mobuto sarà uno dei più corrotti, dove le ricchezze del paese contribuirono ad accrescere le sue finanze mentre il resto della popolazione viveva in stato di miseria. Il suo governo durò fino al maggio 1997 quando fu costretto a lasciare il paese in seguito alla vittoria dei ribelli del fronte Democratico per la Liberazione del Congo-Zaire, comandate dal futuro Presidente Laurent-Désiré Kabila. Mobuto morirà di cancro all'ospedale militare di Rabat il 7 settembre 1997.

Il preludio alla "crisi dei missili" – L'invasione della Baia dei Porci

Aprile 1961. Sono passati meno di tre mesi dall'insediamento del nuovo presidente americano alla Casa Bianca, John Fitzgerald Kennedy, che questi deve occuparsi di uno degli eventi più rilevanti della guerra fredda che caratterizzarono il suo mandato, lo sbarco nella Baia dei Porci a Cuba.

Questo non fu altro che il fallito tentativo messo in atto da mercenari ed esuli cubani, al soldo della CIA, di conquistare

Cuba, scalzando il regime di Fidel Castro. Kennedy non approvò questo sbarco decidendo di non fornire l'appoggio dell'esercito americano alle forze predisposte dalla CIA.

Le forze filo-americane sbarcarono in una zona lungo la costa sud dell'isola, chiamata Playa Giron, il 17 aprile 1961. Qui si scontrarono subito con le forze castriste, addestrate ed equipaggiate con materiale fornito dall'Unione Sovietica.

La forza di invasione era costituita da circa 1450 esuli addestrati negli Stati Uniti con l'appoggio di sedici bombardieri B-26 (ridotti poi della metà per ordine di Kennedy), ridipinti con le insegne dell'aviazione cubana, e di alcune navi adibite a scorta e trasporto.

Il piano prevedeva la creazione di una "testa di ponte" lungo la striscia costiera per permettere lo sbarco di un governo provvisorio di esuli cubani che sarebbe stato riconosciuto dagli Stati Uniti. Questi ultimi, su richiesta di aiuto di questo governo provvisorio, avrebbero così potuto dichiarare ufficialmente guerra a Cuba.

Lo sbarco avvenne durante la notte del 17 aprile 1961 ma gli invasori furono subito individuati ed attaccati dalle forze cubane. L'aviazione castrista anche se dotata di pochi mezzi, alcuni datati, tra cui quindici bombardieri B-26 (dello stesso modello di quelli utilizzati dagli invasori come depistaggio), dieci caccia Hawker Sea Fury inglesi, quattro jet da addestramento Lockheed T-33 Shooting Star di produzione americana e pochi altri aerei da trasporto e collegamento, non era stata decimata come previsto.

Un bombardamento effettuato il 15 aprile sulle basi cubane era infatti stato messo preventivamente in atto dai B-26 pilotati dagli esuli per distruggere la componente aerea avversaria. Le forze cubane, messe in allarme già da qualche tempo su un possibile attacco americano, avevano dislocato la componente aerea su basi nascoste evitandone così la distruzione. Questi pochi velivoli furono decisivi per le sorti della battaglia. Infatti i Sea Fury insieme ai T-33 affondarono all'inizio dell'invasione la *Rio Escondido,* nave adibita a comando operazioni, ed il trasporto *Houston* lasciando il contingente senza collegamenti e senza rifornimento di viveri, munizioni e carburante. Con questi presupposti i rinforzi previsti per il giorno successivo vennero richiamati in quanto l'invasione era ormai da considerarsi fallita.

Il giorno 19 le forze sbarcate sull'isola dopo vari combattimenti sostenuti con i soldati di Castro, essendo rimasti isolati, senza cibo ne munizioni, dovettero ritirarsi. Per proteggere la ritirata vennero inviati i rimanenti B-26 degli esuli cubani come copertura aerea ma due di questi, intercettati dai cubani, vennero abbattuti. Solo ventisei mercenari ed esuli riuscirono a fuggire dall'isola e raggiungere un sommergibile che era stato inviato in soccorso.

Dei circa 1450 che si erano imbarcati per questa avventura, 104 morirono, 134 risultarono dispersi ed i rimanenti 1197 furono fatti prigionieri e rilasciati dopo venti mesi di detenzione in cambio di cinquantatré milioni di dollari in aiuti per i bambini e farmaci. Da parte cubana si registrarono 176 morti e 300 feriti tra la truppa più diversi civili rimasti coinvolti nei combattimenti.

Questa vittoria cubana fece si che il regime di Castro si rinsaldasse e, con il pretesto di una futura eventuale invasione, acconsentì l'installazione di missili sovietici su territorio cubano, fatto che porterà, nell'ottobre 1962 alla cosiddetta "crisi dei missili", con una escalation di avvenimenti tale da portare il mondo vicino ad una guerra nucleare. Solo in due altre occasioni si è rischiato e ci si è avvicinati così tanto ad una guerra tra i due blocchi: il "blocco di Berlino" nel 1948/1949 e l'esercitazione "Able Archer 83" nel 1983.

Tornando alla mancata invasione della "Bahía de Cochinos", questo il nome in spagnolo, rileviamo che nei tre giorni di combattimento vengono abbattuti otto B-26 forniti dalla CIA. Di questi otto, tre sono attribuiti ad Álvaro Prendes

Quintana, pilota cubano della FAR (Fuerzas Armadas Revolucionarias).

Álvaro Prendes Quintana nasce il 24 dicembre 1928 nella zona di Guantanamo. Nel 1950 dopo l'esame di maturità scolastica si arruola nella Scuola di Fanteria. Successivamente, nel 1953, supera le selezioni per diventare cadetto dell'aeronautica ed inviato negli Stati Uniti dove si brevetta pilota nel 1954 servendo quindi con il grado di tenente nella FAEC (Fuerza Aerea Ejercito de Cuba), pilotando gli F-47D Thunderbolt. Nel 1955, dopo aver subito un incidente di volo su un F-47, viene inviato nuovamente negli USA per un corso di due mesi sugli F-86 Sabre. È in questo periodo che inizia a cospirare contro il governo di Fulgencio Batista, l'allora presidente/dittatore di Cuba, seguendo le idee socialiste di Fidel Castro.

Foto di Prendes Quintana dopo il suo arresto con l'accusa di cospirazione contro il regime di Fulgencio Batista

Durante una sollevazione all'interno di una caserma della Marina Militare a Cienfuegos nel settembre 1957, Álvaro Prendes impedisce l'utilizzo degli F-47 per bombardare gli insorti. Per questa sua decisione verrà arrestato dalla truppe di Batista e condannato a morte. La condanna si trasforma in sei anni di carcere ma, con il trionfo della Rivoluzione, Prendes verrà liberato il 1° gennaio 1959. Ritornato in libertà e ripreso il suo grado nell'aeronautica viene presto allontanato nuovamente a causa dei dissapori nati con Diaz Lanz, il nuovo Capo della Forza Aerea. Quando però Lanz diserta negli Stati Uniti Álvaro Prendes Quintana, appoggiato da Raul Castro, fratello di Fidel, rientra in aviazione e inizia un corso per il pilotaggio sul T-33. È su questo velivolo che combatte durante lo sbarco americano.

Nei tre giorni di battaglia è il pilota che effettua il maggior numero di missioni di combattimento (in totale quattordici). La sua prima missione è l'attacco ad alcuni mezzi da sbarco che si avvicinano alla costa. Nella successiva il capitano Prendes intercetta e colpisce gravemente un B-26 pilotato da esuli cubani, aereo che non riuscirà a rientrare alla sua base "segreta" di Purto Cabezas, soprannominata in codice "Happy Valley", in Nicaragua. L'altra base da dove partono i B-26 si trova in Guatemala a Retalhuleu (nome in codice "Rayo Base"). Questa è la prima vittoria ottenuta da Quintana volando sul T-33 (matricola n° 711) il giorno 17 aprile 1961.

Il giorno successivo gli viene ordinato di attaccare le truppe di invasione utilizzando bombe da 250 libbre e mitragliamenti al suolo. È in questa occasione che intercetta una coppia di B-26 dei quali ne abbatte uno non senza prima aver ricevuto a sua volta scariche di mitragliatrice. Il 19 aprile, ultimo giorno di combattimento, sempre a bordo di un T-33, attacca un altro B-26 e lo abbatte. Il B-26 stava valorosamente combattendo per permettere ai superstiti della spedizione di ritirarsi e raggiungere la salvezza. Questa volta l'equipaggio è costituito dagli americani Leo Francis Berliss e Thomas Williard Ray. I corpi verranno recuperati e congelati per dimostrare il coinvolgimento dell'amministrazione USA nell'attacco. Nessuno reclamerà quei corpi per non ammettere le responsabilità della CIA. Quest'ultima li riconoscerà come propri agenti solo nel 2000.

Ma la carriera di Álvaro Prendes non termina con la Baia dei Porci. Dopo aver ricevuto il titolo di "Eroe", Prendes sarà il primo cubano a volare sui MiG-15 nel novembre 1961 recandosi nell'allora Cecoslovacchia per il corso.

Durante la crisi dei missili del 1962 lo troviamo comandante della base aerea di San Antonio, la più grande del paese, a sud-ovest della capitale La Havana. Nel 1963 diventa comandante di un Reggimento montato sui caccia MiG-21. Nel 1973 è a capo del Ministero Relazioni Estere delle forze Armate e nel 1974 lo troviamo in Angola per le operazioni aeree condotte dai piloti cubani.

Ha scritto anche un libro intitolato: "En el punto rojo de mi colimador" (Nel punto rosso del mio collimatore) dove narra le sue "avventure" di pilota.

Non solo Álvaro Prendes Quintana si distinse durante l'attacco alla Baia dei Porci. Anche il suo connazionale Enrique Carreras Rolás ottenne il titolo di "Eroe della Repubblica Cubana" per aver abbattuto due aerei e affondato il cargo *Huston*.

Enrique Carreras Rolás

Enrique Carreras Rolás nasce il 25 novembre 1922 nella città di Matanzas. Il padre era un militare di carriera ed il piccolo Enrique era affascinato dalla vita del padre ma soprattutto dagli idrovolanti che vedeva di continuo partire dalla baia della sua città. Nel 1941 si arruola nell'esercito con il sogno di diventare pilota. È uno degli aspiranti cadetti dell'aeronautica selezionato tra 500 partecipanti. Alla fine del 1942 inizia i corsi che terminerà il 25 marzo 1944 diventando pilota. Verrà impiegato per perlustrare le acque intorno a Cuba alla ricerca di sommergibili nemici.

Durante il colpo di stato di Fulgencio Batista nel 1952, troviamo Enrique Carreras, ora promosso capitano, servire come Aiutante del Capo di Sato Maggiore Generale, colonnello Eulogio Cantillo. È in questo periodo che inizia ad avere idee di cospirazione contro il regime di Batista.

Si trova nella medesima posizione di Álvaro Prendes quando gli viene ordinato il 5 settembre 1957 di attaccare con il suo F-47D Thunderbolt il porto navale di Cienfuegos, per reprimere una rivolta degli insorti. Non permette agli aerei di decollare e per questo verrà incriminato e condannato a sei anni di carcere che, anche per lui come per Prendes Quintana, finiranno il 1° gennaio 1959, quando le truppe rivoluzionarie di Fidel trionfano.

Durante l'attacco alla Baia dei Porci, contattato telefonicamente direttamente da Fidel Castro, riceve l'ordine di affondare le navi che trasportano i rifornimenti per gli esuli cubani e i mercenari assoldati dagli Stati Uniti. Con il suo Sea Fury il 17 aprile 1961 giorno dello sbarco, attacca, colpisce ed affonda con i razzi la nave *Houston* che trasporta i rifornimenti per la testa di ponte. Nello stesso giorno, sempre con il Sea Fury (n° 542), abbatte un B-26. Otterrà una seconda vittoria due giorni più tardi, il 19 aprile quando, pilotando questa volta un T-33 (n° 703), abbatte un altro B-26.

Volò un totale di sette missioni con tre velivoli differenti, il Sea Fury, il T-33 ed il B-26. Durante la sua carriera pilota anche i MiG-15 e MiG-19 acquisiti dall'aeronautica cubana. Tra i vari incarichi ricoprì anche quello di istruttore di volo di Raul Castro e "Che" Guevara.

In seguito ricopre gli incarichi di Addetto Militare in Portogallo, Perù e Messico, Direttore dell'Istituto di Aeronautica Civile di Cuba e consulente presso i vietnamiti durante la guerra del Vietnam. Nel 1976 è in Angola come capo della spedizione cubana nello stato africano.

A causa di problemi fisici effettua il suo ultimo volo da pilota nel 1988 mentre nel 1994 viene promosso Generale di Divisione. Muore il 18 marzo 2014, all'età di 91 anni, a causa di problemi respiratori. È stato sepolto con tutti gli onori militari.

Ha riportato le sue memorie nel libro: "Por el dominio del aire", edito nel 1995.

"Che" Guevara pilota

La vita di Ernesto Guevara de la Serna, detto "Che", come uomo politico, scrittore, combattente, guerrigliero e capo rivoluzionario cubano è da tutti conosciuta. Meno conosciuti sono i suoi trascorsi di pilota. Anche se non prese parte a combattimenti aerei, record o missioni particolari, è interessante conoscere questo "mito" rivoluzionario dal punto di vista aviatorio.

Ernesto Guevara nato a Rosario in Argentina il 14 giugno 1928, divenne famoso come "Comandante" durante la rivoluzione cubana insieme a

Il "Che" appoggiato al montante alare del suo Cessna 182

Fidel Castro. Ma, terminata la rivoluzione, nonostante assunse nel nuovo governo una posizione politica che era seconda solo a quella del compagno Fidel, il suo animo combattivo non gli diede pace e partecipò ad altri moti rivoluzionari come quello scoppiato nel Congo Belga a cui partecipò, senza grande successo, nel 1965 e a quello che poi gli risulterà fatale in Bolivia, nel 1967.

Proprio in Bolivia troverà la morte. Braccato dall'esercito boliviano guidato dai servizi segreti americani, verrà tradito da un contadino. Catturato nel villaggio de La Higuera l'8 ottobre 1967 viene ucciso il giorno seguente. Ma a parte la figura diventata "mito" ed icona internazionale rivoluzionaria, Guevara era anche un fautore dell'aviazione.

Ammaliato fin dall'infanzia da suo zio Juan Martin, veterinario ed appassionato pilota, a 19 anni, nel 1947, vola su un aliante presso l'Aeroclub "Albatros" di Buenos Aires. Da qui in poi volerà regolarmente insieme ad un altro zio, Jorge de la Serna, prendendo lezioni di volo nel fine settimana.

Ma è a Cuba, appena ultimata la rivoluzione che Ernesto Guevara darà sfogo alla sua passione pilotando per la prima volta un aereo a motore il 25 gennaio 1959 insieme al pilota che lo accompagnerà in molti viaggi, Eliseo de la Campa Tellechea.

Su un Cessna 182 vola da La Havana fino all'Isola dei Pini ed è in questa occasione che chiede di prendere i comandi. Dopo questo primo volo dove Eliseo constata che il "Che" era coordinato nelle manovre, il "Comandante" promuove Eliseo a suo istruttore e in tutti i viaggi che facevano insieme, prendeva i comandi e pilotava.

Il Cessna 182 immatricolato CUN-609, monomotore quadriposto da 235 cavalli, che già Eliseo aveva soprannominato "Mi Lobito", sarà ribattezzato da Guevara "La Tatagüita". Questo mezzo però non era l'ideale per chi doveva imparare i rudimenti del volo a motore e così Eliseo propone al "Che" di fare qualche lezione su un Piper PA-18. Ricevette quindi lezioni dal capitano Orestes Acosta, che morirà su un T-33 il 15 aprile 1961 durante l'attacco preparatorio allo sbarco sulla Playa Giron (Baia dei Porci) effettuato dai B-26 sulle basi cubane. Altro istruttore del "Che" sarà, come abbiamo visto, Enrique Carreras Rolás.

Guevara ottiene così il suo brevetto ma rimane molto dispiaciuto quando i suoi istruttori e compagni di corso, per timore reverenziale nei confronti dell'Eroe della Rivoluzione, non applicano anche a lui la tradizione cubana di battezzare chi vola per la prima volta da solo immergendolo in un barile pieno d'acqua e lanciandogli contro olio e terra (tradizione in uso, con le relative varianti, in molti paesi).

Ottenuto il brevetto può ora fare l'abilitazione ad altri velivoli tra cui il suo amato Cessna 182, il Cessna 310 bimotore, il Let L-200 Morava bimotore di produzione cecoslovacca, il massiccio Antonov An-2 biplano monomotore spinto da un motore da 1000 cavalli e per finire sullo Zlin Z-326 acrobatico. Su quest'ultimo velivolo, durante un volo a Varadero per assistere ad una manifestazione in volo dei nuovi MiG-15 appena acquisiti dall'aeronautica cubana, dopo aver a sua volta effettuato alcune acrobazie sul campo, Guevara ha un piccolo incidente in atterraggio, toccando il suolo con l'estremità dell'ala. Sceso indenne dal velivolo si rivolgerà al suo istruttore Eliseo dicendo di passare tranquillamente il velivolo alla scuola di aviazione perché lo Zlin è per piloti esperti e lui purtroppo lo pilotava troppo poco.

Il "Che" era un pilota attento. Teneva molto alla manutenzione dei velivoli e se durante il volo incontrava cattivo tempo, tornava indietro all'aeroporto di partenza. Accumulò più di 1000 ore di volo senza particolari incidenti. Il suo sogno era quello di poter pilotare un MiG, questo aveva confidato ad Álvaro Prendes Quintana, pilota che aveva abbattuto tre velivoli durante il fallito tentativo di sbarco. Sogno che non riuscirà mai a realizzare.

Nonostante la passione per l'aviazione, la sete di "avventura" e il voler portare la rivoluzione in altri stati del terzo mondo erano attrattive troppo forti. Così il "Che" salutò il suo pilota/istruttore Eliseo e partì verso la sorte che il destino gli aveva preparato. Eliseo de la Campa Tellechea morirà invece di cancro all'età di 78 anni nel 1995.

La guerra del Calcio – 100 ore (e 10 minuti) di guerra

È possibile che il risultato di una partita di calcio sfoci poi in una guerra tra stati sovrani? La risposta purtroppo è affermativa. È quanto accaduto nel 1969 tra due stati del Centro America, El Salvador e Honduras.

Ovviamente il risultato calcistico è stato il pretesto, la classica goccia che fa traboccare il vaso, di una situazione economica e politica tra i due stati ormai al capolinea. Ma vediamo nel dettaglio cosa successe.

Siamo sul finire degli anni Sessanta, gli anni d'oro per il colonialismo americano in Centro America, dove le multinazionali della frutta cercavano nuove terre da coltivare e le trovarono in due paesi filoamericani, l'Honduras e El Salvador. Ma in Salvador gli investimenti sono maggiori così che il piccolo stato Centro Americano ha una importante crescita economica con conseguente aumento della popolazione. Diventa quindi uno stato densamente popolato ma troppo piccolo per offrire lavoro a tutti, soprattutto ai contadini che si trovano così disoccupati.

Di contro l'Honduras ha uno sviluppo territoriale più consistente, circa cinque volte più grande del Salvador, con una densità demografica che corrisponde ad un quarto di quella del suo vicino. Inoltre El Salvador rivendicava uno sbocco sul Mar dei Caraibi e l'Atlantico e non accettava la sovranità dell'Honduras sul Golfo di Fonseca, una insenatura naturale protetta che si affaccia sul Pacifico.

Le rivalità tra i due stati si erano protratte, tra alti e bassi, fin dalla dichiarazione di indipendenza dalla Spagna (il 1821 per l'Honduras ed il 1841 per El Salvador).

Per risolvere il problema dell'esubero di popolazione i due capi di stato/dittatori (Fidel Sanchez per El Salvador e Oswaldo Lopez Arellano per l'Honduras) firmarono nel 1967 la "Convenzione bilaterale sull'immigrazione" dove veniva sancito il diritto dei salvadoregni di attraversare liberamente il confine per lavorare e risiedere in Honduras che in quel periodo aveva bisogno di mano d'opera. Questo portò oltre 300.000 salvadoregni a stabilirsi in Honduras dove fondarono villaggi e coltivarono campi fino ad allora inutilizzati. Ovviamente da parte dei contadini honduregni questo non viene visto di buon occhio e, con il passare del tempo, la situazione diventa sempre più insostenibile.

Nell'aprile 1969, con una mossa a sorpresa, il presidente honduregno Oswaldo Lopez, per non scontentare i latifondisti e le grandi compagnie americane (vedi United Fruit Company) che sostenevano la sua dittatura, confisca le terre ed espelle tutti i salvadoregni presenti sul territorio dell'Honduras, violando l'accordo stilato solo due anni prima.

I salvadoregni furono quindi costretti a rientrare nel loro paese dove ora non avevano più nulla. Il governo salvadoregno cercò di mediare la situazione invitando il suo vicino a fare un passo indietro ma, quando questo invito rimase senza esito, le relazioni diplomatiche tra i due stati si fecero tesissime.

È in questo contesto che si inseriscono le qualificazioni ai Mondiali di Calcio del 1970 (o coppa Jules Rimet come si chiamava all'epoca) che si svolgeranno in Messico. L'8 giugno 1969 i due paesi si incontrano a Tegucigalpa, capitale honduregna, per disputare la partita di andata della semifinale per la qualificazione ai mondiali. Visto il clima già teso, la squadra del Salvador arriva nella città ospite all'ultimo momento ma questo non servirà ad evitare disordini. L'albergo dove sono ospiti viene preso di mira dalla tifoseria avversaria che, a suo di clacson e lancio di oggetti, non consente ai giocatori di dormire.

La partita si svolge regolarmente con la vittoria dei padroni di casa honduregni con il risultato di 1 a 0. In patria la diciottenne Anna Bolanos, figlia di un generale dell'esercito salvadoregno, saputo della sconfitta, si uccide sparandosi con la pistola del padre. Gli vengono tributati funerali di stato ed elevata al rango di eroina.

La settimana successiva, il 15 giugno, è in programma la partita di ritorno in Salvador. Ora tocca alla squadra honduregna subire la sassaiola alle finestre dell'hotel ed il suono dei clacson per tutta la notte. I giocatori devono essere scortati dai carri armati allo stadio. In questo clima si gioca la partita che terminerà 3-0 in favore della squadra locale. Ma gli animi non si placano e tra i tifosi dell'Honduras si conteranno decine di feriti e due morti. All'epoca non esisteva la regola della differenza reti e avendo le due squadre vinto una partita a testa, devono disputare lo spareggio in campo neutro.

Il campo è quello di Città del Messico, allo stadio Azteca, per la partita decisiva che si disputa il 27 giugno. Ai tempi regolari siamo su un risultato di 2-2 ma ai supplementari segna il Salvador senza sospettare che quel semplice gol sarà la scintilla che scatenerà una guerra. Al termine del match le tifoseria vengono in contatto provocando atti di violenza urbana. I due paesi rompono le relazioni diplomatiche innescando un processo irreversibile che porterà alla guerra.

Meno di un mese dopo, alle 17.50 del 14 luglio il Salvador, senza una dichiarazione di guerra formale, attacca l'Honduras con la scusa di difendere i suoi connazionali ed i suoi confini. Le forza armate dei due paesi utilizzavano mezzi alquanto obsoleti. La componente aerea di entrambi i contendenti, ad esempio, si serviva ancora dei vecchi caccia a pistoni P-51 Mustang e F-4 Corsair residuati del secondo conflitto mondiale, componente aerea quantificabile in circa una trentina di velivoli per il Salvador e circa sessanta per l'Honduras tra aerei da combattimento, trasporto ed addestramento.

Alle 18.10, venti minuti dopo l'inizio delle ostilità, i caccia salvadoregni vennero fatti decollare con destinazione la capitale Tegucigalpa ed altri obbiettivi lungo il confine settentrionale. Nel contempo iniziava l'offensiva via terra con 12.000 soldati salvadoregni che marciano verso il confine sud, verso la zona del Golfo di Fonseca.

L'Honduras, colto di sorpresa, oltre che operare una iniziale difesa, si rivolge al consiglio dell'OSA (Organizzazione Stati Americani), che intima un cessate il fuoco che il Salvador si rifiuta di rispettare. Già al tramonto del giorno successivo circa 1600 chilometri quadrati di territori honduregno sono sotto il controllo nemico.

L'Honduras, carente in quanto a truppe terrestri, predispone una controffensiva aerea attaccando raffinerie e depositi di carburante salvadoregni. Nell'attacco del 15 luglio vengono distrutti circa il 20% delle scorte di carburante del nemico.

Il giorno successivo vede le forze salvadoregne ancora in vantaggio anche se una contrattacco dell'Honduras sul fronte sud alleggerisce la spinta nella zona a nord, causando una battuta di arresto nell'avanzata delle truppe del Salvador.

È in questo contesto operativo che il 17 luglio troviamo impegnato Fernando Soto Henríquez, incaricato insieme ad altri due piloti di pattugliare il fronte meridionale ed attaccare l'artiglieria nemica con l'ordine di non sconfinare nello spazio aereo salvadoregno. Nella stessa zona e nello stesso momento opera una pattuglia di due aerei salvadoregni comandata dal capitano Douglas Varela.

Nella tarda mattinata il maggiore Soto, ai comandi di un Vought F-4U-5 Corsair (codice FAH-609), intercetta il nemico sopra il villaggio di El Amatillo. Soto, soprannominato "Sotillo", interviene per difendere il suo gregario, il maggiore Edgardo Acosta che, con le mitragliatrici inceppate, non poteva combattere. Nel duello Soto abbatte il capitano Varela, a bordo di un P-51, considerato uno dei piloti salvadoregni di maggior esperienza. Poco dopo Soto rileva altri due aerei nemici che, dopo essere stati messi in fuga dai colpi di una batteria antiaerea, stanno rientrando alla base.

Soto si mette all'inseguimento ed intercetta il velivolo del capitano Salvador Cezeña Amaya (un F-4U) che, danneggiato a colpi di mitragliatrice, si vede costretto a lanciarsi con il paracadute. Nel frattempo il capitano Guillermo Reinaldo Cortéz riesce a mettersi in coda a Soto mitragliandolo. Soto, con abili manovre, si posiziona a sua volta alle spalle di Cortéz riuscendo così a colpirlo con i suoi cannoncini da 20 mm.

Cortéz alla guida del suo Corsair ormai danneggiato irreparabilmente, anziché cercare la salvezza con il paracadute, cerca di portare il velivolo fuori dalla zona abitata di San Jose La Fuente per evitare che finisca sulle case. Purtroppo giunto su una zona di campagna libera, la quota troppo bassa non consentirà più a Guillermo Reinaldo Cortéz di lanciarsi morendo così nello schianto. Questa fu la terza ed ultima vittoria del maggiore Soto conseguita nel corso del conflitto.

Fernando Soto Henríquez, nato a Tegucigalpa il 24 giugno 1939, si laurea nel 1955 arruolandosi due anni dopo nell'aeronautica militare honduregna. Inviato negli Stati Uniti per il corso di pilotaggio, viene rispedito in patria

Fernando Soto Henríquez con il suo F-4 Corsair dove sono riportate sotto l'abitacolo le tre vittorie aeree conseguite durante la guerra del Calcio

due mesi dopo in quanto non raggiungeva i minimi di peso richiesti alla visita medica. Ottenne comunque il suo brevetto di pilota nel 1958 sui North American T-6 Texan, ed il grado di sottotenente.

Nei successivi anni lavora sia come pilota militare sia come pilota civile per la SAHSA (Servicio Aéreo de Honduras SA) raggiungendo il ragguardevole traguardo delle 24.000 ore di volo. Nel 1969 viene richiamato in servizio e prende parte alla guerra dove, grazie ai suoi abbattimenti, privò la forza aerea salvadoregna del supporto aereo nella zona sud, partecipando all'ultimo combattimento a livello mondiale tra aeromobili con propulsore a pistoni.

Nel 2003 fu proclamato dal Congresso della Repubblica, nonostante "solo" tre vittorie aeree, Asso ed eroe nazionale. Alla fine della sua carriera nell'aeronautica raggiunse il grado di colonnello. Muore il 26 giugno 2006 a Tegucigalpa, circondato dall'affetto della sua famiglia.

Guillermo Cortéz

Anche il suo avversario Guillermo Reinaldo Cortéz è considerato un eroe in patria per il suo sacrificio.

Nato il 13 maggio 1939, si arruola nella scuola militare nel 1956, ottenendo il grado di sottotenente dell'esercito nel novembre 1959. Nel gennaio dell'anno seguente viene inviato a San Antonio, in Texas, per seguire i corsi di pilotaggio da dove rientra l'anno successivo con in mano il brevetto di pilota da combattimento. Ottiene il grado di tenente nel 1962 e quello di capitano il 30 giugno 1967.

Il secondo giorno dopo lo scoppio delle ostilità tra Honduras e El Salvador, Cortéz con il suo FG-1D Corsair, variante costruita dalla Goodyear, abbatte un F-4U-5 honduregno. Purtroppo come abbiamo visto il 17 luglio viene a sua volta colpito ed abbattuto. Muore nell'impatto al suolo del suo velivolo dopo essere riuscito ad evitare di precipitare sopra il villaggio che stava sorvolando in quel momento. Con il suo FG-1D Corsair, durante la guerra effettua cinque missioni di bombardamento e mitragliamento al suolo e quattro di protezione aerea prima di venire abbattuto.

La guerra si protrasse anche per tutto il giorno 18 quando l'avanzata salvadoregna venne bloccata a colpi di napalm dagli avversari. Le forze armate dell'Honduras respinsero i nemici oltre la frontiera e ricevettero dal Comando l'ordine di terminare le operazioni.

Alle 22.00 l'OSA dispose il cessate il fuoco, proposta subito accettata dall'Honduras ma rifiutata dal governo del Salvador che voleva procrastinare i termini in attesa dell'arrivo di altri caccia P-51 Mustang ordinati negli Stati Uniti ed in procinto di arrivare. Nonostante le schermaglie continuassero fino al 5 agosto, la guerra terminò di fatto il 18 luglio, dopo 100 ore e 10 minuti di combattimenti.

Poco più di quattro giorni di combattimenti che provocarono comunque circa 6000 vittime tra militari e civili mentre altre 50.000 persone furono sfollate. Alla fine venne ripristinato lo stato antebellico delle frontiere anche se il trattato di pace verrà firmato solo nel 1980.

Ci si domanda: tutto questo a causa del risultato di una partita di calcio? Ovviamente questa fu la scintilla che accese la miccia ad una polveriera in procinto di esplodere già da parecchi tempo. I due paesi riuscirono comunque ad attirare su di loro, anche se per pochi giorni, l'attenzione dell'opinione pubblica internazionale.

La crisi greco-turca del 1974

La guerra del Vietnam era alle sue ultime battute (si concluderà ufficialmente il 30 aprile 1975 con l'entrata in Saigon delle truppe vietnamite) che in Europa, inaspettatamente, si apriva un nuovo conflitto creando una frattura, già in parte esistente, tra il governo greco sotto la dittatura dei "colonnelli" e quello turco.

Un colpo di stato militare a Cipro, isola nel mare Mediterraneo a sud della penisola anatolica, a breve distanza dalle coste della Siria e del Libano, portò alla destituzione del presidente cipriota, l'arcivescovo greco-ortodosso Makarios.

Questo episodio scardinò i già difficili equilibri raggiungi con il trattato di Zurigo e Londra del 1960 che era finalizzato alla nascita dello Stato indipendente di Cipro dopo il dominio britannico e che poneva l'isola sotto controllo greco e turco. Questo fatto portò all'intervento, il 20 luglio 1974 delle forze turche che sbarcano sull'isola in difesa della popolazione turco-cipriota. I turchi si attestano sull'isola ed aprono un corridoio che va dalla città di Kyrenia sulla costa, alla capitale Nicosia. Forse anche a causa degli avvenimenti di Cipro, il 23 luglio il governo militare greco che era al potere collassò e i membri in esilio del governo precedente rientrarono in patria.

Le forze turche erano in questo momento più forti e, tramite le Nazioni Unite, si cercò di arrivare ad un "cessate il fuoco". Le trattative si protrassero per tutto il mese di luglio e parte di agosto fino a che il 14 agosto la Turchia non mise in atto una "seconda operazione di pace" occupando il 40% del territorio cipriota. Le ostilità terminarono il 18 agosto e si venne così a formare una linea di cessate il fuoco, una sorta di confine tra la parte greca e turca di Cipro che attraversa l'isola e divide in due parti anche la capitale Nicosia. Questa linea è anche chiamata "la linea verde".

L'intervento armato si risolse fortunatamente nell'arco di un mese. Questo però non interessò solo le truppe terrestri. Ci furono anche scontri ed intercettazioni aeree sul mare Egeo tra caccia delle opposte fazioni. Tra questi è degno di nota quello occorso il 21 luglio 1974 tra caccia Northrop F-5A "Freedom Fighter" greci e Convair F-102A "Delta Dagger" turchi.

Quel giorno sulla base aerea di Néa Anchialos, il tenente Giannis Dinopoulos ed il tenente Thomas Scampardonis, rispettivamente leader e gregario, in forza presso il 337 Mira della EPA (Eleniki Polemika Aeroporia – Forza Aerea Greca), sono seduti all'interno dei loro caccia F-5 per un turno di allarme.

Alle 13.30 una chiamata dal centro radar risveglia la base. Una coppia di aerei nemici è segnalata nello spazio aereo greco.

I piloti ormai rodati dall'addestramento accendono subito i motori, fanno i controlli e si avviano al punto attesa pronti per il decollo. Ma ecco l'imprevisto. La radio del tenente Dinopoulos (n° 1) non funziona e questi, a gesti, comunica al gregario di passare avanti e fare lui da capopattuglia in quella missione. Lui lo avrebbe seguito a breve distanza.

In situazioni come questa gli ordini prevedono che il tenente Dinopoulus abortisca la missione e rientri all'aerea di parcheggio, ma siamo in guerra e le decisioni vengono prese anche in base alla situazione contingente.

Gli aerei partono ovviamente armati, anche se le istruzioni dicono di tenere gli interruttori delle armi su OFF, per intercettare ed identificare a vista l'avversario. Il decollo avviene regolarmente ed i caccia assumono prua nord verso la zona dell'alto Egeo, guidati dal radar a terra, con Dinopoulos che vola leggermente più alto del compagno per meglio vedere la situazione. Il controllo a terra dirige i due aerei verso una zona delimitata dalle isole Agios Efstratios e Limnos ad una quota di 20.000 piedi. Qui viene avvistata una coppia di F-102 turchi. Il tenente Scampardonis vira per mettersi in coda ma la sua manovra viene anticipata dai turchi che cercano a loro volta di mettersi in coda al greco. Iniziano una serie di virate strette che portano i velivoli a scendere a 10.000 piedi (circa 3000 metri). In queste virate Scampardonis perde di vista gli avversari ma, mentre cerca visivamente attraverso il tettuccio di riprendere il contatto, la sua attenzione è attirata da un grosso spruzzo d'acqua sulla superficie del mare.

Il suo pensiero va subito al compagno, tenente Dinopoulos, chiedendo al controllo aereo dove fosse ma la sua domanda resta senza risposta. Gli viene ordinato di rientrare alla base e nel frattempo il controllore lo avvisa di un altro avversario nella sua zona e lo vettora per l'intercettamento. Purtroppo, anche a causa della scarsa visibilità, Scampardonis non riesce ad individuarlo.

Appena atterrato vede sfrecciare sopra di se il caccia di Dinopoulos che atterra anche lui poco dopo. Scampardonis si accorge subito che i missili Sidewinders, posti alle estremità alari degli F-5, sul caccia di Dinopoulos mancano. Appena spento i motori i due piloti vengono prelevati per il de-briefing ed interrogati su quanto successo. Solo allora si saprà che uno dei caccia turchi è stato abbattuto da Dinopoulos.

Durante la fase dell'intercettamento Dinopoulos, che era più alto ed arretrato, non era stato visto dai piloti turchi. Durante le manovre Dinopoulos vede che il F-102 ha aperto la stiva dell'armamento (su questo tipo di velivolo l'armamento era racchiuso all'interno di una stiva per non diminuirne l'aerodinamica ed abbassare la traccia radar) e ha sparato un missile AIM-4 Falcon verso l'aeromobile greco del suo compagno. Dato la virata stretta che il velivolo nemico stava "tirando" il missile esce dai parametri e non colpisce il bersaglio. Per dovere di cronaca occorre anche specificare che il AIM-4 Flacon era stato progettato come arma aria-aria per abbattere velivoli poco manovrieri come i bombardieri sovietici, non un agile caccia come l'F-5.

Ora Dinopoulos, con il suo F-5 (numero di serie 66-9137) è in posizione favorevole e pronto a lanciare un AIM-9B Sidewinder a ricerca di calore, ma la distanza è troppo corta e la testata del missile non ha il tempo di "riscaldarsi" mancando l'obiettivo. Con il secondo lancio le cose vanno meglio ed il caccia turco (numero 54-1403) è abbattuto, schiantandosi in mare. Ecco spiegato la colonna d'acqua vista da Scampardonis. Tempo dopo si saprà che il pilota del secondo caccia turco (n° 55-3413), forse preso dal panico, pensando di venire abbattuto come il suo compagno, per fuggire utilizza per un tempo troppo lungo il post-bruciatore consumando tutto il carburante vedendosi così costretto ad atterrare in emergenza su una strada. Il pilota purtroppo morirà nell'impatto. Ovviamente la televisione turca darà una versione differente ed opposta dei fatti dichiarando che due caccia greci sono stati abbattuti in combattimento quel giorno.

Da parte turca il giorno successivo 22 luglio, verrà accreditato un abbattimento (anche se non confermato) al pilota Sitki Onur che con un F-102A (n° 55-3401) abbatte un F-5A greco con un missile AIM-4 (a dispetto di quanto detto sull'utilizzo di questo missile).

Ai tenenti Giannis Dinopoulos e Thomas Scampardonis non verranno mai tributati onori ufficiali, medaglie od encomi per la loro missione.

L'Asso degli Assi israeliano

Great Bitter Lake, tra la città egiziana di Ismailia e Suez. A ovest di questo lago, proseguimento naturale del Canale di Suez, alle 17.00 del 24 ottobre 1973 in un breve combattimento, tre MiG-21 dell'aeronautica egiziana vengono abbattuti.

Queste sono le ultime tre vittorie di Giora Epstein, pilota israeliano che terminerà così la sua carriera con un totale di diciassette vittorie al suo attivo, diventando l'asso degli assi israeliani e anche l'asso con il maggior numero di abbattimenti in combattimenti jet contro jet. La sua cavalcatura quel giorno era un Mirage IIIBJ "Shahak 86" biposto e gli abbattimenti furono eseguiti il primo tramite l'utilizzo dei due cannoncini DEFA 552 da 30 mm di bordo e gli altri due con missili aria-aria "Sidewinder" AIM-9D.

Si chiudeva in questa data l'elenco delle vittorie di Giora Epstein ma non la sua carriera che proseguirà fino al grado di colonnello nella IAF (Israeli Air force) ed in seguito come comandante sui velivoli della compagnia israeliana El Al.

Giora Epstein nasce nel 1938 nel Kibbutz Negba e cresce seguendo la vita contadina. Appassionato fin da piccolo della storia dell'aviazione, legge avidamente tutto quello che trova sugli aerei e sugli assi della seconda guerra mondiale.

Appena diciottenne entra nella IDF (Israeli Defence Force) con la volontà di diventare pilota, ma viene scartato alla visita medica per un problema cardiaco. Nonostante la delusione chiede ed ottiene di entrare nel corpo paracadutisti. In questo ruolo eseguirà più di 700 lanci entrando a far parte della squadra nazionale, partecipando anche a competizioni in campo internazionale.

È in questa occasione che cambia il suo nome in Giora Even ("pietra" in ebraico) per rispettare una regola (il cambio di nome) imposta ai militari israeliani che lasciano il territorio

Giora Epstein fotografato in un momento di riposo accanto al suo aereo (notare i simboli di dodici vittorie dipinti sotto l'abitacolo)

di Israele.

Nel 1959 lascia le forze armate ma la vita del Kibbutz non fa per lui e si arruola nuovamente, nel 1961, tentando di nuovo la strada per diventare pilota. Questa volta il referto medico è meno traumatico. Gli viene data la possibilità di pilotare ma, sempre a causa del suo problema cardiaco, solo la linea elicotteri, evitando così le sollecitazioni a cui il corpo è sottoposto pilotando un caccia da combattimento.

Accetta di buon grado la "soluzione" e diventa pilota di elicottero ma la sua idea di pilotare un caccia non lo abbandona. Grazie al referto di un esperto medico cardiologo dell'USAF che afferma che la sua condizione non preclude l'attività di pilota da caccia, ottiene un colloquio e l'autorizzazione da parte di Ezer Weizman, comandante della Forza Aerea Israeliana, di procedere con l'addestramento.

Inizia così nel 1963 il suo addestramento che lo porterà a pilotare quasi tutti i modelli di velivoli a getto in servizio presso la IAF: Dassault Ouragan e Super Mystère, Mirage III, IAI Kfir ("Leoncino" in ebraico), IAI Nesher ("Avvoltoio") per terminare con gli F-16.

Siamo ora nel 1967 e scoppia la "Guerra dei sei giorni" combattuta, tra il 5 ed il 10 giugno 1967, tra Israele da una parte ed Egitto, Siria e Giordania dall'altra. Questa guerra vede Israele vincitore e porterà all'occupazione da parte dello stato ebraico della penisola del Sinai, delle alture del Golan, della Cisgiordania e della Striscia di Gaza.

Il 6 giugno a bordo di un Mirage IIICJ "Shahak 56" nei pressi di El Arish, Giora Epstein abbatte a colpi di cannoncino il suo primo avversario, un Sukhoi Su-7 egiziano.

In seguito nella cosiddetta "Guerra d'attrito" combattuta tra Israele ed Egitto tra il 1967 e il 1970 avviata dagli egiziani per tornare in possesso della penisola del Sinai persa durante la "Guerra dei sei giorni", Giora Epstein abbatte il 20 luglio ed l'11 settembre 1969 un MiG-17 ed un Su-7 rispettivamente, mentre l'anno successivo, il 25 marzo 1970, distrugge due

MiG-21 che stanno volando a nord della città di Ismailia. Con questi due ultimi abbattimenti si aggiudica il suo quarto e quinto avversario e di conseguenza il titolo di asso.

Il 6 ottobre 1973 inizia la "Guerra del Kippur" che si protrarrà fino al 24 ottobre, dove troviamo da una parte lo stato israeliano e dall'altra una coalizione con Egitto e Siria.

Con un attacco a sorpresa scatenato nella giornata religiosa dello Yom Kippur (giorno dell'espiazione), gli egiziani attraversano il Canale di Suez ed avanzano nella penisola del Sinai mentre a nord le truppe siriane riprendono le alture del Golan. Dopo una prima avanzata nemica che dura 24-48 ore, le truppe israeliane si riprendono dalla sorpresa e reagiscono bloccando le forze avversarie e volgendo le sorti del conflitto a loro favore.

Già nella seconda settimana le forze siriane sono state respinte e si ritirano dal Golan ed anche le forze egiziane sul Sinai iniziavano a retrocedere.

Il 18 ottobre il bottino di Epstein incrementa con l'abbattimento a colpi di cannone di un elicottero Mi-8 mentre vola a bordo di un Mirage IIICJ. Il giorno successivo Epstein, questa volta pilotando un IAI Nesher (Nesher 61), copia quasi identica del Dassault Mirage 5 francese, abbatte alle 13.15 due Su-7 (uno con il cannoncino l'altro con un missile aria-aria Shafrir). Poche ore dopo, alle 16.30 sarà la volta di due Sukhoi Su-20 anche in questo caso abbattuti uno a colpi di cannoncino e l'altro con un missile.

Il 20 ottobre sarà un'altra giornata memorabile per Giora Epstein. Abbatte infatti ben quattro MiG-21 egiziani a sud-ovest del Great Bitter Lake (tre con cannoncino ed uno con missile), sempre a bordo del "Nesher 61".

Il giorno 24 ottobre, ultimo giorno di guerra, lo troviamo a bordo di un Mirage IIIBJ biposto "Shahak 86" impegnato nel combattimento che lo renderà l'asso degli assi conseguendo così un totale di diciassette vittorie aeree di cui otto in un arco di ventisei ore tra il 19 ed il 20 ottobre 1973.

Giora Epstein soprannominato "Hawkeye" (occhio di falco) per la sua vista eccezionale in quanto capace di individuare un aereo ad una distanza di quaranta chilometri, circa tre volte la distanza di un normale pilota, riceverà dopo la guerra la "Distinguished Service Medal", una delle più alte onorificenze israeliane. Comanderà lo Squadron 101, lo Squadron in cui ha servito durante la sua carriera, lasciando il servizio attivo con 5000 ore di volo. Proseguirà la sua carriera come comandante nella compagnia El-Al.

Durante il servizio in aeronautica ha anche potuto pilotare il General Dynamics F-16 Fighting Falcon come pilota della riserva "pronto al combattimento" fino al suo sessantesimo compleanno. Giora "Hawkeye" Epstein Even si è ritirato in pensione con il grado di colonnello.

La "vera" prima Guerra del Golfo

Con Guerra del Golfo venne inizialmente indicata la guerra combattuta tra Iran ed Iraq tra il 1980 ed il 1988, termine poi ereditato dalla successiva guerra che si scatenò nella regione in seguito all'invasione del Kuwait da parte delle forze irachene.

La guerra sviluppatosi nel 1980-1988 ha radici antiche (addirittura all'epoca dell'impero persiano) e si basa su dispute di confine che non vennero risolte neppure alla fine della prima guerra mondiale quando, con la disfatta delle truppe ottomane, la regione entrò nella sfera di influenza britannica. In epoca più recente lo scontro sui confini si ebbe tra i due regimi, quello iracheno presieduto dal dittatore Saddam Hussein e quello iraniano di Ruhollāh Mustafa Mōsavī Khomeynī, meglio conosciuto come l'Ayatollah Khomeini che aveva preso il potere dopo la cacciata dello Scià Mohammad Reza Pahlavi nel 1979.

La scintilla o meglio il motivo scatenante fu il disaccordo circa i confini nella zona dello *Shatt al-'Arab*, un fiume formato dalla confluenza del Tigri e dell'Eufrate nel sud dell'Iraq, circa 150 chilometri prima di sfociare nel Golfo Persico, un canale che costituisce il solo sbocco dell'Iraq verso il mare. Lo *Shatt al-'Arab* è infatti navigabile per un lungo tratto e prezioso per la navigazione delle petroliere.

Saddam prende l'iniziativa e il 22 settembre 1980, con una mossa a sorpresa e senza dichiarazione di guerra attacca l'Iran su due fronti, quello meridionale sulla zona di confine dello *Shatt al-'Arab* e a nord, nella zona del Kurdistan iraniano. Con questo attacco il leader iracheno Saddam cerca di sfruttare al massimo l'effetto sorpresa ed altri fattori che, almeno sulla carta, giocavano a suo favore. Tra questi:

- attacco aereo sullo stile "Blitzkrieg" con distruzione al suolo della flotta aerea avversaria per permettere alle armate corazzate ed alla fanteria una maggior mobilità

- la disgregazione dell'esercito di professione iraniano in seguito alla caccia dello Scià che aveva portato all'incarcerazione dello stato maggiore

- l'inferiorità iraniana in artiglieria, mezzi corazzati, aviazione e tecnologia militare

- eventuale aiuto da parte degli altri regnanti arabi che temevano l'effetto Khomeini potesse estendersi ai loro regni

- aiuto da parte degli Stati che avevano rapporti tesi con il governo iraniano

- aiuto da parte degli Stati Uniti che vedevano il regime di Saddam come soluzione al problema iraniano

Le modalità adottate da Saddam all'inizio delle ostilità con l'Iran è simile a quella che verrà adottata dieci anni più tardi nei confronti del Kuwait.

Con queste premesse i primi due mesi di guerra furono un successo iracheno. Le forze irachene riuscirono ad invadere ed occupare alcune delle città poste sul confine meridionale.

Il piano prevedeva di attestare le truppe sulle posizioni conquistate per poi procedere verso la capitale Teheran. Ma come spesso succede, i pronostici non furono rispettati. La resistenza iraniana si dimostrò forte e determinata, con Khomeini che dichiarò che non avrebbe mai firmato alcuna resa fino alla caduta di Saddam Hussein. L'Iran infatti poco a poco riuscì a riprendersi.

Venne subito indetta la mobilitazione generale con l'opinione pubblica che si compattava e sosteneva il governo. I generali del precedente governo vennero liberati e nonostante fossero ancora fedeli allo Scià, erano anche patrioti e nazionalisti e combatterono contro l'invasore.

Da non sottovalutare le orde umane iraniane che, piene di fanatismo, si gettavano verso le trincee nemiche incuranti delle perdite. Anche aiuti militari ufficiali o meno, permisero al governo di Khomeini di superare la criticità del momento.

Inoltre le truppe irachene, se pur forti sulla carta, erano costituite prevalentemente da coscritti guidati da ufficiali che adottavano tattiche e schemi antiquati.

L'Iran passò al contrattacco riconquistando nel 1982 parte del territorio perso. Questo portò il governo iracheno a proporre la pace che non venne accettata da Khomeini in quanto non restaurava la situazione prima del conflitto.

L'Iraq era ora in difficoltà in quanto doveva sostenere il costo di una guerra di posizione che stava prosciugando le casse dello Stato. Mentre l'Iran riceveva sostegno e armamenti dalla Libia, Siria, Corea del Nord e Cina, l'Iraq dopo il 1984 ottenne dagli Stati Uniti l'aiuto di consiglieri militari ed armi che in qualche modo riuscirono ad eludere l'embargo posto nei confronti dei due paesi del golfo. Nel 1986 scoppiò lo scandalo "Irangate" (conosciuto anche come "Irancontras"), nel quale venne appurato che alcuni membri dell'amministrazione Reagan, all'ora presidente, vendevano segretamente armi all'Iran. Il denaro ottenuto dalla vendita delle armi veniva poi utilizzato per finanziare i "contras" (guerriglieri anti-sandinisti) nella guerra civile in Nicaragua.

Solo nel 1987 le nazioni occidentali si interessarono attivamente al conflitto in seguito all'attacco ad alcune navi neutrali che transitavano nel Golfo Persico. Venne attivata una coalizione internazionale con l'invio di alcune navi militari per proteggere i traffici mercantili nel golfo.

La risoluzione 598 del 20 luglio 1987 approvata dal Consiglio di sicurezza dell'ONU, imponeva il cessate il fuoco senza distinguere, come chiedeva l'Iran, tra la posizione di Stato aggredito e quella di Stato aggressore. Questo intervento internazionale si rivelò un utile sostegno al Governo di Baghdad ormai allo stremo. Il cessate il fuoco entrerà in vigore il 20 agosto 1988.

Questa guerra logorò entrambi i paesi portando ad un totale di oltre un milione di morti. Otto anni di conflitto ridussero allo stremo i contendenti. È proprio per risollevare le finanze dello Stato e per non pagare il debito di 14 miliardi di dollari che il governo del Kuwait aveva prestato all'Iraq durante la guerra con l'Iran che nel 1990 Saddam, con modalità simili adottate anni prima contro l'Iran, invade il vicino Kuwait, ricco di giacimenti di petrolio, confidando che le superpotenze non sarebbero intervenute. Si sbagliava, ma questa è un'altra storia, "pardon" guerra…

Nonostante la tattica iniziale di Saddam fosse quella di annientare l'aeronautica iraniana distruggendola al suolo già durante i primi giorni di guerra, questo non avvenne così che gli iraniani riuscirono a volgere a loro favore le sorti dei combattimenti aerei. Combattimenti cui prese parte una figura carismatica all'interno della IIAF – Imperial Iranian Air force – il maggiore Jalil Zandi.

Zandi nasce il 2 maggio 1951 a Garmsar, in Iran, una cittadina posta un centinaio di chilometri a sud del Mar Caspio.

Inizia la sua carriera di pilota nelle file della IIAF e viene

Jalil Zandi in tenuta di volo con il suo F-14 Tomcat

selezionato tra i piloti che devono essere inviati negli Stati Uniti per l'addestramento sui Grumman F-14 Tomcat.

In questo periodo infatti, siamo nei primi anni Settanta, l'aeronautica iraniana era alla ricerca di un velivolo adatto ad intercettare i MiG-25 sovietici che effettuavano ricognizioni sul territorio iraniano. Dopo una visita del presidente americano Richard Nixon nel 1972, all'Iran viene offerta la scelta tra F-14 Tomcat o F-15 Eagle. La scelta cadde sul Tomcat e nel 1974 l'Iran ordina 30 caccia Tomcat e 424 missili Phoenix, ordine aumentato successivamente a 70 caccia e 714 missili, diventando così l'unico utilizzatore straniero del caccia statunitense F-14.

Zandi, come dicevamo, viene inviato negli USA per l'addestramento sul Tomcat.

Nel 1979 lo Scià Reza Pahlavi fugge in esilio e con la salita al potere di Khomeini gli ufficiali del vecchio regime, soprattutto quelli che si sono "macchiati" dell'onta di essersi recati negli Stati Uniti, vengono imprigionati. Questa è la sorte che tocca a Zandi. A quanto sembra aver messo piede negli USA conta più di essere un ufficiale altamente addestrato al pilotaggio degli F-14.

Ma come spesso accade le cose cambiano e, dopo sei mesi di prigionia, al momento dell'attacco iracheno, l'Ayatollah cambia idea e libera Zandi ed altri militari per incorporarli nella IRIAF - Islamic Republic of Iran Air Force. C'è necessità di piloti ben addestrati per combattere l'invasore iracheno.

Per i successivi otto anni Zandi è impegnato in costanti combattimenti contro la forza aerea avversaria. I Tomcat iraniani vengono adibiti al controllo e pattugliamento dei cieli sopra obiettivi sensibili come la capitale Teheran o Kharg Island, principale terminale marittimo per il commercio del petrolio iraniano.

Gli iracheni conoscevano le prestazioni e l'addestramento dei piloti di F-14 e la sola loro presenza in volo faceva da deterrente ad eventuali attacchi iracheni. Da ricerche effettuate sembra infatti che durante i primi sei mesi di guerra i caccia F-14 abbiano abbattuto circa cinquanta aerei iracheni in cambio di un solo F-14 colpito da un MiG-21. Fu un F-14 ad aggiudicarsi la prima vittoria aerea iraniana durante la guerra del 1980-1988 abbattendo un elicottero Mil Mi-25 (versione da esportazione del Mil Mi-24 'Hind').

Jalil Zandi si guadagna quindi la fama pilotando un F-14.

La sua prima vittoria la ottiene il 15 maggio 1981 abbattendo un MiG-21 con un missile AIM-9. Nel gennaio 1982 distrugge un altro MiG-21 mentre il 10 ottobre dello stesso anno abbatte due MiG-23 iracheni utilizzando il missile AIM-54 Phoenix. L'elenco delle vittorie di Zandi continua ed include in totale quattro MiG-23, due MiG-21, due Su-22 e tre Mirage F-1. Di queste undici vittorie, otto sono state confermate e tre sono probabili. Questo fa di lui il pilota con il maggior numero di abbattimenti a bordo del F-14.

È stato anche a sua volta abbattuto nel mese di febbraio 1988 quando il suo Tomcat viene colpito durante un combattimento con un Mirage F-1EQ iracheno. Zandi cerca di rientrare alla base ma i motori cedono ed è costretto a lanciarsi con il seggiolino eiettabile Martin-Baker GRU-7 insieme al suo navigatore/RIO (Radar Intercept Officer).

Sopravvive alla guerra e si dedica alla riorganizzazione delle forze aeree iraniane.

Muore il 1° aprile 2001 all'età di quarantanove anni insieme alla moglie a causa di un incidente automobilistico nei pressi di Teheran. Aveva raggiunto il grado di Brigadiere Generale (generale di brigata).

Il Tomcat ben figurò durante la guerra Iran-Iraq in quanto gli vengono attribuiti circa 160 aerei iracheni abbattuti tra cui anche cinque Tupolev Tu-22 da bombardamento strategico.

A causa del successivo embargo statunitense le file dei Tomcat iraniani si sono assottigliate. Nonostante questo si è stimato che nel 2013 erano ancora in servizio ventotto F-14 dell'iniziale lotto consegnato nel 1974.

Nel conflitto Iran-Iraq non solo l'Iran ebbe il suo asso. Anche l'Iraq annovera il suo pilota "migliore". Il suo nome: Mohommed Rayyan.

Mohommed Rayyan inizia la guerra contro l'Iran con il grado di tenente pilotando un caccia MiG-21MF con il quale abbatte due caccia iraniani F-5 "Freedom Fighters" il 23 ottobre 1980. L'anno successivo, promosso capitano, viene addestrato per pilotare il MiG-25P "Foxbat" nel codice NATO. Questo dimostra le sue abilità di pilota in quanto solo i migliori venivano selezionati per volare su questo caccia intercettore bimotore a getto. Con questo velivolo il 21 marzo

1985 abbatte un F-4D "Phantom" utilizzando un missile R-40 (AA-6 "Acrid" nel codice NATO) a cui seguirà il 5 giugno dello stesso anno un altro F-4E, abbattuto sempre con il R-40. Esattamente un anno dopo, il 10 giugno 1986 otterrà la sua quinta vittoria distruggendo in volo un RF-4E. Questa sarà anche la sua ultima vittoria aerea in quanto verrà abbattuto in un combattimento con un F-14 iraniano. Muore così Mohommed Rayyan soprannominato "Sky Falcon", il pilota iracheno con il maggior numero di abbattimenti (confermati un totale di cinque aerei abbattuti).

Era nato nel 1955 a Baijij, città posta a metà strada tra la capitale Baghdad e Mosul. Al momento della sua morte aveva raggiunto il grado di colonnello prestando servizio nella IAF (Iraqi Air Force) dal 1977 al 1986, anno della sua morte.

È interessante notare come il MiG-25 sia stato l'unico aereo iracheno ad abbattere un caccia alleato durante la Guerra del Golfo nel 1991. Sembra che la sua vittima fosse un F/A-18 abbattuto con un missile R-40 anche se rimangono dei dubbi su una possibile collisione in volo dei due velivoli.

1982 – Argentina e Regno Unito a confronto

Le isole Falkland (per gli argentini Islas Malvinas) sono uno sparuto possedimento Britannico situato nell'Atlantico meridionale posto di fronte alle coste della Patagonia Argentina, a circa 500 chilometri dalla Terra del Fuoco.

Anche se sembra che furono marinai spagnoli a scoprire le isole durante le spedizioni di Magellano nel 1522, alcune fonti storiche indicano la figura del navigatore inglese John Davis come scopritore delle Falkland nel 1592 a bordo della nave *"Desire"*. Non essendoci prove a conferma né di una né dell'altra versione, entrambe possono essere contraddette. Da allora le isole furono reclamate sia dall'Inghilterra che dall'Argentina che a turno dichiarano la loro sovranità sulle isole. Già dalla metà del 1800 la Gran Bretagna insedia una sua colonia di circa 1800 persone che sopravvivono autonomamente sulle isole.

La contesa di questo remoto angolo di mondo continua tra i due Stati dove entrambi espongono le loro "ragioni" presso l'Assemblea generale delle Nazioni Unite, senza arrivare ad una conclusione definitiva. Fino al fatidico 2 aprile 1982.

In questa data il generale Leopoldo Gualtieri ordina l'invasione delle isole.

È un momento in cui l'Argentina si trova ad affrontare un duro periodo di crisi economica con conseguente contestazione della giunta militare all'ora al potere. Gualtieri pensa così di risollevare la situazione giocando sul sentimento

Sea Harrier inglesi, soprannominati dai piloti argentini "La Muerte Negra"

patriottico ed ottenere una vittoria facile sugli inglesi.

L'operazione *"Rosario"*, questo il nome in codice assegnato dagli Argentini, ha pieno successo. Le isole vengono conquistate in meno di dodici ore.

Sulle coste delle Falkland/Malvinas alle ore 23.00 del 1° aprile vengono sbarcati ottantaquattro commando ed altri dieci prendono terra sbarcando dal sottomarino *ARA Santa Fe* (S-21) con l'istruzione di installare radiofari di navigazione. Il sottomarino viene però avvistato da un battello costiero britannico che dà subito l'allarme. Nonostante le forze britanniche presenti sulle isole si mobilitino prontamente, poco riescono contro le forze argentine che nel frattempo sono sbarcate con mezzi anfibi e rinforzi.

Nella mattinata del 2 aprile il governatore inglese offre la resa ai nemici. Termina così, per il momento, il domino britannico. Il giorno seguente il Consiglio di Sicurezza dell'ONU chiede il ritiro delle truppe argentine dalle isole e la cessazione delle ostilità. Nel frattempo vengono poste sanzioni economiche nei confronti dell'Argentina.

Il governo inglese era stato colto di sorpresa ma subito organizza una spedizione navale per riconquistare le isole. Una forza navale infatti salpò dall'Inghilterra diretta verso l'Atlantico meridionale iniziando così *l'Operazione Corporate*.

Gli inglesi iniziano la riconquista partendo dalle isole della Georgia Australe, le più lontane dalle coste argentine. Gli inglesi sbarcano il 21 aprile con un gruppo di commando appoggiati dall'artiglieria navale. La piccola guarnigione argentina dovette capitolare sotto la preponderante potenza di fuoco nemica.

Durante il conflitto gli inglesi diedero inizio all'*Operazione Black Buck* nella quale vennero impiegati bombardieri quadrimotori Avro Vulcan che, decollati da basi in Inghilterra, con tappa tecnica presso l'isola di Ascensione, proseguivano alla volta delle isole Falkland che bombardavano con il loro carico bellico costituito solitamente da ventuno bombe da

1000 libbre ciascuna (circa 450 chili) poste in stiva interna oppure quattro missili antiradar AGM-45 Shrike agganciati esternamente.

In tutto vennero portate a termine cinque azioni di bombardamento, tre con bombe convenzionali per la distruzione della pista di atterraggio di Port Stanley (che ricevette un solo colpo centrato che impedì l'uso della pista ai caccia a reazione Mirage ma non agli IA-58 Pucarà, ai MB-339 e ai C-130) e due missioni di soppressione radar con missili AGM-54. La prima missione *"Black Buck"* venne portata a termine nella notte tra il 30 aprile ed il 1° maggio mentre l'ultima, la settima (due erano state annullate per problemi meteorologici e di rifornimento in volo), venne svolta il 12 giugno, sempre ai danni dell'aeroporto di Stanley.

L'utilizzo dei Vulcan in questi lunghi voli per raggiungere l'obbiettivo non fu un grande successo tattico, i danni inflitti risultarono infatti modesti, ma rappresentava una dimostrazione di forza da parte degli inglesi che così dimostrano di poter colpire qualsiasi obbiettivo, anche l'Argentina continentale volendo (anche se questo non rientrava nelle strategie britanniche).

Un episodio clamoroso durante la guerra fu l'affondamento il 2 maggio dell'incrociatore argentino ARA *General Belgrano*, silurato dal sottomarino britannico *Conqueror*. L'affondamento, oltre a provocare la perdita dell'incrociatore e la morte di più di 300 marinai, ebbe come conseguenza l'allontanamento dalla zona delle operazioni della portaerei argentina ARA *Veinticinco de Mayo*. I suoi velivoli operarono quindi da basi a terra.

Di contro gli argentini misero a segno un colpo "a sorpresa" contro il cacciatorpediniere HMS *Sheffield*, colpito ed affondato il 4 maggio da un missile Exocet lanciato dal caccia Super Etendard pilotato dal capitano di fregata Augusto Bedacarratz, causando un vasto incendio che costrinse l'abbandono della nave che bruciò per sei giorni. Nell'attacco morirono venti marinai britannici.

Stessa sorte toccò il 25 maggio 1982 alla nave inglese portacontainer *Atlantic Conveyor*, colpita da due missili Exocet, che venne abbandonata dall'equipaggio (nello scontro perirono dodici membri dell'equipaggio) e affondò il 28 maggio, causando gravi danni logistici dovuti alla perdita di scorte non immediatamente sostituibili tra cui preziosi elicotteri da trasporto Boeing CH-47 Chinook. Autore dell'affondamento fu il capitano di corvetta dell'Aviazione Navale Argentina Roberto Curilovic.

Durante la guerra si distinsero parecchi piloti britannici che alla guida dei loro Sea Harrier, procurarono non pochi problemi agli avversari. L'Harrier infatti con la sua spinta vettorabile, la sua grande manovrabilità, insieme all'utilizzo dei missili AIM-9L Sidewinder, uniti all'uso dei cannoncini ADEN da 30 mm, era quasi inattaccabile dai caccia argentini. Proprio per questo l'Harrier venne battezzato dai piloti avversari "la muerte negra" (morte nera) dovuto, oltre alle sue caratteristiche di combattimento, anche al colore ardesia con cui erano dipinti i velivoli della Navy.

Tra i migliori piloti inglesi troviamo Nigel Ward

Il 21 maggio 1982 mentre vola con altri due Sea Harrier in pattugliamento all'estremità settentrionale delle Falkland, intercetta due IA-58 Pucarà che operano da Goose Green (Malvinas). Ward effettua un passaggio sopra uno dei Pucarà, pilotato dal maggiore Carlos Tomba e lo colpisce al motore destro con i cannoncini. Il maggiore Tomba si lancia ed atterrerà illeso tornando alla base. In questa occasione Ward pilota il Sea Harrier matricola XZ451.

Lo stesso giorno, insieme ad un altro Harrier, Nigel Ward, soprannominato "Sharkey", questa volta ai comandi del Sea Harrier matricola ZA175 intercetta, sul lato ovest delle isole, tre Mirage V "Dagger" del Grupo 6 de Caza argentino in volo a bassa quota. In un breve scontro i tre argentini cadono colpiti due dal gregario di Ward, tenente Stephen R. Thomas mentre l'altro, pilotato dal tenente della Forza Aerea Argentina

J.D. Seen (che si salva lanciandosi), è abbattuto da "Sharkey". Anche gli altri due piloti argentini (maggiore Piuma e capitano Donaldille) si salvano con il seggiolino eiettabile. Tutti gli aerei cadono sotto i colpi dei missili aria-aria AIM-9L Sidewinder.

Pochi giorni dopo, il 1° giugno, in volo nuovamente con il Sea Harrier XZ451, di rientro con un altro velivolo alla portaerei HMS *Invincible*, Ward viene istruito dal controllo radar di monitorare un bersaglio a nord di Pebble Island, a circa 20 miglia dalla nave. Questo viene identificato come un quadrimotore C-130H 'Hercules' (matricola TC-63) in volo a 200 piedi sull'acqua. Inizia subito l'ingaggio. Il primo missile sparato da Ward manca il bersaglio ma il secondo colpisce il velivolo tra i motori interno ed esterno sinistro causando un incendio. Ward spara successivamente con i suoi cannoncini un totale di 240 colpi che tranciano l'ala del C-130 facendolo precipitare in mare. I sette membri dell'equipaggio, tra cui il Vicecomodoro H.C. Meisner, muoiono nell'impatto.

Nigel David MacCartan-Ward nasce in Canada nel 1943, si arruola nel 1962 nel Britannia Royal Naval College ed effettua l'addestramento al volo sui velivoli Hawker Hunter e Sea Vixen. Successivamente imbarcato sulla portaerei HMS *Ark Royal* pilota i FGR.2 Phantom del 892° Naval Air Squadron. Dopo un periodo trascorso presso la NATO AFNORTH come ufficiale di pianificazione nucleare, prende il comando del 700° Naval Air Squadron da addestramento dotato di Sea Harrier. Partecipa con il 801° Naval Air Squadron a bordo della *Invincible*, alla guerra delle Falkland durante la quale vola sessanta missioni di guerra ed abbatte tre velivoli argentini. È decorato con la Distinguished Service Cross.

Nel 1985 costituisce e gestisce una sua società, la Defence Analysts Ltd., che fornirà competenze nella difesa dei depositi di carburante durante la guerra Iran-Iraq. Ha pubblicato un libro dal titolo: "Sea Harrier Over the Falklands: A Maverick at War", pubblicato nel 1992.

Il figlio Kris ha seguito le orme paterne ed ora è anche lui pilota navale di Sea Harrier.

Un altro pilota che si distinse nella guerra delle Falkland/Malvinas fu David Morgan.

David Henry Spencer Morgan si arruola nella RAF per diventare pilota nonostante una piccola malformazione cardiaca. Morgan, soprannominato "Moggy", diventa così, inizialmente, pilota di elicotteri da combattimento. In seguito trasferito ad uno Squadron dotato di Harrier prende parte alla guerra aggregato al 800° Naval Air Squadron imbarcato sulla HMS *Hermes*.

Il suo aereo rimase colpito alla coda da un colpo da 20 mm della contraerea nel corso del primo attacco a Port Stanley. Successivamente, durante un pattugliamento lungo la parte ovest dell'isola, si imbatte insieme al suo gregario in una pattuglia di tre elicotteri argentini (due Aérospatiale SA 330 Puma ed un Agusta A-109). "Moggy" attacca un Puma (matricola AE 503) che si schianta sulle colline nel tentativo di seminare i velivoli nemici. Dallo schianto l'equipaggio uscirà fortunatamente illeso. Subito dopo raggiunge il suo gregario, il tenente John Leeming, impegnato nel tentativo di abbattere il secondo Puma. Quest'ultimo rimane danneggiato ed obbligato all'atterraggio dove verrà distrutto al suolo con l'ausilio dei cannoncini subito dopo che l'equipaggio si è messo in salvo. Il terzo elicottero, anche lui colpito, viene obbligato ad atterrare e verrà distrutto poco dopo da un'altra pattuglia di Harrier. Tutto questo succedeva il 23 maggio 1982.

Alcuni giorni dopo, precisamente l'8 giugno, David Morgan intercetta quattro velivoli nemici, identificati inizialmente come Mirage, ma successivamente riconosciuti come A-4 Skyhawk, riuscendo ad abbatterne due con l'ausilio dei Sidewinder mentre un terzo viene aggiudicato al suo gregario. Il quarto si schianterà in mare nel tentativo di sottrarsi agli avversari. I piloti degli A-4 abbattuti da Morgan erano il tenente J.J. Arraras, che rimane ucciso ed il tenente Alferez J.A. Vazquez che riuscì ad eiettarsi ma rimase ugualmente ucciso a causa delle ferite riportate nello scontro.

David Morgan termina così il conflitto con tre velivoli distrutti ed un velivolo distrutto in condivisione. Successivamente diverrà comandante di uno Squadron di Harrier, ricevendo la DSC per le sue missione nelle Falkland.

Gli inglesi, in seguito allo sbarco in forze sulle isole, ebbero la meglio sulla guarnigione argentina ed alle 23.59 del 14 giugno 1982 venne proclamato il cessate il fuoco. Gli inglesi avevano vinto anche se gli argentini rivendicano ancora oggi il possesso delle isole.

Guerra dell'Alto Cenepa

I rapporti tra Perù ed Ecuador non sono mai stati facili. Questo a causa di vecchi problemi inerenti i confini tra i due Paesi. Già nel 1840 si ebbero i primi disaccordi sui confini disegnati in modo impreciso dalle autorità spagnole durante la colonizzazione. A seguito di ciò nel 1941, tra il 5 ed il 31 luglio, le due nazioni si fronteggiarono per la rivendicazione di una piccola porzione di territorio.

Questo episodio, sebbene verificatosi durante la seconda guerra mondiale, nulla ebbe a che vedere con gli eventi che sconvolsero il mondo in Europa, Nord Africa, Asia e Pacifico in quegli anni.

Durante questa guerra combattuta nell'arco di ventisei giorni, il Perù occupò la provincia ecuadoriana occidentale di El Oro e parte della provincia andina di Loja. Come spesso accade in questi contesti, entrambe le nazioni si incolparono a vicenda di avere sobillato scontri di confine come pretesto per poter iniziare la guerra.

L'esercito peruviano in questa occasione aveva a disposizione un contingente di truppe nettamente superiore all'avversario ecuadoriano. Il Perù infatti poteva usufruire anche di undici carri armati di produzione cecoslovacca con la disponibilità di un supporto aereo che utilizzò, oltre che come aiuto alle truppe, per bombardare le città portuali ecuadoriane di Machala e Huaquillas nonché le città di Santa Rosa e Arenillas, tutte nella provincia di El Oro. Il porto della città di Machala, Puerto Bolivar, venne inoltre conquistato da un contingente di paracadutisti peruviani il 27 luglio 1941, primo episodio di utilizzo in combattimento di truppe aviotrasportate sul continente americano. Il governo dell'Ecuador chiede un cessate il fuoco che viene attuato il 31 luglio.

Il Perù risulta quindi vincitore ed entra in possesso della zona costiera della provincia di El Oro.

Nel gennaio del 1942 viene firmato dalle due nazioni il Protocollo di Rio con il conseguente ritiro delle truppe peruviane e una nuova demarcazione dei confini. Nonostante questo alcuni tratti di territorio tra i due Stati, per un totale di 78 chilometri di frontiera situati nel profondo della foresta pluviale amazzonica, quasi inaccessibile via terra, non sono mai stati marcati e questo porterà, nei successivi cinquanta anni, a nuovi scontri tra le due nazioni.

Tra il gennaio ed il febbraio 1981 Ecuador e Perù presero le armi in un nuovo conflitto denominato "Paquisha War" dal nome di uno dei tre punti posti sulla Cordigliera del Condor, nella zona andina di confine, contesi tra le due nazioni (gli altri due punti erano Mayaicu, e Machinaza).

Militari ecuadoriani conquistarono l'avamposto di Paquisha ma i peruviani riuscirono a riportare sotto il loro controllo questo sparuto distaccamento nella giungla.

Fortunatamente il conflitto non ebbe una escalation e grazie ai colloqui tra gli alti gradi di entrambi gli schieramenti, i delegati di altri stati sudamericani come Cile, Brasile, Argentina e l'interessamento degli Stati Uniti, il conflitto ebbe termine. Anche in questo caso i limiti territoriali non erano stati definiti.

È proprio per sancire i confini mai definitivamente marcati che nel 1995 le due nazioni si trovarono ancora faccia a faccia, nuovamente in guerra.

Nonostante entrambi abbiamo firmato il Protocollo di Rio il 29 gennaio 1942 che sanciva la pace tra le due nazioni e nonostante il prevalere del Perù nelle due precedenti azioni militari del 1941 e 1981, l'Ecuador considerava nullo quel trattato.

La posizione ecuadoriana aveva un significato simbolico e si basava sul possesso del fiume Cenepa, un piccolo affluente del fiume Marañón che, a sua volta, è un affluente del Rio delle Amazzoni, fiume su cui l'Ecuador aveva sempre rivendicato il diritto per un accesso sovrano. Anche in questo caso entrambi i paesi si accusano a vicenda di violare gli accordi e di rafforzare la loro presenza militare nella zona non delimitata, che ognuno dei due Stati considera come propria.

Dopo le prime schermaglie di confine dove vennero sparati alcuni colpi tra le truppe peruviane ed ecuadoriane senza causare vittime, con il rafforzarsi della presenza peruviana nella zona, supportata anche dall'utilizzo di elicotteri per la ricognizione aerea e dopo colloqui tra gli alti gradi dei due eserciti dove veniva chiesto il reciproco ritiro delle truppe nella zona, l'Ecuador passa all'attacco.

Nella mattinata del 26 gennaio 1995, dopo tre giorni di marcia estenuante attraverso la giungla, una squadra di forze speciali ecuadoriane giunge in vista dell'avamposto peruviano denominato "Base Norte" lanciando un attacco a sorpresa che costringe i peruviani ad abbandonare la posizione lasciando dietro di se anche parecchi soldati morti. Inizia così la "guerra del Cenepa".

In seguito all'attacco entrambi gli stati organizzano una mobilitazione generale delle proprie forze armate in previsione di un guerra su vasta scala. Fortunatamente per il momento e per il resto della guerra, il conflitto rimane limitato alla zona contesa, senza estendersi su tutto il territorio dei due Stati.

Durante il mese di gennaio entrambi i contendenti lanciano attacchi contro gli avamposti avversari anche con l'ausilio di elicotteri per il supporto alle truppe di terra.

In febbraio i combattimenti proseguono e vedono l'intervento massiccio dell'aviazione sia peruviana che ecuadoriana anche con l'impiego di velivoli ad ala fissa tra i quali Cessna A-37 Dragonfly e Sukhoi SU-22M da parte peruviana e BAC 167 Strikemaster, Cessna A-37, Mirage F1JA e Kfir C.2 da parte ecuadoriana. Da parte di entrambi, nel corso degli eventi, vengono rilasciate dichiarazioni dove sono confermati abbattimenti di velivoli avversari. In molti casi queste dichiarazioni non hanno riscontri sul campo.

Il 10 febbraio 1995 è un giorno da ricordare per l'aviazione dell'Ecuador in quanto in tale data tre aviogetti peruviani furono abbattuti nella zona del Cenepa.

Le postazioni radar ecuadoriane poste sulla cordigliera andina in prossimità della zona interessata dal conflitto e che potevano vedere in profondità all'interno del territorio nord del Perù, rilevano l'avvicinarsi di cinque velivoli nemici ad alta velocità, stimata intorno ai 350-400 chilometri orari.

Intorno alle 12.30 viene quindi allertata una pattuglia di due Mirage F1J e due Kfir per una partenza su allarme. Nel contempo viene ordinato di sospendere tutte le attività aeree ecuadoriane operative sulla cordigliera del Condor.

I Mirage messi in allarme sono pilotati dal capitano Carlos Uzcategui Soli e dal maggiore Raul Banderas rispettivamente gregario e leader. Sono seguiti a breve distanza dai Kfir C-2 pilotati dal capitanio Mauricio Mata e capitano Wilfrido Moya. Gli aerei sono decollati senza avere informazioni in merito alla minaccia ma pochi minuti dopo il decollo i loro radar di bordo segnalano la presenza del nemico e permettono al leader di calcolare il miglior angolo di attacco. Gli aerei che sono apparsi sui loro radar Cyrano IV sono identificati come Su-22 (dell'Escuadrón de Caza 111 "Los Tigres"). Quando i Sukoi iniziano a manovrare per disimpegnarsi è troppo tardi. Banderas ed il gregario sono alle loro "ore sei," in coda agli avversari e, con il post-bruciatore, stanno accorciando le distanze.

Il capitano Uzcategui lancia il suo primo missile che colpisce l'avversario, il Sukoi pilotato dal tenente colonnello Maldonado-Begaza che riesce a lanciarsi con il seggiolino eiettabile e sopravvivrà per otto giorni nella giungla senza cibo ne acqua, ma morirà anche a causa delle ferite riportate nel lancio (il corpo verrà ritrovato il 26 febbraio dello stesso anno). Banderas invece ha raggiunto l'altro Su-22 pilotato dal maggiore Enrique Caballero Orrego che viene colpito da un missile R550 "Magic" ma il velivolo continua a volare costringendo il maggiore Banderas a sparare un secondo "Magic" che colpirà nuovamente il velivolo nemico trasformandolo, questa volta, in una palla di fuoco. Il corpo ed il velivolo del maggiore Orrego verranno ritrovati solo cinque anni più tardi.

Raul Banderas Dueñas in divisa di Brigadiere Generale dell'aeronautica dell'Ecuador, promozione ottenuta il 27 ottobre 2009

Durante l'attacco i due piloti ecuadoriani sentono nel loro casco l'avviso elettronico del RWR (Radar Warnig Receiver) che indica l'ingaggio da parte di un velivolo avversario. Anche se non hanno in vista l'aereo che li sta inquadrando, si disimpegnano lanciando chaff come contromisura elettronica e si allontanano a velocità supersonica sfiorando le cime degli alberi, rientrando alla base. I velivoli peruviani abbattuti invece, essendo sprovvisti di RWR, rilevarono gli avversari solo all'ultimo momento quando ormai era troppo tardi per attuare manovre difensive. Il combattimento è durato 2 minuti e 30 secondi che, come descritto dal maggiore (successivamente tenente colonnello) Raul Banderas in una successiva intervista, fu una missione indimenticabile.

Raul Eduardo Banderas Dueñas, appassionato al mondo aeronautico fin da piccolo, frequenta la scuola aerea di Salinas dove viene nominato sottotenente.

Successivamente frequenta la Scuola di Guerra Aerea e prenderà parte ai corsi presso la Escuela de Defensa Nacional de la Argentina e all'Università di Monterey negli Stati Uniti. Diventa comandante dello Escuadron de Combate 2112 equipaggiato con Mirage F1 (presso il quale opera al momento della guerra del Cenepa) diventando in seguito Capo del Dipartimento delle Operazioni del Comando di Difesa Aerea ed Addetto Aeronautico dell'Ecuador in Francia.

Tra le abilitazioni possedute troviamo quella per il velivolo BAC 167 Strikemaster, Cessna A-37, Northrop T-38, Mirage F1 e Boeing 727. Tra le decorazioni ricevute spicca la Cruz al Merito de Guerra ottenuta per la missione del 10 febbraio 1995.

Il capitano Carlos Uzcategui, gregario di Banderas nella missione descritta, morirà nel 2002 in un incidente aereo. Negli ultimi anni di carriera, a causa di un problema visivo, aveva dovuto rinunciare al pilotaggio dei jet.

L'azione del 10 febbraio però non è ancora termina. I due Kfir partiti insieme ai Mirage sono ancora in zona ed hanno assistito al combattimento. Dalla loro posizione attuale vengono vettorati per intercettare due A-37 pronti a colpire le postazioni ecuadoriane. Sui due velivoli ci sono alti ufficiali peruviani che hanno preso parte all'azione per dare un esempio ai piloti più giovani.

Sul primo sono imbarcati il tenente colonnello Hilario Valladares ed il maggiore Gregorio de Mendiola, sul secondo il tenente colonnello Fernando Hoyos.

I peruviani si accorgono dei velivoli nemici e sganciano il loro carico bellico preparandosi al combattimento cercando di evitare di essere ingaggiati dai missili avversari.

Dalla distanza massima il capitano Mauricio Mata spara un missile Shafrir MK.II in direzione degli A-37. Nonostante il tenente colonnello Valladares abbia visto il missile arrivare, non riesce a completare la manovre per eluderlo e viene colpito. Entrambi i motori si fermano ed una parte del timone viene divelta causando un rovesciamento del A-37 che cade ora in vita piatta. Il maggiore Mendiola tira la maniglia di espulsione lanciando lui e Valladares ad una quota molto bassa, ma che consentirà la salvezza di entrambi che verranno prelevati più tardi da un elicottero della Forza Aerea Peruviana.

Nello stesso momento il gregario capitano Moya, che pilota il secondo Kfir ecuadoriano, ingaggia il secondo A-37 che per disimpegnarsi effettua un rovesciamento e scende verso terra infilandosi nelle nubi.

A causa della bassa quota e dei rilievi presenti in zona, Moya decide di non inseguire l'avversario pensando che da quella quota e con quella manovra era impossibile poter richiamare il velivolo senza impattare il suolo. L'A-37 con ai comandi Hoyos, eseguendo virate strette a bassa quota e sfruttando le asperità del terreno, riesce invece a rientrare alla base.

Il 17 febbraio in Brasile, alla presenza dei quattro paesi garanti del Protocollo di Rio (Stati Uniti, Brasile, Cile, Argentina), con il Vice Ministro degli Affari Esteri ecuadoriano Marcelo Fernández de Córdoba ed il Vice Ministro degli Affari Esteri peruviano Eduardo Ponce, viene firmato un "cessate il fuoco" con smobilitazione generale, vengono suggeriti i limiti per la nuova "demarcazione" territoriale ed istituito il MOMEP (Military Observer Mission Ecuador Peru), che dovrà sovraintendere al rispetto del cessate il fuoco. Purtroppo, nonostante questo, i combattimenti continuano con i contendenti che si accusano a vicenda di non rispettare gli accordi ed impedendo agli osservatori del MOMEP, a causa dei combattimenti in atto, di raggiungere la zona del conflitto. Secondo dati non ufficiali, nella guerra appena conclusa, vengono riportati come uccisi, feriti e dispersi circa trecento soldati peruviani ed un centinaio di vittime da parte ecuadoriana.

Il 28 febbraio 1995 dopo giorni di combattimenti e schermaglie, Ecuador e Perù firmano la "Dichiarazione di Montevideo" e si impegnano ad interrompere le ostilità. La guerra del Cenepa era finita anche se piccoli incidenti di confine si verificheranno ancora nei mesi successivi.

Ecuador e Perù hanno continuato a negoziare la demarcazione definitiva della frontiera, in un processo lungo segnato da una crisi dopo l'altra con l'inasprirsi nell'agosto 1998 delle relazioni che stava per portare ad un nuovo conflitto.

Il 26 ottobre 1998, l'allora presidente dell'Ecuador Jamil Mahuad ed il suo omologo peruviano Alberto Fujimori, alla presenza dei Presidenti di Argentina, Brasile e Cile e di un rappresentante del Presidente degli Stati Uniti d'America, firmano a Brasilia il "Brasilia Presidential Act" che sancisce la risoluzione definitiva delle dispute di confine tra le due nazioni.

Viene confermato che il confine della zona delimitata e demarcata è la linea della Cordigliera del Cóndor, come il Perù aveva sostenuto sin dal 1940. L'Ecuador deve così rinunciare alle sue decennali rivendicazioni.

La demarcazione definitiva entra in vigore il 13 maggio 1999 mettendo così fine alla più lunga disputa territoriale del continente americano.

Il fascino del "mercenario"…

La regione del Biafra, posta nella parte sud-orientale della Nigeria al confine con il Camerun, è la regione con i maggiori giacimenti di petrolio della nazione ed una delle più densamente popolate.

Il 30 maggio 1967 il Biafra proclama la propria indipendenza dalla Nigeria. Quest'ultima attua subito un blocco economico nei confronti dello stato secessionista ed il 6 luglio inizia ad attaccare le forze biafrane.

Dietro il golpe separatista si cela il malcontento della popolazione locale degli Ibo nei confronti delle altre etnie del paese, oltre ovviamente ad interessi economici di alcune potenze europee tra cui la Francia.

Il Biafra, che fu riconosciuto come Stato autonomo solo da pochi paesi (Israele, Costa d'Avorio, Tanzania, Zambia ed Haiti) venne supportato nella sua lotta, malgrado non ci sia stato un riconoscimento ufficiale, da Francia, Portogallo e Sudafrica. Ne scaturisce quindi un conflitto che, come spesso accade in queste situazioni, coinvolgerà in special modo la popolazione civile, provocando un dramma umanitario di proporzioni gigantesche che spinge la comunità internazionale ad intervenire.

Inizialmente le truppe del Biafra contrattaccano spingendosi verso ovest, in territorio nigeriano, ma vengono ben presto respinte dalle truppe nigeriane che avanzano ben oltre i confini dello stato biafrano.

Contro l'esercito, l'artiglieria, la componente aerea della Nigeria il Biafra, per arginare il nemico, può schierare inizialmente un contingente di circa 3000 soldati, poca artiglieria ed un numero insignificante di aerei. Questi sono due vecchi B-25 ed un B-26 (a cui se ne aggiungerà successivamente un altro) ed un DC-3 che viene riconvertito per il bombardamento. Questi velivoli avranno vita breve in quanto i B-25 verranno catturati mentre il B-26 ed il DC-3 si schiantano al suolo.

Poco in confronto all'arsenale nigeriano costituito anche da caccia MiG-17, L-29 Delfin da addestramento ed attacco al suolo e IL-28 da bombardamento oltre ad una componente di aerei ed elicotteri da trasporto. La Nigeria, in questo frangente è sostenuta per gli approvvigionamenti militari da Gran Bretagna, Cina ed Unione Sovietica. Ma in aiuto del Biafra arriva una figura che diverrà leggendaria: il conte svedese Gustav von Rosen.

Carl Gustav von Rosen, abile e coraggioso pilota, è già un mito per il "continente nero".

Nato il 19 agosto 1909 in Svezia da una famiglia di nobili natali, terzo di sei figli, il piccolo Gustav dimostra il suo

Carl Gustav von Rosen a bordo di un MFI-9 (notare, in primo piano, il contenitore per sei razzi da 68 mm posto sotto l'ala)

carattere ribelle già in età scolare facendosi espellere dal collegio dove studiava a causa del suo comportamento. Interessato alla meccanica, svolge l'attività di meccanico presso un cantiere navale. Da sempre appassionato di aviazione, ottiene il brevetto nel 1929 acquistando successivamente un vecchio aereo con il quale si esibisce in manifestazioni acrobatiche. Nel 1934 ottiene anche la licenza di pilota commerciale.

Il primo incontro con l'Africa avviene nel 1935, allo scoppio della guerra d'Etiopia. Gustav von Rosen si arruola nella Croce Rossa Svedese come pilota incaricato dei voli umanitari a sostegno della popolazione etiope.

Terminato il conflitto rientra in Europa dove trova lavoro presso la compagnia olandese KLM volando sulle rotte europee e sulla linea Amsterdam-Batavia nelle Indie Orientali Olandesi ma, da li a poco, un altro conflitto attirerà i suoi interessi.

Nel novembre 1939 l'Unione Sovietica invade la Finlandia scatenando la "guerra d'Inverno". Von Rosen si arruola come volontario nell'aeronautica finlandese. Grazie ad un bimotore DC-2, soprannominato "Hanssin-Jukka", da lui personalmente acquistato (donato poi all'aeronautica finlandese insieme a due biplani da ricognizione Koolhoven FK.52) e convertito in bombardiere con l'aggiunta di rastrelliere esterne, una postazione di mitragliatrice sul dorso, una mitragliatrice in prua ed il vano toilette trasformato in un alloggiamento per bombe incendiarie, effettua due missioni contro i russi, eseguendo poi altri otto voli per addestrare i piloti finlandesi sul DC-2. Prima di utilizzare questo velivolo in combattimento, von Rosen porta a termine anche numerose missioni pilotando i bimotori Bristol Blenheim.

Ora la seconda guerra mondiale è in pieno svolgimento e von Rosen raggiunge l'Inghilterra con l'intenzione di entrare nella RAF ma viene respinto a causa dei suoi ingombranti legami di parentela. Una sua zia, Carin von Kantzow, era diventata la prima moglie del gerarca nazista nonchè comandante della Luftwaffe Hermann Goering.

Von Rosen continua così come pilota di linea per la svedese ABA-AB Aerotransport (che si fonderà nel 1946 con la danese DDL-Det Danske Luftfartselskab e la norvegese DNL-Det Norske Luftfartselskab- dando vita alla SAS - Scandinavian Airlines System), per la quale effettua anche voli verso la capitale tedesca Berlino. Forse prende parte anche ad alcuni voli sulla pericolosa rotta Londra-Lisbona

Nel 1945 si impegna e lavora come capo istruttore nella costituzione della forza aerea etiope.

Rientrato in Europa nel 1958 a causa di contrasti con gli ufficiali etiopi che lo vedevano come una minaccia per le loro

Gustav von Rosen al posto di pilotaggio di un MFI-9 mimetizzato con foglie di palma per occultarlo alla ricognizione avversaria

ambizioni di carriera, viene assunto da una compagnia svedese di charter, la Transair Sweden AB, con la quale lavora fino al 1969, diventando anche il pilota personale del Segretario delle Nazioni Unite Dag Hammarskjold, terminando l'incarico solo in seguito alla morte di quest'ultimo in un incidente aereo (probabile sabotaggio) durante la crisi del Congo. Quel giorno von Rosen non era a bordo in quanto malato.

Nel 1968 la compagnia per la quale lavorava Gustav von Rosen venne incaricata di effettuare voli umanitari nella regione del Biafra in seguito all'inasprirsi della guerra ed al blocco delle merci (che riguardava anche cibo e medicinali) applicato dalla Nigeria nei confronti della regione secessionista. E qui rientra preponderante il continente africano nella vita di von Rosen.

In quel contesto effettua diverse missioni pilotando un Douglas DC-7 carico di rifornimenti dalla piccola isola di São Tomé, all'epoca colonia portoghese nel golfo di Guinea, fino in Biafra, volando sul pelo delle onde per evitare i radar nemici e sfidando le insidie delle condizioni meteo.

Durante la sua permanenza vede che le forze nigeriane attaccano e colpiscono la popolazione indifesa. Colpito da queste brutalità e dalla difficilissima situazione che il popolo biafrano stava patendo, nonostante abbia già raggiunto i sessanta anni, von Rosen cerca di avere un ruolo più attivo nel conflitto.

Con l'aiuto dei servizi segreti francesi improvvisa una sua piccola "forza aerea" costituita da cinque monomotori civili Malmo MFI-9 di fabbricazione svedese. Vennero così approntati per svolgere il ruolo di attacco al suolo, dipinti in tonalità di verde mimetico, equipaggiati con serbatoio supplementare in fusoliera e dodici razzi a testata perforante da 68 mm montati in contenitori sotto le ali (sei razzi per ala). Insieme a von Rosen, diventato ora di fatto un "mercenario" ancorché mosso da umana pietà nei confronti della popolazione, facevano parte della sparuta squadriglia altri due piloti svedesi e due biafrani.

Così il 22 maggio 1969 i cinque velivoli fanno la loro prima apparizione sui cieli dell'aeroporto di Port Harcourt, base aerea nigeriana, scatenando con il lancio dei razzi di cui erano dotati un inferno di fuoco, distruggendo a terra caccia MiG-17 e bombardieri IL-28, preziosissimi per l'aviazione nigeriana in quanto erano un elemento di grande superiorità nel conflitto che si stava combattendo.

Così come erano arrivati, i Malmo MFI-9 se ne andarono lasciando dietro di loro carcasse di aerei incendiate ed avversari increduli di quanto successo. Piloti nigeriani ed istruttori sovietici non si capacitavano di quanto accaduto.

I velivoli si erano rivelati la soluzione ideale come piccoli aerei COIN – *counter-insurgency* (controguerriglia) e vennero utilizzati anche all'alba del 25 maggio contro l'aeroporto di Benin City ed al tramonto del 26 contro la pista di Enegu.

In queste prime tre incursioni eseguite dalla squadriglia, soprannominata "Babies of Biafra" (Bambini del Biafra) in onore dei bambini che stavano morendo sotto i bombardamenti indiscriminati dei nigeriani, prese parte il conte von Rosen.

La tattica consisteva in un avvicinamento al bersaglio con una separazione di circa cinquanta metri tra gli aeromobili (una separazione più ampia avrebbe portato alla perdita del contatto visivo) con un volo a bassa quota ed il silenzio radio, interrotto solo all'atto dell'attacco. I razzi venivano sparati a due a due. Inizialmente gli attacchi venivano condotti da una quota di circa cento metri ma quando l'antiaerea si fece più precisa, si adottò l'attacco radente in volo livellato sparando i razzi da una distanza massima di 500-800 metri.

Una attenta e dettagliata pianificazione veniva eseguita il giorno prima dell'attacco. Questo era condotto all'alba o al tramonto in quanto risultava più difficile per l'antiaerea identificare i bersagli. Solitamente non più di cinque minuti venivano spesi sopra l'obbiettivo.

In diverse occasioni gli MFI-9 sono stati colpiti dal fuoco avversario ma sono sempre riusciti a rientrare alla base. Nonostante il limitato armamento questi piccoli velivoli ad elica che montavano un motore da 100 cavalli, con una velocità massima intorno ai 240 chilometri orari (145 miglia orarie) e carrello fisso, ottennero ottimi risultati.

È stato calcolato che nel corso delle prime missioni svolte tra il maggio e l'agosto 1969 siano stati distrutti, con il lancio di 432 razzi di cui oltre il 50% colpisce il bersaglio, tre MiG-17, un IL-28, un Canberra, due elicotteri, oltre a diversi velivoli danneggiati senza contare le postazioni di artiglieria, i veicoli, gli edifici aeroportuali e circa cinquecento soldati uccisi.

Stanco e demoralizzato per l'inutilità della lotta che stava conducendo contro le forze nigeriane, che nel frattempo ricevevano ulteriori aiuti dai sovietici, verso la fine di giugno von Rosen rientra in Svezia. Tornerà in Biafra nel mese di agosto, nel tentativo di addestrare nuovi piloti.

Purtroppo, nonostante l'arrivo di cinque North American T-6 pilotati da mercenari (ex-piloti portoghesi) e l'utilizzo dei "Babies of Biafra" fino al novembre 1969, l'evolversi degli eventi bellici risultava a sfavore del governo del Biafra.

La carestia, il blocco delle merci, gli attacchi da parte delle forze nigeriane rendono la vita ogni giorno più difficile. È in questo periodo che si vedono le immagini di bambini africani con gambe e braccia scheletriche e grandi pance mongolfiera che guardano la telecamera. Era facile ottenere scatti come quelli in Biafra. Tutto il paese stava morendo di fame. Non c'erano cibo, acqua, armi, munizioni, ironicamente neppure il combustibile nonostante il Biafra fosse "seduto" sui più grandi giacimenti petroliferi del delta del Niger.

Superiori numericamente, le forze nigeriane si spingono a fondo nel territorio nemico riuscendo, il 23 dicembre 1969, a dividere in due l'enclave del Biafra che dovrà, di lì a poco, capitolare.

La guerra termina il 15 gennaio 1970 lasciando dietro di sé circa un milioni di morti (tre, secondo altre fonti) principalmente a causa della fame e della sete, oltre a problemi etnici razziali mai risolti.

Cinque anni più tardi, siamo nel 1974, troviamo il conte Carl Gustav von Rosen nuovamente su suolo africano, nel Corno d'Africa, in Etiopia, sua vecchia conoscenza fin dal 1935, per aiutare la popolazione affamata a causa di carestie ed alluvioni. Con un piccolo Saab MFI-17 "Supporter" (simile ma leggermente più grande del MFI-9), effettua una campagna di distribuzione viveri nelle zone più isolate del paese.

Nel 1977, allo scoppio della "guerra dell'Ogaden" tra Somalia ed Etiopia, è ancora in Africa per eseguire voli umanitari. Viene colpito ed ucciso il 13 luglio 1977 durante un attacco improvviso con granate e mitragliatrici da parte di guerriglieri somali nella zona di Gode, nel sud dell'Etiopia. Aveva appena terminato una missione di rifornimento di viveri e medicinali per i civili che erano nella morsa delle due opposte fazioni in guerra.

Muore così all'età di sessantasette anni una figura emblematica ed affascinante nel panorama aeronautico mondiale ed africano in particolare.

Il corpo del conte Carl Gustav Ericsson von Rosen viene sepolto ad Addis Abeba, dove rimane ancora oggi, testimonianza del suo amore per l'Africa ed il popolo etiope.

Conclusione

Concludiamo con la figura "affascinante" del pilota Carl Gustav von Rosen questa carrellata di pionieri, piloti e mitraglieri, che spazia dagli albori del volo del "più pesante dell'aria" all'epoca moderna, dall'utilizzo dei primi "traballanti" aerei in legno e tela ai più moderni aviogetti militari capaci di superare di due volte la velocità del suono.

In questi centodieci anni che ci distanziano da quel primo breve salto fatto dai fratelli Wright, la tecnologia e l'inventiva umana hanno fatto passi da gigante. Abbiamo creato fantastiche "macchine volanti" che ci aiutano nei trasferimenti accorciando le distanze tra stati e continenti ma queste stesse macchine hanno anche un rovescio della medaglia. Spesso sono utilizzate per scopi militari che, nonostante indirizzate verso obbiettivi militari, a patirne le conseguenze, come sempre accade, è il più delle volte la popolazione civile, bambini in "primis".

Alla guida di questi velivoli, militari o civili che siano, ci sono persone che dell'aviazione, in molti casi, hanno fatto la ragione della loro vita. Hanno la possibilità di guardare il mondo dall'alto, lavorando da quella che può essere definita "la più bella scrivania del mondo".

Ora però si stanno sviluppando sempre più velocemente nuove tecnologie che vedono i cosiddetti "droni", velivoli pilotati a distanza, entrare in modo sempre più preponderante nel mondo aeronautico.

Forse un giorno i velivoli che utilizziamo per spostarci non avranno più un pilota in cabina ma voleranno autonomamente, solcando i cieli in tutta sicurezza.

Svanirà così il "fascino del pilota" che smetterà di essere una professione ambita ed affascinante per lasciare posto al mondo dei "droni".

Ma questa è un'altra storia…

ELENCO PILOTI CITATI NEL TESTO

Carlo Maria Piazza e Giulio Gavotti (Italia)

Arhur Rowe Spurling (Bermuda)

Etienne Tsu (Cina)

Fritz Gerhard Anders (Germania)

Aristides Moraitinis (Grecia)

Indra Lal Roy (India)

John Albert Edward Robertson Daley (Giamaica)

Carlos Otto Meyer Baldo (Venezuela)

Leon Bourjade (Francia)

Marion Hughes Aten (Stati Uniti)

Robert McCawley Short (Stati Uniti)

Liu Chi-Sheng (Cina)

Tetsuzō Iwamoto (Giappone)

Toshio Kuroiwa (Giappone)

Hiromichi Shinohara (Giappone)

Rafael Pabon (Bolivia)

Josip Križaj naturalizzato Giuseppe Krizai (Impero Austro-Ungarico poi Jugoslavia)

Francisco Tarazona Taron (Messico)

Rodolphe de Grunne (Belgio)

Michael L. Arooth (Stati Uniti)

Pietro Bonannini (Italia)

Frederick Barker (Inghilterra)

Aubrey Inniss (Barbados)

Romualdas Marcinkus (Lituania)

Per-Johan Erik Salwén (Svezia)

Jean-Francois Demozay (Francia)

Georg-Peter Eder (Germania)

Kurt Welter (Germania)

Anton Hübsch (Germania)

Alexandr Jefimov (Unione Sovietica)

Boris Ivanovič Kovzan (Unione Sovietica)

Yekaterina Vasylievna Budanova (Unione Sovietica)

Joseph Berry (Inghilterra)

George Ernest Goodman (Israele-Palestina)

Thorsteinn Elton Jonsson (Islanda)

Vincent Bunting (Panama-Giamaica)

Lee Andrew Archer Jr. (Stati Uniti)

Gonzalo Hevia Alvarez-Quinones (Spagna)

Juan Lario Sánchez (Spagna)

Ricardo Gomez Candelaria (Messico)

Oscar Francis Perdomo (Messico)

Hugh Constant Godefroy (Olanda)

Svein Heglund (Norvegia)

Spiros Nickolas Pisanos (Grecia)

Ioannis Agorastos Plagis (Grecia-Rhodesia)

Marinos Mitralexis (Grecia)

Miguel Entrena Klett (Spagna)

Werner Lindecker e Victor Streiff (Svizzera)

Cesar Fernando Basa e Jesus Antonio Villamor (Filippine)

Peter Horn e Poul Sommer (Danimarca)

Kaj Birksted (Danimarca)

Henry e Cyril Talalla (Malesia)

Nobuo Fujita (Giappone)

No Kum-Sok (Corea del Nord)

Boris Vasilev Petrov e Konstantin Krumov Sankiyski (Bulgaria) - Stanley Hinks (Inghilterra) e Pinchas Ben-Porat (Israele)

Ignatius Dewanto (Indonesia)

A.I.K. Suares (India)

Álvaro Prendes Quintana e Enrique Carreras Rolás (Cuba)

Ernesto Guevara (Cuba)

Fernando Soto Henríquez (Honduras) e Guillermo Reinaldo Cortéz (El Salvador)

Giannis Dinopoulos e Thomas Scampardonis (Grecia)

Giora Even Epstein (Israele)

Jalil Zandi (Iran) e Mohommed Rayyan (Iraq)

Nigel Ward e David Morgan (Gran Bretagna)

Raul Banderas Dueñas e Carlos Uzcategui Soli (Ecuador)

Carl Gustav von Rosen (Svezia)

INDICE

Guerra di Spagna

Seconda Guerra Mondiale

Dal dopoguerra ad oggi

Finito di stampare nel mese di Gennaio 2016
per conto di Youcanprint *Self-Publishing*